黑龙江省哲学社会科学研究规划项目"黑龙江省资源型城市实施创新驱动发展战略研究"（编号：16JYE07）

# 黑龙江省资源型城市可持续发展研究

孙璐 张昕 著

哈尔滨工业大学出版社

## 内容简介

本书科学总结了作者在"十二五"规划、"十三五"规划期间针对黑龙江省资源型城市发展的主要研究成果，系统梳理了黑龙江省资源型城市可持续发展取得的成效和经验，深入分析了黑龙江省资源型城市的现状和面临的挑战，聚焦黑龙江省资源型城市转型和建设，提出可持续发展的对策建议。全书共分为五章，第一章介绍黑龙江省资源型城市发展现状；第二章深入研究"十二五"规划期间黑龙江省东部煤电化基地产业结构与布局协同发展；第三章针对黑龙江省资源型城市建设中的生态环境保护进行深入剖析；第四章探索"十三五"规划期间黑龙江省资源型城市创新驱动发展新动力以及实施创新驱动发展等；第五章研究黑龙江省资源型城市绿色食品产业发展，以期实现绿色转型发展和乡村振兴。

本书可为研究黑龙江省资源型城市可持续发展的相关人员提供参考。

## 图书在版编目(CIP)数据

黑龙江省资源型城市可持续发展研究/孙璐，张昕著. —哈尔滨：哈尔滨工业大学出版社，2021.8
ISBN 978－7－5603－4384－6

Ⅰ.①黑… Ⅱ.①孙…②张… Ⅲ.①城市经济-经济可持续发展-研究-黑龙江 Ⅳ.①F299.273.5

中国版本图书馆 CIP 数据核字(2021)第 160669 号

| | |
|---|---|
| 策划编辑 | 丁桂焱 |
| 责任编辑 | 苗金英　宗　敏 |
| 封面设计 | 刘长友 |
| 出版发行 | 哈尔滨工业大学出版社 |
| 社　　址 | 哈尔滨市南岗区复华四道街10号　邮编150006 |
| 传　　真 | 0451－86414749 |
| 网　　址 | http://hitpress.hit.edu.cn |
| 印　　刷 | 哈尔滨圣铂印刷有限公司 |
| 开　　本 | 787mm×1092mm　1/16　印张11.25　字数256千字 |
| 版　　次 | 2021年8月第1版　2021年8月第1次印刷 |
| 书　　号 | ISBN 978－7－5603－4384－6 |
| 定　　价 | 45.00元 |

(如因印装质量问题影响阅读，我社负责调换)

# 前　言

"十一五"规划时期黑龙江省委、省政府从实际出发，做出了建设东部煤电化经济区的决策，经济区建设以来，其重要节点城市鹤岗、双鸭山、七台河和鸡西等，坚持主导产业与转型产业协调发展，经济效益和社会效益得到稳步提升，地区生产总值增幅高于黑龙江省平均水平，成为黑龙江省经济发展的重要增长极，真正意义的煤电化产业集群和工业园区已经在区域内崭露头角，四煤城科学规划、明确定位，六大煤化工产业园区内大、小项目不断上马。在此背景下，"十二五"规划期间研究黑龙江省东部煤电化基地产业结构与布局协同发展，积极优化产业结构，逐步提高产业集聚水平和产业协调发展能力，大力推进体制改革，促进经济增长方式转变，成为实现黑龙江省经济持续较快增长的必由之路。在推进东部煤电化基地协同发展的同时，生态环境问题越来越成为人们关注的焦点。加快生态修复，加大环保治理力度，实现资源型城市生态环境的和谐发展，以便促进经济更好发展，业已成为黑龙江省资源型城市需要解决的首要问题。

为促进资源型城市的可持续发展，国家制定了《全国资源型城市可持续发展规划（2013—2020年）》，该文件成为资源型城市转型发展的纲领性文件。"十三五"规划期间探索黑龙江省资源型城市创新驱动发展新动力，是加快黑龙江省资源型城市转型的现实之需，也是加快推进国家创新驱动发展的关键所在。黑龙江省作为农业大省，是我国绿色食品产业的重要基地之一，在整个绿色食品产业中具有举足轻重的作用。依托得天独厚的自然资源，发展绿色食品产业成为黑龙江省各资源型城市转型的首选，不仅可以继续调整优化农业结构，而且可以大力发展第二、第三产业，创造更多就业和创业机会，实现绿色转型发展和乡村振兴。

时间的刻度，标注历史坐标，昭示前进方向，而回顾是为了更好地出发。在"十四五"规划开局之年，本书科学总结了作者在"十二五"规划、"十三五"规划期间针对黑龙江省资源型城市发展的主要研究成果，准确把握黑龙江省资源型城市各阶段性发展特征，系统梳理了黑龙江省资源型城市可持续发展取得的成效和经验，深入分析了黑龙江省资源型城市可持续发展的现状和面临的挑战,谋划"十四五"规划期间的研究方向和总体思路,力争形成一批有价值、有深度的研究成果。

在撰写本书的过程中,作者参考了一些文献和研究成果,在此向相关专家和学者表示感谢。由于作者水平有限,疏漏之处在所难免,恳请读者批评指正。

作　者

2021 年 2 月

# 目　　录

| | |
|---|---|
| 第一章　黑龙江省资源型城市发展现状 | 1 |
| 第二章　黑龙江省东部煤电化基地产业结构与布局协同发展 | 14 |
| 　第一节　导　　言 | 14 |
| 　第二节　产业结构及相关理论研究 | 18 |
| 　第三节　黑龙江省东部煤电化经济区发展现状分析 | 55 |
| 　第四节　黑龙江省东部煤电化基地建设的产业相似度现状分析 | 66 |
| 　第五节　优势产业协同发展的经验借鉴 | 72 |
| 　第六节　黑龙江省东部煤电化经济区产业结构与布局协同发展建议 | 75 |
| 第三章　黑龙江省资源型城市的生态环境保护研究 | 84 |
| 　第一节　资源型城市生态环境保护概述 | 84 |
| 　第二节　资源型城市生态环境相关理论 | 86 |
| 　第三节　黑龙江省资源型城市生态环境可持续发展效率评价 | 92 |
| 　第四节　黑龙江省资源型城市生态环境可持续发展分析 | 99 |
| 第四章　黑龙江省资源型城市实施创新驱动发展研究 | 104 |
| 　第一节　创新驱动发展研究概述 | 104 |
| 　第二节　创新驱动发展相关理论 | 106 |
| 　第三节　黑龙江省资源型城市科技创新现状 | 109 |
| 　第四节　黑龙江省资源型城市创新驱动发展情况分析 | 119 |
| 　第五节　黑龙江省资源型城市创新驱动发展水平评价 | 123 |
| 　第六节　黑龙江省资源型城市创新驱动发展框架 | 132 |
| 　第七节　黑龙江省资源型城市创新驱动发展具体措施 | 136 |

**第五章　黑龙江省资源型城市绿色食品产业发展** ················· 138
　　第一节　绿色食品产业相关概念 ······························· 138
　　第二节　黑龙江省资源型城市绿色食品产业发展现状 ············· 139
　　第三节　黑龙江省资源型城市绿色食品产业情况分析 ············· 157
　　第四节　黑龙江省资源型城市绿色食品产业发展思路 ············· 162
　　第五节　黑龙江省资源型城市绿色食品产业发展对策 ············· 164
**参考文献** ······················································ 168
**附录　相关研究成果（发表论文）** ································· 170

# 第一章 黑龙江省资源型城市发展现状

## 一、黑龙江省整体情况

黑龙江省位于中国最东北部,中国国土的北端与东端均位于省境,因省境东北有黑龙江而得名。黑龙江省土地辽阔,土地总面积47.3万平方千米(含加格达奇区和松岭区),全省辖区总面积47.07万平方千米(含加格达奇区、松岭区1.82万平方千米),居全国第6位。截至2016年底,全省农用地4 142.29万公顷(62 134.4万亩),其中,耕地1 593万公顷(23 895万亩),约占全国耕地面积的九分之一,人均耕地6.2亩(1亩约合666.7平方米),居全国第一位;建设用地163.66万公顷(2 454.9万亩);未利用地400.98万公顷(6 014.7万亩)。

黑龙江省有中国三大林区之一的东北林区,境内分布大面积森林,西北部为东北—西南走向的大兴安岭山地,北部为西北—东南走向的小兴安岭山地,东南部为东北—西南走向的张广才岭、老爷岭、完达山脉,森林面积3亿多亩,森林覆盖率47.3%,有林地面积2 080万公顷,活立木总蓄积量17.6亿立方米,森林面积、森林总蓄积和木材产量均居全国前列。全省林业用地面积2 547.2万公顷,占全国纳入天然林资源保护工程的林业用地的20.3%;在林业用地中,有林地面积2 040.3万公顷,占全国纳入天然林资源保护工程的有林地的28.3%;在有林地中,天然林面积1 515.1万公顷,占全国纳入天然林资源保护工程天然林的27.2%。可利用草原面积6 500万亩,是全国10个拥有大草原的省份之一,产草量居全国第8位。湿地面积884万公顷,居全国首位。

境内水系发达,有黑龙江、松花江、乌苏里江、绥芬河四大水系和兴凯湖、镜泊湖、五大连池三大湖泊,现有大小湖泊640个、在册水库630座,水面达80多万公顷,水利资源富集。全境内拥有众多无污染的大小自然河流,加之诸多的湿地、温泉、矿泉,水源充足。

黑龙江省属寒温带、温带大陆性季风气候。四季分明,夏季雨热同季,冬季漫长。全省年平均气温为-4~5 ℃,从东南向西北平均每高1个纬度,年平均气温约低1 ℃,嫩江至伊春一线为0 ℃等值线。全省每年大于或等于10 ℃积温为2 000~3 000 ℃。全省无霜期在100~160天,大部分地区的初霜冻在9月下旬出现,终霜冻在4月下旬至5月上旬结束,而且早晚温度骤升骤降,最大日温差为29.4 ℃。在这种独特的自然环境下,病虫害较轻,化肥、农药施用量较少,无药害、污染小,比较容易达到无公害绿色食品要求,为大力开发优质、绿色无公害特色浆果奠定了坚实基础。

## 二、黑龙江省资源型城市基本情况

黑龙江省共有资源型城市11个,其中地级行政区有9个,分别是黑河市、大庆市、伊春市、鹤岗市、双鸭山市、七台河市、鸡西市、牡丹江市、大兴安岭地区；县级市有2个，分别是尚志市和五大连池市。其中有4个煤炭型城市、1个石油型城市、6个森工型城市。《全国资源型城市可持续发展规划（2013—2020年）》按照资源保障能力和可持续发展能力差异，将资源型城市分为成长型、成熟型、衰退型和再生型4种类型。黑龙江省资源型城市中有成熟型城市5个，衰退型城市6个，成长型城市和再生型城市为零，如表1.1所示。由此可见，黑龙江省资源型城市转变经济增长方式发展和转型是现实之需，实施创新发展具有紧迫性。

表1.1 黑龙江省11个资源型城市分类表

| 序号 | 城市名称 | 按资源分类 | 按发展阶段分类 |
|---|---|---|---|
| 1 | 鸡西市 | 煤炭型 | 成熟型 |
| 2 | 鹤岗市 | 煤炭型 | 衰退型 |
| 3 | 双鸭山市 | 煤炭型 | 衰退型 |
| 4 | 七台河市 | 煤炭型 | 衰退型 |
| 5 | 大庆市 | 石油型 | 成熟型 |
| 6 | 黑河市 | 森工型 | 成熟型 |
| 7 | 牡丹江市 | 森工型 | 成熟型 |
| 8 | 尚志市 | 森工型 | 成熟型 |
| 9 | 伊春市 | 森工型 | 衰退型 |
| 10 | 大兴安岭地区 | 森工型 | 衰退型 |
| 11 | 五大连池市 | 森工型 | 衰退型 |

（一）资源型城市地区生产总值情况

**1. 黑龙江省地区生产总值与资源型城市地区生产总值关系分析**

由图1.1可以看出，黑龙江省经济总量总体稳步上升，而资源型城市经济总量在2014年

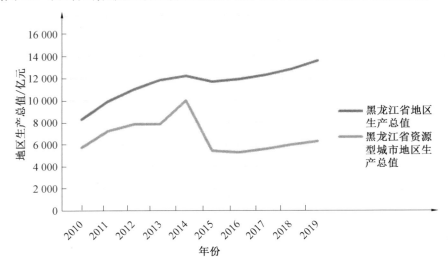

图1.1 2010—2019年黑龙江省及黑龙江省资源型城市地区生产总值对比图

出现经济拐点,2015年后经济有所回升。但是黑龙江省及黑龙江省资源型城市地区生产总值的变化趋势基本一致,具有高度的相关性。这说明黑龙江省资源型城市经济好坏与否对全省经济发展具有重要影响。

将资源型城市地区生产总值设为自变量(GDPC),黑龙江省地区生产总值设为因变量(GDP),选取2015—2019年数据建立两者的一元回归模型,模型的估计结果为

$$GDP = 1\,629.992 + 1.884\,1GDPC$$
$$(0.96) \qquad (6.4)$$
$$R^2 = 0.931\,7 \quad s.e. = 0.294\,5 \tag{1.1}$$

式中,括号内数字为相应 $t$ 统计量的值;s.e. 是回归函数的标准误差;$R^2$ 是可决系数。$R^2 = 0.931\,7$ 说明模型的拟合情况较好。回归系数在5%的显著性水平下都通过了显著性检验,即黑龙江省地区生产总值和资源型城市地区生产总值之间存在显著的线性回归关系。黑龙江省资源型城市地区生产总值每增长1亿元,黑龙江省地区生产总值将增加1.884 1亿元。资源型城市经济发展水平会显著影响黑龙江省的经济发展。

**2. 黑龙江省及各资源型城市地区生产总值变动情况**

如表1.2所示,2013年各资源型城市地区生产总值占黑龙江省地区生产总值的66.3%。而在各类资源型城市中,煤炭型城市(鸡西市、鹤岗市、双鸭山市、七台河市)的地区生产总值占全省资源型城市地区生产总值的20.24%,石油型城市(大庆市)的地区生产总值占全省资源型城市地区生产总值的52.23%,森工型城市(黑河市、牡丹江市、尚志市、伊春市、大兴安岭地区、五大连池市)占比27.53%。其中石油型城市所占比例最高。

表1.2　2013年黑龙江省及各资源型城市地区生产总值情况表　　　亿元

| 地区 | 地区生产总值(绝对数) |
| --- | --- |
| 黑龙江省 | **11 849.1** |
| 鸡西市 | 546.3 |
| 鹤岗市 | 304.0 |
| 双鸭山市 | 510.0 |
| 七台河市 | 228.6 |
| **煤炭型城市合计** | **1 588.9** |
| 大庆市 | 4 100.0 |
| **石油型城市合计** | **4 100.0** |
| 黑河市 | 389.5 |
| 牡丹江市 | 1 057.1 |
| 尚志市 | 250.8 |
| 伊春市 | 274.6 |
| 大兴安岭地区 | 121.6 |
| 五大连池市 | 67.6 |
| **森工型城市合计** | **2 161.2** |
| **资源型城市合计** | **7 850.1** |

资料来源:2014年《黑龙江统计年鉴》

如表1.3所示,2016年黑龙江省资源型城市地区生产总值占全省总量的44.8%。而在各类资源型城市中,煤炭型城市(鸡西市、鹤岗市、双鸭山市、七台河市)的地区生产总值占全省资源型城市地区生产总值的25.7%,石油型城市(大庆市)的地区生产总值占全省资源型城市地区生产总值的39%,森工型城市(黑河市、牡丹江市、尚志市、伊春市、大兴安岭地区、五大连池市)占比35.3%。虽然石油型城市所占比例下降10多个百分点,但是所占比例仍然最高;煤炭型城市略有上升,而森工型城市地区生产总值占比上升近10个百分点。

表1.3 2016年黑龙江省及各资源型城市地区生产总值情况表　　　　亿元

| 地区 | 地区生产总值(绝对数) |
| --- | --- |
| **黑龙江省** | **11 895.00** |
| 鸡西市 | 504.60 |
| 鹤岗市 | 285.60 |
| 双鸭山市 | 385.20 |
| 七台河市 | 193.50 |
| **煤炭型城市合计** | **1 368.90** |
| 大庆市 | 2 080.50 |
| **石油型城市合计** | **2 080.50** |
| 黑河市 | 482.30 |
| 牡丹江市 | 746.10 |
| 尚志市 | 219.88 |
| 伊春市 | 238.30 |
| 大兴安岭地区 | 112.40 |
| 五大连池市 | 81.02 |
| **森工型城市合计** | **1 880.00** |
| **资源型城市合计** | **5 329.40** |

资料来源:2017年《黑龙江统计年鉴》

如表1.4所示,2019年黑龙江省资源型城市地区生产总值占全省总量的46.2%,较2013年有所上升,黑龙江省资源型城市的建设仍然为本省经济发展发挥着不可替代的作用。而在各类资源型城市中,煤炭型城市(鸡西市、鹤岗市、双鸭山市、七台河市)的地区生产总值占全省资源型城市地区生产总值的25.4%,石油型城市(大庆市)的地区生产总值占全省资源型城市地区生产总值的40.8%,森工型城市(黑河市、牡丹江市、尚志市、伊春市、大兴安岭地区、五大连池市)占比33.8%。

表 1.4　2019 年黑龙江省及各资源型城市地区生产总值情况表　　　　亿元

| 地区 | 地区生产总值(绝对数) |
|---|---|
| 黑龙江省 | 13 612.7 |
| 　　鸡西市 | 552.0 |
| 　　鹤岗市 | 336.4 |
| 　　双鸭山市 | 476.4 |
| 　　七台河市 | 231.3 |
| 煤炭型城市合计 | 1 596.1 |
| 　　大庆市 | 2 568.3 |
| 石油型城市合计 | 2 568.3 |
| 　　黑河市 | 578.9 |
| 　　牡丹江市 | 825.0 |
| 　　尚志市 | 179.2 |
| 　　伊春市 | 298.8 |
| 　　大兴安岭地区 | 138.6 |
| 　　五大连池市 | 103.8 |
| 森工型城市合计 | 2 124.3 |
| 资源型城市合计 | 6 288.7 |

资料来源:2020 年《黑龙江统计年鉴》

可见,黑龙江省经济总量总体稳步上升,但是煤炭型城市(鸡西市、鹤岗市、双鸭山市、七台河市)和石油型城市(大庆市)均在 2013 年出现经济拐点。2016 年煤炭型城市经济均有所回升,但是石油型城市(大庆市)生产总值锐减。而森工型城市中黑河市和五大连池市生产总值呈现上升态势,牡丹江市、尚志市、伊春市和大兴安岭地区的生产总值则逐渐递减。

(二)资源型城市三次产业情况

如表 1.5、1.6 所示,2013 年黑龙江省及各资源型城市地区生产总值三次产业分布情况如下。

(1)三次产业中,第一产业占比 51.6%;第二产业占比 80.0%,最高;第三产业占比仅为 32.1%,最低。第三产业的产值 1 907.4 亿元远远低于第二产业的 4 734 亿元,这说明在 2013 年黑龙江省资源型城市的第三产业发展相对缓慢,占据主要地位的仍然是第二产业。

(2)煤炭型城市第一产业产值占资源型城市第一产业产值的 37.1%,第二产业产值占比 15.1%,第三产业产值占比 25.8%。

(3)石油型城市的第二产业产值占比 70.1%。

(4)森工型城市的第一产业产值占比 49.43%,大于其第二、第三产业总值占比。

表1.5 2013年黑龙江省及各资源型城市地区生产总值三次产业分布情况表　　　亿元

| 地区 | 第一产业 | 第二产业 | 第三产业 |
|---|---|---|---|
| 黑龙江省 | 2 516.8 | 5 918.2 | 5 947.9 |
| 鸡西市 | 166.6 | 220.0 | 184.3 |
| 鹤岗市 | 93.6 | 143.5 | 83.0 |
| 双鸭山市 | 189.5 | 239.0 | 126.6 |
| 七台河市 | 31.7 | 111.6 | 97.7 |
| 大庆市 | 175.6 | 3 318.4 | 687.5 |
| 黑河市 | 186.8 | 68.1 | 134.8 |
| 牡丹江市 | 196.0 | 483.2 | 413.4 |
| 尚志市 | 48.9 | 18.6 | 7.8 |
| 伊春市 | 99.8 | 92.7 | 92.0 |
| 大兴安岭地区 | 67.5 | 32.3 | 62.6 |
| 五大连池市 | 43.3 | 6.6 | 17.7 |

资料来源:2014年《黑龙江统计年鉴》

表1.6 2013年黑龙江省及各资源型城市地区生产总值三次产业分类合计表

| 类型 | 第一产业 | 第二产业 | 第三产业 |
|---|---|---|---|
| 黑龙江省/亿元 | 2 516.8 | 5 918.2 | 5 947.9 |
| 资源型城市合计/亿元 | 1 299.3 | 4 734 | 1 907.4 |
| 占全省比例/% | 51.6 | 80.0 | 32.1 |
| 煤炭型城市合计/亿元 | 481.4 | 714.1 | 491.6 |
| 占资源型城市比例/% | 37.1 | 15.1 | 25.8 |
| 石油型城市合计/亿元 | 175.6 | 3 318.4 | 687.5 |
| 占资源型城市比例/% | 13.5 | 70.1 | 36.0 |
| 森工型城市合计/亿元 | 642.3 | 701.5 | 728.3 |
| 占资源型城市比例/% | 49.4 | 14.8 | 38.2 |

资料来源:2014年《黑龙江统计年鉴》

如表1.7所示,2016年黑龙江省及各资源型城市产业分布情况如下。

在第一、第二、第三产业中,所占比重存在差异:鸡西、鹤岗、双鸭山、尚志三次产业结构为"三一二";牡丹江和七台河三产结构是"三二一";大庆则为"二三一";黑河、伊春、大兴安岭地区、五大连池三产结构是"一三二"。

## 第一章 黑龙江省资源型城市发展现状

表1.7 2016年黑龙江省及各资源型城市地区生产总值三次产业构成　　　　%

| 地区 | 第一产业 | 第二产业 | 第三产业 |
|---|---|---|---|
| **黑龙江省** | **17.4** | **28.6** | **54.0** |
| 鸡西市 | 35.6 | 24.3 | 40.1 |
| 鹤岗市 | 34.3 | 29.9 | 35.8 |
| 双鸭山市 | 36.2 | 22.1 | 41.7 |
| 七台河市 | 14.7 | 36.5 | 48.8 |
| 大庆市 | 7.2 | 56.1 | 36.7 |
| 黑河市 | 47.4 | 14.9 | 37.7 |
| 牡丹江市 | 18.5 | 38.4 | 43.1 |
| 尚志市 | 28.4 | 24.7 | 46.9 |
| 伊春市 | 42.3 | 19.7 | 38.0 |
| 大兴安岭地区 | 49.4 | 9.2 | 41.4 |
| 五大连池市 | 64.0 | 9.0 | 27.0 |

资料来源:2017年《黑龙江统计年鉴》

如表1.8、1.9所示,2019年及黑龙江省及各资源型城市产业分布情况如下。

(1)三次产业中,第一产业占比45.8%;第二产业占比58.9%,最高;第三产业占比仅为39.7%,最低。第一、第二产业占比降幅明显,第三产业占比有所上升。

(2)煤炭型城市和森工型城市中,除双鸭山和五大连池第一产业产值占比最大,其他城市均是第三产业产值占比最大。

(3)石油型城市的第二产业占比有所下降,但是产值占比仍然最大。

表1.8 2019年黑龙江省及各资源型城市地区生产总值三次产业分类合计表

| 类型 | 第一产业 | 第二产业 | 第三产业 |
|---|---|---|---|
| 黑龙江省/亿元 | 3 182.5 | 3 615.2 | 6 815.0 |
| 资源型城市合计/亿元 | 1 457.4 | 2 128.7 | 2 702.5 |
| 占全省比例/% | 45.8 | 58.9 | 39.7 |
| 煤炭型城市合计/亿元 | 527.6 | 425.6 | 642.9 |
| 占资源型城市比例/% | 36.2 | 20.0 | 23.3 |
| 石油型城市合计/亿元 | 219.9 | 1 351.3 | 997.0 |
| 占资源型城市比例/% | 15.1 | 63.5 | 36.9 |
| 森工型城市合计/亿元 | 709.9 | 351.8 | 1 062.6 |
| 占资源型城市比例/% | 48.7 | 16.5 | 39.3 |

资料来源:2020年《黑龙江统计年鉴》

表1.9　2019年黑龙江省及各资源型城市地区生产总值三次产业构成　　　　　　%

| 地区 | 第一产业 | 第二产业 | 第三产业 |
|---|---|---|---|
| 黑龙江省 | **23.4** | **26.6** | **50.0** |
| 鸡西市 | 37.2 | 22.2 | 40.7 |
| 鹤岗市 | 28.9 | 29.3 | 41.8 |
| 双鸭山市 | 40.3 | 22.9 | 36.8 |
| 七台河市 | 14.3 | 41.3 | 44.4 |
| 大庆市 | 8.6 | 52.6 | 38.8 |
| 黑河市 | 42.5 | 12.1 | 45.4 |
| 牡丹江市 | 21.7 | 21.4 | 56.9 |
| 尚志市 | 33.9 | 12.6 | 53.5 |
| 伊春市 | 37.0 | 19.8 | 43.2 |
| 大兴安岭地区 | 38.7 | 11.3 | 50.0 |
| 五大连池市 | 57.7 | 7.6 | 34.7 |

资料来源:2020年《黑龙江统计年鉴》

如图1.2、1.3、1.4所示,2010—2019年黑龙江省及各资源型城市产业分布情况如下。

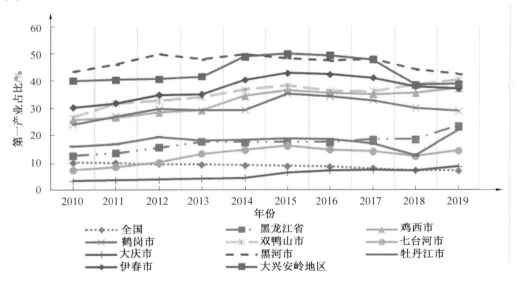

图1.2　2010—2019年黑龙江省及各资源型城市第一产业占比

(1)黑龙江省第一产业产值占比明显高于全国平均水平,黑龙江省严重依赖第一产业,而第一产业整体呈现先升后降趋势。大庆市第一产业产值一直很低,且明显低于黑龙江省和全国平均水平。七台河市的第一产业产值占比在2012年后高于全国平均水平,但一直低于黑龙江省平均水平。牡丹江市第一产业产值占比在2017年后低于黑龙江省平均水平。除此之外,黑龙江省其他各资源型城市第一产业产值占比明显高于黑龙

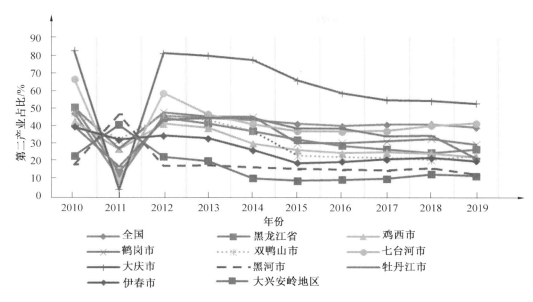

图 1.3　2010—2019 年黑龙江省及各资源型城市第二产业占比

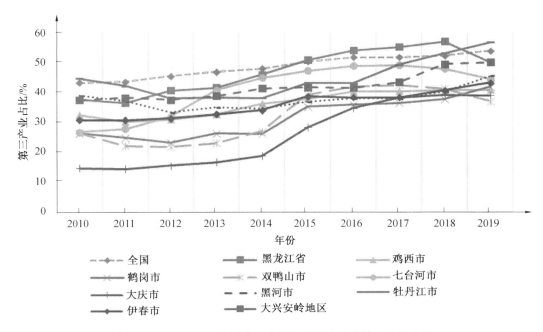

图 1.4　2010—2019 年黑龙江省及各资源型城市第三产业占比

江省与全国平均水平。

(2) 第二产业呈现下降趋势。大庆市第二产业仍然居于主导地位,第二产业产值超过全国平均水平。七台河市第二产业产值在 2013 年后低于全国平均水平,但仍然高于黑龙江省平均水平。鹤岗市第二产业产值低于全国平均水平,但整体高于黑龙江省平均水平。除此之外,其他资源型城市第二产业产值占比均低于全国和黑龙江省平均水平。

因此,曾经以第二产业为主的黑龙江省产业结构格局正在发生深刻变化。

(3)黑龙江省资源型城市第三产业比重整体稳步提升,特别是大庆市、双鸭山市、鹤岗市和七台河市2012年以后第三产业增速明显。虽然黑龙江省资源型城市第三产业发展态势向好,但整体的发展水平还不高,仍然低于黑龙江省平均水平和全国平均水平。

### (三)资源型城市资源利用率情况

如表1.10所示,黑龙江省各资源型城市单位地区生产总值能耗,即每万元地区生产总值所使用的能源整体呈下降趋势,特别是鸡西市和黑河市2016年下降幅度高达7.34%和8.99%,经济增长主要靠高新技术产业和服务业的拉动,资源利用效率不断提升。但是伊春市2017年后单位地区生产总值能耗显著上升。

表1.10 黑龙江省各资源型城市万元地区生产总值能耗变化情况　　　　　%

| 地区 | 2012 | 2013 | 2014 | 2015 | 2016 | 2017 | 2018 | 2019 |
|---|---|---|---|---|---|---|---|---|
| 黑龙江省 | -4.25 | -4.31 | -4.50 | -4.01 | -4.50 | -4.02 | -2.76 | -2.49 |
| 鸡西市 | -5.26 | -5.35 | -4.69 | -1.53 | -7.34 | -5.04 | -3.32 | -1.11 |
| 鹤岗市 | -4.56 | -4.21 | -4.36 | -4.18 | -3.85 | -3.63 | -2.53 | -3.00 |
| 双鸭山市 | -5.23 | -4.52 | -4.06 | -2.51 | -4.03 | -4.01 | -3.11 | -3.05 |
| 大庆市 | -3.9 | -3.52 | -3.30 | -2.51 | -3.20 | -3.20 | -3.32 | -2.96 |
| 伊春市 | -3.67 | -3.25 | -3.95 | -2.19 | -3.55 | 8.30 | 2.57 | 13.03 |
| 七台河市 | -4.75 | -4.5 | -4.30 | -4.34 | -4.51 | -4.05 | -3.13 | -2.92 |
| 牡丹江市 | -3.82 | -3.81 | -3.79 | -4.01 | -3.63 | -3.64 | -2.75 | -3.19 |
| 黑河市 | -4.35 | -3.42 | -3.42 | -3.09 | -8.99 | -2.88 | -3.31 | -2.33 |
| 大兴安岭地区 | -3.31 | -3.51 | -3.21 | -2.53 | -3.24 | -3.13 | -3.19 | -2.81 |

数据来源:2013—2020年《黑龙江统计年鉴》

### (四)资源型城市土地资源、人口情况

如表1.11所示,黑龙江省有土地资源4 525.3万公顷,其中3 074.96万公顷是资源型城市的土地资源,占比高达68%。黑龙江省人口为3 554.5万人,资源型城市人口为1 411.73万人,占全省的40%。因此,黑龙江省实施资源型城市可持续发展的意义重大。

表1.11 2019年黑龙江省及各资源型城市土地资源、人口情况统计表

| 地区 | 土地资源数/万公顷 | 人口数/万人 |
|---|---|---|
| 黑龙江省 | 4 525.30 | 3 554.50 |
| 鸡西市 | 224.90 | 169.40 |
| 鹤岗市 | 146.70 | 98.50 |
| 双鸭山市 | 220.50 | 140.70 |
| 七台河市 | 61.90 | 77.00 |
| 大庆市 | 212.00 | 274.70 |

续表1.11

| 地区 | 土地资源数/万公顷 | 人口数/万人 |
|---|---|---|
| 黑河市 | 668.60 | 158.10 |
| 牡丹江市 | 388.30 | 250.40 |
| 尚志市 | 88.91 | 55.53 |
| 伊春市 | 328.00 | 112.40 |
| 大兴安岭地区 | 647.70 | 41.70 |
| 五大连池市 | 87.45 | 33.30 |

数据来源:2019年《黑龙江统计年鉴》

### (五)资源型城市民生情况分析

近年来,黑龙江省各资源型城市人口增长趋于停滞状态,出生率和人口自然增长率均明显低于全国平均水平,而且绝大多数资源型城市人口出现负增长。2019年黑龙江省资源型城市人口自然增长率如表1.12所示。

表1.12 2019年黑龙江省资源型城市人口自然增长率统计表　　　　　%

| 地区 | 出生率 | 死亡率 | 自然增长率 |
|---|---|---|---|
| 全国 | 10.48 | 7.14 | 3.34 |
| 黑龙江省 | 5.73 | 6.74 | -1.01 |
| 鸡西市 | 3.9 | 6.91 | -3.01 |
| 鹤岗市 | 4.21 | 7.94 | -3.73 |
| 双鸭山市 | 4.03 | 4.91 | -0.88 |
| 大庆市 | 5.32 | 4.63 | 0.69 |
| 伊春市 | 3.4 | 7.4 | -4 |
| 七台河市 | 7.00 | 5.56 | 1.44 |
| 牡丹江市 | 4.4 | 5.3 | -0.9 |
| 黑河市 | 3.9 | 5.3 | -1.4 |
| 大兴安岭地区 | 3.18 | 6.33 | -3.15 |

数据来源:2019年《黑龙江统计年鉴》

如表1.13所示,黑龙江省从业人数整体呈下降态势,2019年从业人数为1776.90万人,较2011年下降10%,但是资源型城市从业人数在波动中呈总体上升态势。2015年,鹤岗市、七台河市、双鸭山市、大庆市从业人员数量下降明显,特别是鹤岗市下降幅度高达16.4%。2017年以后,除黑河和伊春略有下降外,其他资源型城市从业人员数量都稳步上升,特别是2019年资源型城市从业人数上升显著,从业人员合计增幅达50%。

表 1.13　黑龙江省主要资源型城市从业人数统计表　　　　万人

| 地区 | 2011年 | 2013年 | 2015年 | 2016年 | 2017年 | 2018年 | 2019年 |
|---|---|---|---|---|---|---|---|
| 黑龙江省 | 1 977.80 | 2 060.40 | 2 013.70 | 2 028.20 | 2 005.00 | 1 986.40 | 1 776.90 |
| 鸡西市 | 40.59 | 53.75 | 53.60 | 54.17 | 50.96 | 54.78 | 84.66 |
| 鹤岗市 | 43.27 | 39.20 | 36.18 | 42.75 | 41.50 | 45.66 | 49.23 |
| 双鸭山市 | 31.27 | 31.54 | 29.88 | 40.53 | 32.69 | 41.95 | 70.33 |
| 大庆市 | 108.06 | 101.04 | 107.08 | 99.58 | 90.10 | 90.66 | 137.32 |
| 伊春市 | 39.94 | 57.45 | 55.71 | 51.41 | 55.47 | 50.09 | 56.21 |
| 七台河市 | 27.83 | 29.27 | 26.81 | 27.23 | 27.43 | 29.39 | 38.48 |
| 牡丹江市 | 63.58 | 67.90 | 70.62 | 65.23 | 63.61 | 65.40 | 125.17 |
| 黑河市 | 42.62 | 36.52 | 39.42 | 43.47 | 54.88 | 48.89 | 79.01 |
| 大兴安岭地区 | 23.93 | 23.53 | 22.84 | 20.22 | 19.70 | 18.23 | 20.84 |
| 资源型城市合计 | 397.16 | 416.67 | 419.30 | 424.37 | 416.64 | 426.82 | 640.41 |

数据来源：2012—2020年《黑龙江统计年鉴》

黑龙江省主要资源型城市失业率整体呈现先升后降态势，如表1.14所示。2012年以后各资源型城市失业率普遍上升，特别是2013年牡丹江市失业率上升达0.51个百分点，但绝大多数资源型城市失业率均低于黑龙江省平均水平。2016年后失业率逐步下降，2019年除大兴安岭地区外，其他资源型城市失业率低于历年同期水平。

表 1.14　黑龙江省主要资源型城市失业率统计表　　　　%

| 地区 | 失业率 | | | | | | | |
|---|---|---|---|---|---|---|---|---|
| | 2012年 | 2013年 | 2014年 | 2015年 | 2016年 | 2017年 | 2018年 | 2019年 |
| 黑龙江省 | 4.15 | 4.43 | 4.47 | 4.48 | 4.22 | 4.21 | 3.99 | 3.53 |
| 鸡西市 | 4.06 | 4.06 | 4.09 | 3.84 | 4.09 | 4.02 | 3.77 | 3.68 |
| 鹤岗市 | 3.91 | 4.11 | 4.11 | 4.10 | 4.10 | 4.11 | 3.82 | 3.55 |
| 双鸭山市 | 3.72 | 3.71 | 4.00 | 4.03 | 4.04 | 4.04 | 3.82 | 3.50 |
| 大庆市 | 4.07 | 4.08 | 4.22 | 4.14 | 4.06 | 4.22 | 3.76 | 3.20 |
| 伊春市 | 4.17 | 4.24 | 4.19 | 4.14 | 4.18 | 4.15 | 3.94 | 3.50 |
| 七台河市 | 3.97 | 4.00 | 4.21 | 4.30 | 4.31 | 4.27 | 3.87 | 3.60 |
| 牡丹江市 | 2.98 | 3.49 | 3.39 | 3.38 | 3.29 | 3.52 | 3.81 | 3.25 |
| 黑河市 | 3.76 | 3.70 | 3.72 | 3.48 | 3.59 | 3.60 | 3.51 | 3.27 |
| 大兴安岭地区 | 3.40 | 3.24 | 3.87 | 3.90 | 4.13 | 4.20 | 3.36 | 3.44 |

数据来源：2013—2020年《黑龙江统计年鉴》

如表1.15所示，黑龙江省主要资源型城市城镇和农村常住居民人均可支配收入显著增加。其中，大庆市城镇常住居民人均可支配收入最高，牡丹江市位列第二，城镇常住居民人均可支配收入高于黑龙江省平均水平，而其他资源型城市城镇常住居民人均可支配收入低于黑龙江省平均水平。七台河市和大兴安岭地区、牡丹江市、大庆市和伊春市农村常住居民人均可支配收入低于黑龙江省平均水平,其他资源型城市农村常住居民人均可支配收入高于黑龙江省平均水平。

表1.15  黑龙江省主要资源型城市城乡居民可支配收入统计表　　　　元

| 地　区 | 城镇常住居民人均可支配收入 | | | 农村常住居民人均可支配收入 | | |
| --- | --- | --- | --- | --- | --- | --- |
| | 2015年 | 2017年 | 2019年 | 2015年 | 2017年 | 2019年 |
| **黑龙江省** | **24 203** | **27 446** | **30 945** | **11 095** | **12 665** | **14 982** |
| 鸡西市 | 20 132 | 22 607 | 25 413 | 14 409 | 16 808 | 19 700 |
| 鹤岗市 | 18 891 | 21 370 | 24 149 | 12 153 | 13 967 | 16 466 |
| 双鸭山市 | 21 248 | 23 806 | 26 844 | 12 206 | 13 882 | 16 235 |
| 大庆市 | 34 402 | 38 736 | 43 298 | 13 204 | 14 757 | 17 368 |
| 伊春市 | 20 844 | 23 676 | 26 707 | 12 001 | 13 725 | 16 188 |
| 七台河市 | 20 776 | 23 528 | 26 431 | 10 687 | 12 169 | 14 340 |
| 牡丹江市 | 26 673 | 30 569 | 34 422 | 14 711 | 16 896 | 20 045 |
| 黑河市 | 22 935 | 26 138 | 29 970 | 12 177 | 14 007 | 16 734 |
| 大兴安岭地区 | 20 461 | 23 220 | 26 285 | 10 668 | 12 098 | 14 378 |

数据来源:2016—2020年《黑龙江统计年鉴》

# 第二章 黑龙江省东部煤电化基地产业结构与布局协同发展

## 第一节 导言

### 一、研究背景

"十一五"时期黑龙江省委、省政府从实际出发,做出了建设东部煤电化经济区的决策。黑龙江省东部煤电化经济区主要涵盖鸡西市、七台河市、鹤岗市、双鸭山市、佳木斯市和牡丹江市,区域总面积13.9万平方千米。经济区自建设以来,已取得了突破性进展,其重要节点城市鹤岗市、双鸭山市、七台河市和鸡西市,坚持主导产业与转型产业协调发展,经济效益和社会效益得到稳步提升。2012年底,这6个城市的地区生产总值总和是3 454.3亿元,占全省地区生产总值的25.23%,总人口1 362万,占全省总人口的27%。地区生产总值增幅高于全省平均水平,成为全省经济发展的重要增长极。但受多方面主观及客观条件限制,经济区建设中还存在着一些不容忽视的问题,还有一些矛盾需要尽快解决:一是安全生产的压力从未减轻;二是资源枯竭的困扰不断加大;三是产业项目投入成本偏高,对煤炭资源的高依存状态改善不明显;四是工业增长速度和财政增收幅度并不理想。究其原因,主要问题就在于区域内产业项目发展不够快、集群优势和竞争力不够强。

黑龙江省委、省政府在"十二五"规划中明确提出了紧紧围绕"八大经济区"和"十大工程"的发展指导思想,以实现经济发展方式的重大转移,打造新的经济增长极。"十二五"规划中关于东部煤电化经济区建设的主要任务是:增加资源储备,稳定煤炭产能,巩固煤电生产,调控焦炭产业,加快发展煤化工等接续产业,积极发展新材料、冶金、装备制造、农产品加工、林木产品加工等非煤替代产业。

"十三五"是全面建成小康社会的决胜阶段,经济发展要符合"共享、开放、绿色、协调、创新"的要求。黑龙江省"十三五"规划纲要中提出要加快转变发展方式,主动适应和引领经济发展新常态,创新发展实施"五大规划",着力推进结构调整。黑龙江省实现发展协调的难点之一即为资源型城市,要按照相关规定推动资源型城市转型,将接续替代产业的发展作为重点,实现新兴产业的发展。

为落实新发展理念和高质量发展要求,积极对接《中共中央国务院关于支持东北地区深化改革创新推动高质量发展的意见》,研究东部煤电化经济区产业集群的发展状况,积极优化产业结构,逐步提高产业集聚水平和产业协调发展能力,大力推进体制改革、促进经济增长方式转变是当前的重要任务,也是实现黑龙江省经济持续较快增长的必由之路。

## 二、研究目的及意义

本书旨在通过综合运用产业结构优化、产业布局合理化及协同理论,研究黑龙江省东部煤电化经济区在产业结构、产业布局和产业协同方面的现状及存在的问题,阐述产业结构优化和产业布局合理化理论与区域经济、社会、环境协同发展的相互关系,从产业结构合理化、高级化,产业布局合理化及产业协同3个方面,对产业结构、产业布局及产业协同进行评价,提出黑龙江省东部煤电化经济区发展合理布局实施方案和建议,为相关部门制定产业结构优化、产业布局合理化及产业协同政策、法规、计划提供参考。

本研究对于如何有效利用黑龙江省东部煤电化经济区现有的资源优势,加快地区经济发展,努力使之成为我国重要的煤电化基地和全省重要经济增长板块,促进黑龙江省经济的整体协调发展,具有重要的理论和现实意义;同时对于全面落实科学发展观,加强和改善宏观调控,进一步转变经济增长方式,推进产业结构调整和优化升级,保持国民经济平稳较快发展具有重要意义。

加强这一区域的区域规划建设是将资源优势尽快转化为经济优势和竞争优势、做大做强东部地区能源和煤化工产业的一项重大举措。此举对于满足我国东北地区区域经济合理布局的客观需要、提高资源一体化配置效率、逐步形成廊带辐射互补、板块耦合联动的区域经济新格局,具有十分重大而深远的意义。

本经济区的子区域在发展条件、经济基础、经济结构、资源禀赋、生产效率等方面存在一定的差异,而这些差异因素往往又不能完全、自由地流动。以四煤城为例,煤城煤种和富煤禀赋不尽相同,即使是煤电化也不能一概而论。有的城市适合发电,有的城市适合焦化,有的城市适合气(液)化。在这种客观现实面前,为了以最有利的条件、最低的成本和最佳的效益来满足各城市经济发展和社会生活的需要,就必然要求在子区域经济关系中,按照比较成本和比较利益的原则,选择自己最适合的产业,通过以资产为纽带的产业分工与合作,形成跨地区的产业链条,提高资源配置效率,极大地提高生产经营效率,这样不仅能提高各子区域的经济利益,也能提高整个东部煤电化基地的经济效益。

在这样的背景下,本书基于产业结构优化理论,深入分析东部煤电化基地在产业结构中存在的问题,研究产业结构优化与区域经济、社会、环境协调发展的相互关系,从产业结构合理化和高级化两个方面对产业结构进行评价,并提出黑龙江省东部煤电化基地产业结构优化的相关产业政策和建立工业园区的构想及方案建议,旨在为决策层对黑龙江省东部煤电化产业结构调整提供理论依据和借鉴参考。

## 三、国内外研究状况

产业结构理论的思想渊源可以追溯到17世纪。英国资产阶级古典政治经济学创始人威廉·配第第一次提出了世界各国国民收入水平的差异和经济发展的不同阶段,其关键原因是产出结构的不同。法国古典政治经济学的主要代表、重农学派的创始人魁奈在其创立的"纯产品"学说中,提出了关于社会阶级结构的划分。配第和魁奈的发现与研究是产业结构理论的重要思想来源。

20世纪三四十年代是现代产业结构理论的萌芽阶段。这一时期对产业结构理论的形成做出突出贡献的主要有日本经济学家赤松要,美国经济学家库兹涅茨、列昂惕夫和英国经济学家克拉克等人。赤松要在1935年提出产业发展的"雁行理论",主张本国的产业发展要与国际市场紧密结合起来,使产业结构国际化。库兹涅茨在1941年阐述了国民收入与产业结构之间的重要联系。列昂惕夫提出了投入产出分析法,为产业结构的研究提供了科学的数量分析方法。克拉克总结出了劳动力在三次产业中的结构变化与人均国民收入的提高存在一定的规律性。20世纪五六十年代产业结构理论得到了较快的发展,这一时期较有影响的理论有美国经济学家刘易斯提出的二元经济模型,赫希曼的"不平衡"增长学说,罗斯托的主导产业扩散效应理论和经济成长阶段论,德国经济学家霍夫曼的霍夫曼比例和霍夫曼工业化经验法则等。

产业布局理论是产业结构理论的重要组成部分,是指一个国家或者一个地区产业各部门在空间上的动态组合分布,是国民经济各部门在发展规律上的具体体现。19世纪初至20世纪中叶是产业布局理论的萌芽阶段,这一时期的理论主要包括农业区位论和工业区位论等。20世纪中期以后,受第三次产业革命和世界经济格局变化的影响,产业布局理论形成了诸多不同的理论流派,包括成本学派、市场学派和成本-市场学派等。第二次世界大战以后,产业布局理论又有了新的发展,先后涌现出增长极理论、点轴理论、网络开发理论等。近年来,产业集群理论成为产业布局理论新的分支,对产业集群理论的研究最早可以追溯到马歇尔时代。马歇尔在1920年解释了基于外部经济的企业在同一个区域集中的现象。保罗·克鲁格曼通过应用贸易理论,发展了集聚经济观点,建立了工业集聚模型。迈克尔·波特提出国家竞争优势的"钻石模型"。他认为,国家竞争优势的获得,关键在于产业的竞争,产业的发展往往会在国内几个区域内形成有竞争力的产业集群。

"协同"是反映事物之间、系统或要素之间保持合作性、集体性的状态和趋势。而协同学就是一门关于"协同"的科学,是一种自组织理论,它研究系统中各子系统之间协调、同步、合作、互补的关系,研究系统从无序到有序转变以及形成新的有序结构的规律性。在产业结构布局中应用协同理论合理布局,协调发展,避免重复建设,提高资源配置效率是科学发展观在产业布局中的具体应用。

国内外对于产业结构、产业布局及协同的研究较多,但大多是从宏观方面出发进行定性的分析,从而得出理论性或政策性的建议,缺乏理论对具体区域的应用。突出定量计算在产业结构优化中的作用,更多地与区域实际状况相结合进行分析是区域产业结构未来的研究方向。

## 四、研究内容、方法及技术路线

### (一)主要研究内容

本书通过对黑龙江省东部煤电化经济区产业结构的现状及存在的问题研究,结合产业结构影响因素的深入剖析,架构煤电化产业结构合理化评价理论,并找出行之有效的产业结构评价方法,针对本地区产业结构现状进行产业结构的优化研究,提出满足综合效益原则、可操作性强的产业结构调整政策。

### (二)主要研究方法

结合黑龙江省东部煤电化经济区产业结构、产业布局及协同发展现状和特征,以区域经济学、现代产业结构理论、环境经济学及协同理论以及资源经济学的基础理论为指导,综合运用运筹学、系统工程、灰色理论、投入产出、模糊数学等理论和方法,注重定性分析与定量分析相结合、理论研究与实践研究相结合、静态分析与动态分析相结合,按照调查研究、比较分析、定量分析、建立模型、综合评价、提出对策的思路,对黑龙江省东部煤电化经济区产业结构优化及协同发展进行系统研究。提出黑龙江省东部煤电化经济区产业结构优化和产业布局合理化及协同发展的相关产业实施方案及建议。

### (三)研究技术路线

(1)运用产业经济学、区域经济学、环境经济学等基础理论,研究黑龙江省东部煤电化经济区产业结构、产业布局及协同发展的现状及存在的问题。

(2)从自然因素、社会因素、技术因素3个方面对影响黑龙江省东部煤电化经济区产业结构、产业布局及协同发展的因素进行分析探讨。

(3)运用粗糙集理论对与产业结构和产业布局合理化相关的指标进行约简,构建指标体系,建立数学模型。

(4)以德国鲁尔区的产业结构和产业布局为标杆,运用系统理论、灰色关联、相似系数法等理论和方法,建立煤电化经济区产业结构高度化基准评价模型和产业布局合理化基准评价模型。

(5)产业结构优化和产业布局合理化研究。应用产业结构合理化、高度化和产业布局合理化的评价理论和模型,对黑龙江省东部煤电化经济区产业结构和产业布局进行评价。

(6)区域经济发展协同问题研究。应用产业系统协同理论对黑龙江省东部煤电化经济区区域发展的非协同性进行分析评价。

(7)产业结构优化、产业布局合理化区域协同发展政策研究。应用产业结构优化理论、产业布局合理化理论和区域经济协同发展理论,提出黑龙江省东部煤电化经济区产业结构优化、产业布局合理化和区域经济协同发展的相关产业政策和实施方案及建议。

## 第二节 产业结构及相关理论研究

### 一、产业结构演进

(一)经济发展与产业结构的相关概念

在经济发展的不同阶段和不同的产业结构中,各产业的发展速度是不同的。一些产业发展得快些,另一些产业就可能发展得慢些,还有一些产业甚至可能是处于衰退和萎缩状态。因此,各产业对国民经济的作用和贡献显然是不同的。据此可将城市产业划分为新兴产业、支柱产业、衰退产业等。

**1. 产业发展阶段**

(1)新兴产业。

新兴产业是指正处于产业生命周期曲线中成长期阶段的产业。从成长期阶段曲线的特征可以知道,新兴产业的发展速度一般都相当迅速。新兴产业的市场份额目前可能并不大,但其增长率却很快;它的产出比重目前可能也很小,但能在短期内获得迅速发展并对整个产业结构起较大的作用。

新兴产业之所以能打破原来相对平衡的产业结构,从原来比较稳定的产业结构中迅速得到发展,是因为新兴产业能创造和满足新的社会需求,并且很快获得市场份额。所以一般来说,新兴产业往往代表着市场对产业结构作为一个经济系统整体产出的新需求,代表着产业结构转换的新方向,也代表着现代科学技术产业化的新水平。由此可知,新兴产业对产业结构系统的运行和发展起着重要的导向作用。

(2)支柱产业。

支柱产业是指在当前的产业结构系统中具有举足轻重地位的产业。这"举足轻重"的地位,可能是该产业的产出占整个产业结构系统产出的比重所导致;也可能是该产业的收入占整个国民经济收入的比重而导致;还可能是由于该产业的就业系数较高,因而在该产业就业的人数占全部就业人数的比重较大,从政府宏观经济政策的角度而言,该产业也称为支柱产业;甚至对一些外汇紧缺的国家来说,有时将其主要的外汇创收产业也称为支柱产业。但在一般的场合下,支柱产业多是指产出或收入所占比重较大的产业。

从产业生命周期曲线来看,支柱产业一般都是处于成熟期的产业。因为一个产业只有到了成熟期,社会对它的需求和它的市场占有份额才能达到最大,才能有长期和稳定的产出与收入。因而,支柱产业一般都是成熟期的产业。

由于支柱产业是产业结构系统和国民经济的"支柱",因而对支柱产业来说,它的主要任务就是加大产出和收入的力度,更好地发挥"支柱"作用。对支柱产业的政策,一般是采取延长其在成熟期的时间,以更好地发挥其"支柱"的作用。

当然,支柱产业的地位也不是一成不变的。随着产业结构的演进,原来的新兴产业逐渐进入了成熟期,成为新的支柱产业,而原来的支柱产业也会渐渐步入衰退期而失去

"支柱"的地位。如从世界产业结构演进的历史来看,在不少国家,纺织工业、钢铁工业都曾经充当过支柱产业的角色,但随着经济的发展,它们也都先后从支柱产业的地位上退了下来。

(3)衰退产业。

衰退产业是指市场需求逐渐萎缩,并在整个产业结构中的地位和作用不断下降的产业。从产业生命周期曲线来看,衰退产业是处于衰退期阶段的产业。

从事物发展的过程分析,一个产业进入衰退期是该产业发展的必然结果。但究其直接原因,则主要是新产业的出现并带来了新的产出,而新的产出或由于采用了新技术,使其具有更高的生产率和更强的竞争力,或创造了新的消费,满足了新的需求。总之,新产业在竞争中替代了老产业,夺走了老产业原先的市场,使老产业不得不步入生命周期的衰退阶段。

在产业政策中,对衰退产业采取的措施一般有两种。一是利用先进技术对该产业进行改造,或是开辟新的市场,创造新的需求,设法增强其竞争能力。如在一些工业先行国家,对部分原来的劳动集约型衰退产业通过技术改造,提高了它们的劳动生产率,增强了它们的竞争能力,使其"重焕青春"。二是对前景不好的产业,通过资源的转移,使其平稳地、部分地退出产业结构这一经济系统。

**2. 产品结构与工业结构**

产业是生产同类产品企业的集合。因此,工业的发展和工业结构的演进最终将落实到产品结构的不断升级之上。

首先,通过对产业生命周期特征的分析就可知道,人们可以通过对产业内产品的不断升级换代,延缓甚至改变产业的生命周期曲线。在一个产业进入衰退期后,仍可通过本产业内产品的推陈出新和升级换代来使其"起死回生"。而产业生命周期的这一特点,在工业(特别是制造业)中又更具代表性。因此,产品结构的改变,直接影响着工业结构的变动和演进,也直接影响工业的发展和工业化进程。

其次,一个新产业的出现,其最终的表现是该产业的产品创造了新的市场需求。显然,如果市场对新产品没有需求,则不可能在原有的产业结构系统中出现新的产业。在技术进步加速的工业化时代,以制造业为主要代表的工业经常不断地推出新的工业产品,创造着新的市场需求,从而也促生了新的产业,使工业结构不断发生变革,也推动着产业结构不断地向新的高度演进;反之,当工业结构有所转变时,作为其表象和最终落实点的产品结构也必然随之而转变。

**3. 产业结构变动导向**

产业结构变动导向,是指从宏观上看,产业结构沿着一个什么样的方向演进。导向选择的基本依据:一是城市的自然资源状况及其基本特点;二是城市所处的发展阶段及其发展的总水平,包括产业结构的特点及存在的问题;三是全国地域分工的需要。

产业结构的变动,有以下3种基本导向。

(1)技术导向。

使产业结构向高技术化方向转变,也就是在结构调整中,大力提高高技术产业在整个产业结构中的比重,直到其占主导地位。

(2)结构导向。

建立起以主导产业为核心、自然资源开发与加工制造协调发展的产业结构,直到加工制造业占主导地位。

(3)资源导向。

以自然资源开发为主,资源型产业占主导地位。

这3种不同的导向,标志着城市经济成熟程度的不同。从总体上看,我国同时存在着成熟程度不同、特色各异的城市。不同类型的城市,其产业结构变动导向也应有所区别。

### (二)产业结构演进的内涵

#### 1.产业结构演进的内涵分析

产业结构的发展是有规律可循的,从一些国家的产业发展过程来看,显示出一个不断地从低级结构向高级结构演进的过程。既然产业结构有这样一个演进的规律,那么一个国家乃至一个城市的经济也就存在着产业结构的转换和不断高度化的问题。

产业结构的转换一般是指该产业结构系统发生了较大的结构性的变化。如根据钱纳里等人的研究,城市经济阶段与产业结构关系如图 2.1 所示,一般情况下,在经济发展的第一阶段,产业结构中,以农业和传统服务业为主的初级产品部门在整个结构中占了很大的比重。而到了第二个阶段,在整个产业结构中,制造业的比重急剧上升,而初级产品部门所占比重则迅速下降,从而出现了明显的结构转换现象。产业结构的高度化则是指产业结构系统从较低级的形式向较高级的形式的转换过程,也可将其称为产业结构的升级。显然,产业结构的升级是由有规律的结构转换来完成的。如钱纳里等人认为,上

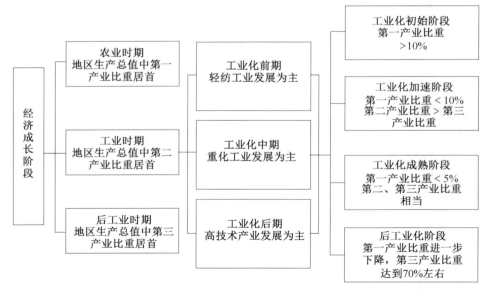

图 2.1　城市经济阶段与产业结构关系图

述产业结构从第一阶段转换到第二阶段,就是产业结构升级的表现,也就是该国或地区及城市已经从初级产品生产阶段进入了高速增长的工业化阶段。

经济和社会创新可以导致一些产业以更快的速度发展,这些高速发展产业的有序更替就使得产业结构逐渐向高度化演进。产业结构的高度化发展是各国产业结构变化的共同趋势。产业结构高度化的一般标志是第二产业和第三产业的发展速度逐渐加快,第一产业的发展速度逐渐下降;知识密集和技术密集产业的发展速度明显加快,劳动密集产业的发展速度下降;就业机会在第一产业和第三产业中的比重逐步增加,在第二产业中的比重相应下降;就业人员中从事脑力劳动的比重逐步上升,从事体力劳动的比重相应下降。产业结构高度化发展可以从主导产业的转移过程中得到反映。例如,韩国在其经济发展初期先是发展基础原材料工业,继之发展轻工业中的劳动密集型出口商品,在通过发展基础轻工业积累了技术经验和资金后又发展重工业,进而出口,逐步实现了产业结构的高层次转移。

**2. 工业化过程**

工业是国民经济的主要部门,自18世纪60年代英国工业革命以来,世界经济的发展过程主要就表现为工业化的过程。因此,对工业化过程中工业结构演进规律的研究,也就显得十分重要。根据对工业先行国家工业化过程的总结,人们发现各国工业结构的演进,基本上有以下规律。

(1) 重工业化过程。

所谓的重工业化过程,是指工业结构由以轻工业为主转向以重工业为主的过程。

对工业化过程中工业结构演进规律进行了开拓性研究的德国经济学家霍夫曼,在1931年出版的《工业化的阶段和类型》一书中,对工业化过程中的重工业化问题进行了周密的统计分析。霍夫曼利用了近20个国家的时间序列数据,分析了消费资料工业和资本资料工业的比例关系,得出了著名的霍夫曼定理:随着工业化的进程,霍夫曼系数(消费资料工业净产值与资本资料工业净产值之比)是不断下降的。

霍夫曼还根据霍夫曼系数的变化趋势,把工业化的过程分为4个阶段。在工业化的第一阶段,消费资料工业的生产占据着统治地位,而资本资料工业的生产是不发达的,霍夫曼系数在5附近;在第二阶段,虽然消费资料工业生产的规模仍远远大于资本资料工业,但就其发展而言,资本资料工业开始获得了更快的速度,此时的霍夫曼系数在2.5左右;在工业化的第三个阶段,资本资料工业已达到了与消费资料工业基本相当的规模,霍夫曼系数已到达1附近;到了第四个阶段,资本资料工业的规模开始超过消费资料工业,因此,霍夫曼系数也就降到了1以下。从一些工业先行国家的工业化过程来看,在它们完成了重工业化的任务之后,其重工业化率(重工业占制造业的比重)基本上都在60%~65%。

(2) 高加工度化过程。

在工业发展的重工业化过程中,工业结构又表现为以原材料工业为中心转向以加工装配工业为中心的发展趋势,这就是所谓的高加工度化过程。一般地,由于加工度越深,附加价值也越大,因此高加工度化过程也被称为高附加价值化过程。

工业的高加工度化过程意味着随着工业化的进程,工业产品的加工程度不断加深;意味着当原材料工业发展到一定的阶段以后,其增长的速度将被加工装配型工业所超越。

虽然一般来说,原材料工业和加工装配工业之间并不存在一个固定的比例常数,但加工装配工业比例上升的趋势也从一个侧面反映了工业化的进程。因为随着工业加工程度的加深,工业增长对原材料的依赖度将逐渐下降,中间产品的利用能力将不断增加,最终产品中附加价值的比重将日益提高,既大大提高了工业的经济效益,又使工业结构得到了改善和演进。

(3) 技术集约化过程。

在工业发展初期,轻工业在整个工业中占据着主要的地位,而轻工业的增长主要是依靠劳动力的投入来实现的。因此,在工业发展初期,劳动力是最主要的生产要素,在工业生产中起着重要的作用。如作为典型轻工业的传统纺织工业,就是一个劳动集约型的产业,在其发展过程中,劳动力的投入就是最重要的因素。

随着工业化的发展,工业结构开始了重工业化的过程,煤炭、钢铁、石油等重工业部门先后崛起。而这些重工业部门,都是一些典型的资本集约型工业,其增长对资本的依赖度很大。不对其进行大规模的投资,这些部门便不能获得发展。也就是说,工业化的进程已进入资本集约化的阶段,资本已取代了劳动力成为工业增长的主要生产要素。

随着工业化的进一步发展,这种以大规模的资本投入为基础的、以大型设备和大批量生产体制为特征的工业结构逐渐显示出了一系列的问题,如资源的大量消耗、环境的日益恶化等。在此背景下,工业先行国家开始了新一轮的大规模的工业结构转化过程,迎来了工业化进程中高加工度化的阶段。在高加工度化阶段,工业的增长越来越多地依赖于技术,技术开始取代资本,日益成为工业增长的主要生产要素。

由上可见,工业的发展过程在其重心由轻工业向重工业转移,由原材料工业向加工装配工业转移的同时,从生产要素的角度而言,还经历了由劳动集约型向资本集约型进而向技术集约型工业转移的过程,这就是工业化过程中的技术集约化过程。

从工业化进程来看,技术集约化过程大约始于20世纪70年代。在整个工业中,一些利用微电子技术、计算机技术、新材料技术、信息技术、激光技术、航天技术、核技术、海洋技术和生物工程技术等新技术的高技术工业获得了惊人的发展。据一些资料表明,在一些工业先行国家,高技术工业的净产值已超过了传统工业,成为工业乃至整个产业结构的支柱。

**3. 经济发展阶段的划分**

经济发展阶段是经济发展中的各组成要素在某一点上的发展程度的集合。判断经济发展阶段的标志不是单一的,经济发展阶段是由若干系统构成的,是能从不同侧面反映经济发展水平特点的,包含衡量经济增长、经济结构与社会生活质量方面的一个指标体系。综合多个特征指标,方能对工业化程度和经济发展阶段的划分从总体上做出准确判断。但迄今为止,人们对经济发展阶段划分的方法和指标,还未能形成一种共识。然而,用经济特征进行描述,则是深入探索的基础和依据。现代经济发展具有两个最基本的经济特征:第一个是总量经济指标出现前所未有的高增长率,总量经济指标主要是指国内生产总值或人均国内生产总值,它反映整体生产能力的动态状况;第二个是经济结构出现高变化率,主要表现为产业结构中传统部门与现代部门之间相对比重的迅速消长。既然总量经济增长和经济结构变化是现代经济成长的主要标志,那么发展过程中的阶段性特点也必然会通过总量经济增长和经济结构变化的时间轨迹表现出来。因此,通过描述总量经济增长率和经济结构变化率沿成长过程的时间分布特征,就能识别和区分出经济发展可能经由的系列不同阶段。

以美国经济学家库兹涅茨、钱纳里等为代表的发展经济学家,根据三次产业在国民生产总值构成中的比例序位关系,结合人均国民生产总值的高低,将经济发展阶段划分为农业时期、工业化时期和后工业化时期三大时期,其中工业化时期又具体分为初期、中期和后期3个阶段。

(三)产业结构演进的相关理论

**1. 产业结构演进的理论分析**

国民收入和劳动力在三次产业间分布和演进的规律,可做以下理论分析。

(1)需求收入弹性与三次产业产品的供给。

在微观经济学中,越是作为生活必需品,其需求的收入弹性就越小。第一产业主要产出的农产品,其大部分是人们的生活必需品,所以第一产业的产品在总体上的需求收入弹性是很小的;第二产业主要产出的工业产品,一般被认为需求收入弹性要大于农产品;而第三产业(服务业的主要产出)的需求收入弹性通常又要大于工业产品。一般情况下,随着经济的发展和收入的增加,需求收入弹性较大的产品在人们消费中的比重总是越来越大。因此,人们的消费需求总是具有从农产品转向工业产品、从实物产品转向服务产品的趋向。从需求的角度而言,也要求随着收入的增加,市场上对工业产品和服务的供给比例越来越大,从而使从事这部分产品供给的产业在整个产业结构中的比例也越来越大。

(2)比较劳动生产率与三次产业的发展。

所谓某产业的比较劳动生产率就是该产业的国民收入相对比重与该产业的劳动力相对比重之比,即

$$\frac{p_i}{p} = \frac{\dfrac{Y_i}{Y}}{\dfrac{L_i}{L}} \tag{2.1}$$

式中,$p_i$ 表示产业 $i$ 的劳动生产率;$p$ 表示全部产业的平均劳动生产率;$Y_i$ 表示产业 $i$ 的产出;$Y$ 表示全部产业的总产出;$L_i$ 表示产业 $i$ 劳动力的需求量;$L$ 表示全部产业对劳动力的总需求量。

由劳动生产率和比较劳动生产率的定义可知:一个产业对劳动力的需求,与该产业的劳动生产率成反比;一个产业的劳动力相对比重也与该产业的比较劳动生产率成反比。在三次产业中,第二产业的技术进步速度最快,它的劳动生产率和比较劳动生产率

都最高,而第一产业和第三产业的劳动生产率和比较劳动生产率都相对较低。

由此,在经济发展的初级阶段,由于在总需求中对农产品的需求量较大,且由于第一产业的劳动生产率和比较劳动生产率都较低,因此对第一产业的劳动力需求相对比重也较大。由于农产品的需求收入弹性较小,随着经济的发展,人们对农产品的需求相对减少,对工业产品的需求增加。此时,对第一产业来说,无论是国民收入的相对比重,还是劳动力的相对比重都是不断下降的,并且由于对工业产品总需求的迅速扩大,导致这一时期第二产业劳动力人数的增加。但第二产业是一个劳动生产率和比较劳动生产率都较高的产业,因此随着时间的推移,虽然对工业产品的需求和第二产业的相对国民收入仍在缓缓增加,可对劳动力的需求量以及对劳动力需求的相对比重却基本稳定了。与此同时,在社会的总需求中,对第三产业的需求增加,导致了第三产业国民收入相对比重和劳动力相对比重的增加,但由于在此阶段第一产业国民收入相对比重和劳动力相对比重的基本稳定,以及第二产业国民收入相对比重的增加要快于劳动力的相对比重,又决定了该阶段中第三产业的劳动力相对比重的增加要快于国民收入的相对比重。

(3)产业结构的演进与三次产业的协调发展。

经济学家对产业结构演进规律的研究结果,都表明了产业结构的高度化与三次产业间的比例变化是有密切关系的,一个国家或地区三次产业间的不同比例反映了该国或地区产业结构发展的不同阶段。

正由于三次产业间的比例关系反映了一国或地区产业结构的高度化,导致一些工业后发国家或地区为了尽快实现工业化,在农业基础还不十分巩固的前提下,就提早启动并加快了工业化的步伐,以求尽早缩短与工业先行国家或地区在三次产业比例上的差距。而其结果则往往是欲速而不达,致使第一、第二产业比例的严重失调,造成了经济上的"二元结构"现象。

工业的发展,特别是在工业化的初期,需要农业为之提供资本的积累、提供大量的原材料和廉价的劳动力等生产要素;工业的发展,同时也需要农业为之提供一个广阔的市场。总之,工业的发展,需要农业作为其扎实的基础。没有农业的发展,没有扎实的农业基础,工业化就成了无本之木和无源之水,就不可能顺利地得到发展。工业先行国家和地区在其工业化进程中,农业在整个国民经济中的比重确实是在不断地下降,然而,在工业先行国家和地区,产业结构的演进是在其结构关系比较平稳的基础上进行的,结构变动的过程比较平缓。这种平缓和缓慢,是由农业基础的稳固性所决定的,它反映了一国或地区农业可逐渐为其工业化提供所需的生产要素和市场的能力。因此可以说,在工业先行国家和地区,农业比重的下降并没有削弱农业在整个产业结构中的基础地位,也并没有影响第一产业和第二产业之间的协调发展关系。

在工业化进入到一定的阶段以后,第二产业在整个产业结构中的比重也将逐渐下降,而以服务业为主的第三产业的地位则将不断提高,即开始步入"经济服务化"的阶段。然而,与在工业化初期农业比重的下降一样,"经济服务化"所导致的工业比重下降,应是建立在强大的工业基础之上的。没有一个强大的工业基础,缺少包括农业在内的物质产品生产部门,"经济服务化"将失去"服务"的对象,最终有可能演变为"经济空洞化"。而只有三次产业的协调发展,才可使产业结构获得有序的发展,才有助于产业结构的高度化。

一些工业后发国家,在起初进行工业化时,已有过进程过快(如超前重工业化)而导致第一、第二产业比例失调,最终不得不反过头来再次"补课",使整个产业结构发生大逆转的教训。在产业结构向"经济服务化"演进的新一轮大转折中,适当加快第三产业的增长速度是必要的,但是应当注意到第三产业的发展受工业化进程的制约;过分强调第三产业的发展,看不到工业化进程对它的制约也是不对的。要在第一、第二、第三产业协调发展的基础上推进工业化进程。

**2. 产业结构的高级化理论**

产业结构的高级化是一个随着经济发展而变化的长过程,这种变化表现出有序的阶段性。尽管经济发展水平和发展阶段不同的国家和地区,其产业结构的变动具有不同的特点,但有一点是共同的,即产业结构与速度、效益存在着密切的相关关系。产业结构的高级化,就是向促进速度、提高效益的更高一级的产业结构推进。在改造二元结构,促进产业结构高级化的实践中,形成了以下理论。

(1) 动态比较费用论。

按照李嘉图的"比较成本"学说,发达国家应将其产业结构的重点放在资金、技术密集型,需求收入弹性高的产业,而不发达国家,只能重点发展如农业、原材料等收入弹性低的初级产业。如果这种分工持续下去,势必会使现有发达国家与其他国家的收入差距进一步扩大。针对这种静态的比较成本学说,日本的经济学家提出了"动态比较费用论",该理论认为,产品的比较成本是可以转化的。从某一时间点看(即静态地看),在国际贸易中一时处于劣势的产业,从发展眼光看,却有可能转化为优势产业。关键是对那些有潜力、对国民经济有重要意义的产业采取扶植政策。经过政府的扶持和保护,经过一定时期后,这些产业可以发展成为有竞争能力的出口产业。这个理论,兼收了李嘉图比较成本学说和李斯特"扶持幼小产业说"的合理内核,为日本规划产业结构的高级化做出了有力的论证,是日本产业结构理论的起点,并成为落后国家、落后地区改变原有产业结构的一种国际贸易理论。这个理论的核心,就是在重点发展传统的具有相对优势但技术层次较低的产业的同时,必须扶持有发展前途的新兴产业,使之逐渐发展成为主导产业。

(2) 雁行形态说。

在经济技术还比较落后的国家,如何实现产业结构的高级化,日本的经济学家从日本棉纺织工业的发展史中发现了如下现象:当现代棉纺织工业在日本尚未发展起来时,西方棉纺织品大量涌进市场;国外棉纺织品的大量进口,开辟和拓展了日本的棉纺织品市场,为日本棉纺织工业的发展准备了市场条件;日本国内市场与近代技术、低工资成本的组合,促进了日本本国棉纺织工业的发展;随着国内棉纺织工业生产规模的扩大,规模经济加上低工资,使棉纺织品的生产成本大幅下降,在国际市场上占有价格优势,成为日本的重要出口产品;国际市场的拓展,又促进了日本棉纺织工业的进一步发展。据此,日本经济学家提出了"雁行形态说",认为,后进国家的产业,应当遵循进口→国内生产→出口的模式,相继更替发展,促进产业结构的高级化。这个进展过程,在图形上像3只大雁在飞翔,如图 2.2 所示。

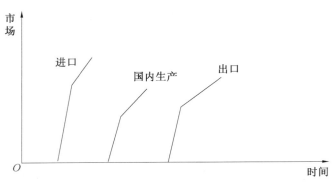

图 2.2 产业结构的雁行形态

第一只雁是进口的浪潮,第二只雁是进口所引发的国内生产浪潮,第三只雁是国内生产发展所促进的出口浪潮。这是雁行形态的基本模型。它还有两个变形:一个是从产业发展的次序,一般是从消费资料产业到生产资料产业,从农业到轻工业,进而是重工业的不断高级化过程;一个是消费资料产业的产品不断从粗制品向精制品转化,生产资料产业的产品不断从生产生活用的生产资料向生产生产用的生产资料转化,这样产业结构就愈加多样化和高级化了。

(3)产品循环说。

这个学说与雁行形态说不同,它是以本国工业开发的新产品在国内市场上的出现为出发点的。产品循环表现为如下几个过程:

①第一个过程,新产品推出、扩大市场直至饱和。

②第二个过程,在国内市场饱和后,这一产品将出口到国外,开拓国外市场。

③第三个过程,随着国外市场的形成,伴随着产品出口,出现了资本和技术的出口,这些资本、技术与当地廉价劳动力及其他资源相结合,在输入国发展了这种产品。

④第四个过程,国外生产能力的形成,又会使这种产品以更低的价格打回到本国市场,使得原先开发这种产品的国家不得不放弃这种产品的生产而转向更新的产品开发。

新产品开发→国内市场形成→出口→资本与技术出口→进口→开发更新的产品……按照这个顺序不断循环上升,这就是产品循环。把这个过程同雁行形态发展过程相对比,可以发现,雁行形态的3个过程与产品循环的第二至第四个过程是一致的,这种现象,在西方经济学中叫作"飞旋镖效应"。正是这种"飞旋镖效应",形成了落后国家的"后发优势"。落后国家如果善于利用这种"后发优势",并创造利用的条件,就有可能以较快的速度使自己的产业结构向先进国家的结构类型演进。

(4)非平衡增长论。

这个理论认为,在产业结构的演进中,应选择好带头的先导产业(类似于地区专业化产业),加以重点发展。以先导产业的优先发展带动整个国民经济的发展。因此,产业结构高级化所应遵循的原则,实质上就是选择先导产业的基本原则。日本经济学家提出了两大原则:需求收入弹性原则(先导产业应当是需求收入弹性大、需求增长较快的产业)

和比较劳动生产率上升原则(先导产业应当是比较劳动生产率提高的可能性较大的产业)。日本经济学家根据20世纪50年代日本的具体情况和产业结构中长期的演变趋势与方向,认为重化工符合这两条原则,并指出产业结构的重化工化,符合经济发展的一般趋势。而且重化工对其他产业的"诱发效果"(关联效果)大,重点发展重化工,就可充分发挥产业间的因果继起的诱发机制,带动整个经济的发展,促进整个产业结构向高级化方向转变。进入20世纪70年代,在上述两条原则之外,又补充了两条:一是防止过度密集原则;二是丰富劳动的内容原则,其目的是力求使产业结构的演进进一步做到经济增长与社会发展相协调。

(5)相关分析法。

产业结构的演进,既是产业系统内部结构的相互调节,又是同其他因素相互作用的结果。为了研究其复杂的内在机制,就需要采用相关分析法来揭示产业间的关联性以及产业结构与其他结构之间的动态关系。也就是说,研究产业结构,不仅要研究产业系统内部各产业间的动态关系,而且也要综合考察产业结构与就业结构、教育结构、投资结构、进出口结构、空间结构等各种结构变动的相关性。

**3. 幼小产业的扶植学说**

美国的施蒂格勒在其《产业组织和政府管制》一书中描述了幼小产业的一些特征:"年轻的产业对现存经济系统来说,是'陌生人'。它们需要新种类或新品质的原材料,所以只能自己制造;它们必须自己解决其产品使用中的技术问题而不能等待潜在使用者来解决之;它们必须劝诱顾客放弃其他商品,而不可能找到专业化的商业机构来承担这一任务;它们必须自行设计、制造专业化设备;自己培训技术工人……"显然,相对于成熟的产业而言,幼小产业在出现的初期甚至于连竞争所必需的市场关系,如必要的供应商、销售商和市场活动标准都还没有形成,整个已经形成并成熟的产业结构甚至可以共同构成对新产业的进入障碍。

幼小产业从长期看符合收入弹性大、技术进步快、劳动生产率提高快的特点,但在初期却没有比较优势,需要通过政府的扶植从比较劣势转为比较优势。所以,对幼小产业的扶植反映了政府产业政策的先行性特征。

有关对幼小产业进行政策扶植的基本学说有社会振兴费用学说、先行者利益学说和边际产业技术开发学说。

(1)社会振兴费用学说。

根据规模经济理论,随着产业规模的扩大,产业的单位生产费用将逐渐降低,使生产者面对的实际价格水平上升,由此促使供应量的增加。在供求规律的作用下,随着产业规模的不断扩大,边际生产费用不断上升,使供应曲线呈现随价格上升而上升的倾向。在后发国家中,诸如钢铁、化工等初始投资量较大、规模经济性较强的产业部门一般处于整体规模很低的发展阶段,因此,其发展往往可以经历单位生产费用先降后升的过程(见图2.3中成本曲线 $AC$ 的形状)。如果能在生产费用出现随规模的扩大而上升阶段之前(图2.3中的需求曲线 $D$ 与成本曲线 $AC$ 的交点)扩大产业规模,无疑可以利用费用递减的效益。但是,后发国家在扩大产业规模时面临的一个重大威胁是工业发达国进口产品相对价格较低的竞争(图 2.3 中的 $P$ 为进口价格水平)。这时,如果存在一种力量组织有关企业的合作,共同在生产费用的递减阶段扩大生产规模,就能与进口产品相抗衡。这里,使生产规模扩大到国内生产价格低于进口品价格的产量水平,从而使产业实现市场自立所需的费用就被称为产业的社会振兴费用。

因此,社会振兴费用的存在是政府进行产业扶植的理由之一。政府对处于生产费用递减、需要社会振兴费用支持阶段的产业可以采取提供生产补贴和关税保护(使实际进口价格上升至 $P'$)的扶植政策。

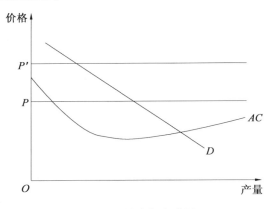

图 2.3　社会振兴费用

(2) 先行者利益学说。

后发国家在产业发展初期会受到发达国家凭借先行者利益设置的阻碍。先行者利益表现为发达国家产业利用其在国际市场上已经具备的垄断地位,对后发国家产业的市场进入设置障碍,或是发达国家产业利用其对有利的国际分工领域的先行占据,获得比后发国家更大的国际分工利益,使后发国家永远处于落后的地位。打破先行者利益需要后发国家政府对产业的扶植。政府为打破先行者利益可以采取的政策主要有:利用关税和非关税壁垒阻止外国企业对本国市场的垄断,从而保护本国企业和产业的发展;制定产业集中政策,迅速培养起一批具有市场自立能力和国际竞争能力的强大的企业和产业;利用财政、税收、金融等优惠待遇使目前缺乏优势的国内企业和产业迅速成长为具有国际比较优势的企业和产业等。

(3) 边际产业技术开发学说。

在把本国企业的生产费用与外国企业的生产费用进行产业比较时,总可以找到一个本国与外国优势相当的产业,这个产业就称为边际产业。政府对边际产业的扶植可以使之成为新的出口产业,扩大后发国家的出口领域。政府对边际产业的扶植由于着眼于出口能力,因此主要是进行技术扶植。扶植方法有:由政府直接进行技术开发投资,尔后将技术开发结果使用于企业;政府对企业的技术开发给予补贴、与企业共同承担技术开发的风险;利用特别折旧制度对企业加速技术更新和设备更新给予鼓励等。

以上 3 种有关幼小产业扶植学说的理论基础是由李斯特提出的"扶持幼小产业说"。李斯特认为,一国的经济发展一般需要经过原始、畜牧、农业、农工业和农工商业 5 个阶段。当时德国的经济正处于第四阶段,为了使德国经济能赶上并超过当时已经处于第五阶段的英国,李斯特建议德国发展自己的铁路网保护国内市场,并采取关税的方式保护本国的产业,使之逐渐成为有力的出口产业。"扶持幼小产业说"自提出后对后发国家制定产业政策、保护和促进本国经济发展产生了深远的影响。

## 二、产业结构分析

所谓的产业结构分析,是指对产业间的关系结构及其特征以及比例关系进行的研究和分析。城市产业结构分析和评价需从总体原则、多视角考察和定量化3个方面来进行,这样才能保证结构分析既全面和深入又具有科学性和可操作性。投入产出表是进行产业结构分析的一种有力工具。

### (一)城市产业结构总体评价

城市已形成的产业结构是否合理,其利弊得失如何,总体上可以从以下几个方面来考察。

#### 1. 与资源优势的适应性分析

产业结构作为资源转换器,其功能就是对输入的各种生产要素按市场的需求转换为不同的产出。在此转换的过程中,显然转换的效率就是一个相当重要的指标,它取决于已形成的产业结构同区域的资源结构是否相适应,能不能发挥城市的资源优势。因此,对资源能否进行合理而有效的利用,也就成为判断一个产业结构是否合理的重要标志了。

这里的资源结构指生产要素结构,即自然资源、劳动力、资金和科学技术之间的相对比例关系。各个城市生产要素禀赋各不相同,各种生产要素的供给能力和供给价格也就不同。在已经形成的产业结构中,如果比较多地利用区域相对丰富、价格相对便宜的生产要素来从事商品生产,这些商品的生产成本就比较低,也就能在市场竞争中处于有利的地位。那么,这样的产业结构就是比较合理的。其显著特征之一就是在城市经济发展的各种生产要素中,其供给比较充分、价格比较便宜的生产要素,即区域具有比较优势的资源,得到了优先、重点开发利用,其相对应的产业和产品得到了优先、重点发展。相反,具有相对优势的生产要素,没有得到充分的开发利用,相关产业占的比重不大,没有得到重点发展,而在城市产业结构当中占比重较大的产业,在相关资源上并不具有相对优势,城市的产业结构和区域的资源结构相互"错位",这样的产业结构一般来讲是不合理的,需要调整。例如,自然资源和劳动力比较丰富,具有比较优势,而资金比较紧缺和科技水平较低,具有相对劣势的城市,如果形成自然资源密集型和劳动力密集型为主的产业结构,就是比较合理的。反之,如果对具有相对优势的自然资源和劳动力弃而不予重视和重点利用,而是要形成资金密集型和技术密集型为主的产业结构,不顾城市资金和技术处于劣势的客观事实,则这样的产业结构就是不合理的,经不起激烈的市场竞争,最终会被淘汰。

然而,这里的城市产业结构与其区域资源结构相适应,有一个前提条件,就是利用区域优势资源生产的优势产品,其产品一定是适销对路的,而且市场需求量较大,产品价值能够实现,这样的产业结构才有实在意义。否则,尽管生产成本比较低,但生产出来的商品销售不出去,价值实现不了,也是不行的,不管资源结构和产业结构多么适应,也是维持不下去的。因此,评价城市产业结构是否合理,既要看它同区域的资源结构是否相适应,还要看它同区域内外的消费水平、消费结构和市场容量是否相适应。城市产业结构必须既是资源导向的,又是市场导向的。

**2. 区域贡献分析**

区域贡献分析是分析城市产业系统的功能,是否能承担起全国地域分工的重要任务,对全国或上一区域层次产业结构的优化和协调能否做出独特的贡献。一个较大的区域包含若干个城市,这些城市的优势各不相同。如果各城市都充分利用自己的优势条件,建立起以优势生产要素为专业化部门的产业系统,那么这样的产业结构就是丰富多彩的,专业化部门是多样化的、不雷同的,在发挥城市优势的基础上形成了经济分工。通过经济分工,城市所具有的相对优势的生产要素得到充分和重点利用,专业化部门得到充分和重点发展。理论和实践都证明,城市之间的分工合作,是提高区域经济效率的主要途径之一,可以使各城市以及包含这些城市的整个区域都获得利益。

因此,如果城市已经形成主导产业,主导产业必然是专业化部门,而且这些专业化部门发展的规模比较适度,能够通过其产品大量向外输出,与其他城市进行分工与合作,担负起大区域或全国地域或国际分工的任务,对大区域或全国或国际做出自己的贡献,那么就可以说这个城市的产业结构是比较理想的、健康的。否则,如果未形成专业化部门,优势未得到充分发挥,未能与其他城市进行广泛的经济分工和合作,担负不起大区域或全国地域或国际分工的重任,对大区域或全国或国际贡献不大,那么这样的产业结构就是比较"差"的,与大区域或全国或国际的经济发展需要不相适应。

**3. 产业之间关联度分析**

结构平衡的问题,在产业结构上的反映,就是各产业间是否具有一种比较协调的比例关系,即产业之间的关联度如何。因而,产业之间的关联度,特别是主导产业与非主导产业之间的关系是否协调,也成为判断一个产业结构是否合理的重要标志。

城市内部的产业关联,一般包含两层含义。一个是理论意义上的关联,即产业之间存在上下游关系,相互之间依赖性强,联系非常密切。例如,纺织业和服装业,钢铁工业和机械工业,石油开采业和石油化学工业,煤炭采掘业和火力发电业等,它们都有直接的上下游关系,在理论上其关联度是很大的;而纺织业和火力发电业,钢铁工业和石油化学工业等,没有直接的上下游关系,产业链条不相衔接,理论上关联度非常小。产业关联的另一个含义是实际意义上的关联,即具有理论关联的上下游产业在实际生产过程当中真正发生关系。例如,油田开采出的石油供应域内石化企业作为原料进行深加工,铁矿石开采出来供应域内钢铁冶炼企业进行冶炼,钢铁又供应域内机械加工企业生产各种机械产品等,这样,产业关联就真正得以实现。如果城市产业虽然存在理论上的关联性,但在实际生产过程中并没有真正实现关联,而是将产业链条甩到域外,与域外发生关系,原料运到域外去搞深加工,深加工企业的原料又须从域外调入,这样也不能说城市产业关联度高。因此城市产业之间只有在理论上和在实际上都是关联的,才可以说产业间协调性较好,产业结构比较合理。

比例协调的产业结构,应当不存在明显的长线产业和短线产业。因为无论是存在长线产业还是短线产业,都表明其对市场需求的不适应,也都是对资源的一种浪费。比例协调的产业结构,更不能存在瓶颈产业。瓶颈产业的存在,不但表明其对市场需求的严重不符,而且还极大地影响整个产业结构系统的资源转换效率和产出能力。城市内部产业间关联度大,则城市经济凝聚力强,经济综合实力大,产业之间可以相互促进,取长补短,企业生产成本降低,产品在市场上具有竞争力,城市经济发展潜力大、前景好。

**4. 转换能力和应变能力分析**

城市产业结构不是一成不变的,而是不断发展变化的,这是一个永无止境的动态过程。现有产业结构不合理,就需要调整,使其向合理的方向改变,若产业结构转换能力强,则调整起来比较顺利,速度比较快,代价小,对经济发展有利;若结构转换能力差,则调整起来困难重重,速度慢,代价大。迟迟得不到合理化的产业结构,对经济发展势必会造成不利影响。

即使从现在来看产业结构是合理的,随着内外条件的变化,也需要及时进行产业结构的调整和转换。例如,当因各种原因有域外(包括国外及国内其他部门和区域)生产要素进入域内时,城市产业结构应能够及时应变,充分吸收、消化外部系统的外来因素,有效地将外来因素转换为输出,形成强大的扩张输出能力;当城市主导产业赖以存在和发展的资源或原料在域内发生枯竭或从域外输入发生困难时,主导产业产品市场需求缩小时,城市产业结构应能够及时转换,通过一系列自我调节,消除或避开突然而来的不利因素,保持经济健康发展;当城市系统结构保持相对稳定有序时,应能够创造条件使产业结构向更高层次的优化方向发展。

**5. 结构性效益分析**

结构性效益是衡量产业结构合理与否的最终标准,也是城市经济发展的归宿。如果一个城市的经济效益较好,并且这个较好的经济效益是由其产业结构带来的,那么这个产业结构就是合理的;相反,如果一个城市的经济效益不好,而且这个较差的经济效益是由其产业结构带来的,那么这个产业结构就是不合理的。

一般而言,城市产业结构高级化程度越高,则结构性效益越好,这就是一个国家、一个区域或城市极力追求产业结构高级化的原因。但是具体到一个特定区域,情况并非如此简单。有些具有高技术产业的城市整体经济效益并不很好,其原因是城市基础水平与高技术衔接不上,相互脱节,其突出表现是城市人口文化教育水平和劳动力素质过低,与高技术产业相关联的产业发展不足,滋养高技术产业的土壤过于贫瘠,导致高技术产业因缺少支持而发育不良,同时高技术产业又因城市基础过差而对其他产业的发展推动也不大,最后的结果就是城市整体经济效益欠佳。例如,"三线建设"时期,我国曾在西北地区安排了一批高技术企业,但因经济基础不足,与地方经济联系不密切,区域结构性效益并不理想。因此,往往是与城市基础相适应的适度技术的产业结构,其效益要比盲目追求高技术更好一些。

#### 6. 是否适应市场需求的变化

经济活动的目的是为了满足市场的需求。因此,产业结构作为一个资源转换系统,其最基本的要求就是它的产出能满足市场的需求。从而,对市场需求的适应程度,就成为判断一个产业结构是否合理的标准之一。

市场的需求总是在不断变化的。而在产业结构中,决定其产出结构的关键——资产存量结构则有着相当的刚性,所以,产出结构并不能完全地和及时地满足市场的需求,两者间总有一定的差距。这里的差距,包括了总量偏差和结构偏差两个方面。一般地,当总量存在偏差时,结构的偏差也一定存在;反之,当总量平衡时,结构则不一定也平衡。因此,结构的平衡是比总量平衡更为深层和重要的问题。

通过以上考察,对城市产业结构可以有一个总体上的把握,也可以有一个大致的结论。但总体评价代替不了具体分析,在总体评价的基础上,还应对城市产业结构做进一步的分层次、多角度的具体分析。

### (二)城市产业结构多层次分析

在总体评价的基础上,对城市产业结构进行不同层次、不同角度的分析,可以近距离地、比较具体地明确其现状特征,发现其存在的问题,为产业结构合理化调整奠定坚实基础。

#### 1. 社会总产值结构分析

社会总产值是农业、工业、建筑业、交通邮电业和商业五大物质生产部门的生产总值,在这个层次上,主要是分析城市产业结构中,农业与非农产业的协调性。非农产业对农业剩余劳动力的吸收能力,也从一个侧面反映工业化的进程和已有的工业化水平。

#### 2. 三次产业结构分析

三次产业包括城市全部的产业部门,其结构基本上反映了大农业、大工业和服务业三者之间的关系。通过三次产业结构分析可以看出工农业两大物质生产部门与服务业的协调关系、农业与非农业产业的协调关系、城市工业化的程度和水平,尤其是可以得出服务业在经济发展中的发育程度、支撑城市经济发展的软环境和硬环境的完善程度。通过与发达国家产业结构演变规律的对比和三次产业结构分析,可以判断城市产业结构所处的阶段,以及经济发展所处的阶段。

#### 3. 农轻重产值结构分析

农轻重产值结构分析主要分析城市产业结构中,农业资源和地方能源、矿产资源综合开发利用的水平,反映出农业对工业的支撑能力以及重工业对农业、轻工业的渗透能力。

#### 4. 农业行业结构分析

大农业主要包括种植业、畜牧业、林业和渔业4种行业,每个行业都紧紧依靠其各自土地资源的开发利用。种植业依赖于耕地,畜牧业依赖于牧草地,林业依赖于林地,渔业依赖于可利用水面。因此,农业行业结构分析可以反映各种农业自然资源耕地、牧草地、林地和可利用水面的开发利用程度,同时也从一个侧面反映区域农业经济发展的结构素质。种植业的单一经营,既不利于农业经济的稳定、健康发展,又会造成其他几种农业自然资源的闲置和浪费;农林牧渔全面发展,既能充分合理地利用农业资源,又有利于区域农业经济稳定健康地发展。

### 5. 工业结构分析

工业按所有制划分,可分为乡镇工业、地方工业、国有工业、私营工业、"三资"工业等。通过工业所有制结构分析,可以看出城市产业结构中,非国有工业发展的程度,这反映了经济发展的活跃程度以及自我发展的能力;也可以看出国外资金和技术在工业中的介入程度,这反映了城市吸纳国际资金和技术的能力和水平。

工业也可以划分为轻工业和重工业。通过工业中轻、重工业结构的分析,可以看出轻工业和重工业的比例关系,这反映了轻、重工业的协调关系,也反映了城市重工业化的程度。

### 6. 生产要素密集度结构分析

这个层次,在理论上主要是分析产业结构与资源结构的适应程度,分析城市产业结构的高度化程度。但是由于生产要素密集型产业划分不存在绝对的标准,因此给实际划分操作造成一定困难。在我国统计资料中,重工业被分为采掘业、原材料和制造业3个部门,这3个部分实际上可以分别被粗略地认为是自然资源密集型产业、资金密集型产业和技术密集型产业,大部分的轻工业部门可以粗略地看作是劳动密集型产业。

## (三)城市产业结构比较

一国或地区及城市经济发展到什么阶段,可用人均国民收入或人均国民生产总值等指标来反映。对一国或地区及城市产业结构的合理化、高度化程度及转换能力,用什么指标进行表示,国际上还没有比较通行的标准,但城市产业结构比较,一般可进行与"标准"比较和城市间的静态与动态比较。与"标准"比较是指以某一参照结构为标准,将本国或地区及城市的产业结构与"标准"结构进行比较,来分析本国或地区及城市产业结构合理化和高度化程度,包括"标准结构"法和相似性系数法。静态比较是指各个城市某一时点上的产业结构在区际分工阶梯中的相对地位的比较,决定一个城市在全国或区际分工中的相对地位的主要因素是该城市非农产业的发展水平,特别是主要制造业的专业化程度。非农产业发达、主要制造业专业化程度较高的地区,在经济联系和区际分工中的地位相对有利。因此,城市产业结构静态比较包括非农产业发展水平的比较和制造业构成技术水平的比较。动态比较是指城市产业结构的变动比较,从历史上看,产业结构优化过程是一个动态过程,具有一定的规律性。因此,产业结构变动的一般过程及基本趋向,是进行产业结构调整与优化的参照框架。所以,产业结构动态比较应包括两个方面:一是产业结构变化情况的比较,二是产业结构转换能力的比较。

### 1. "标准结构"方法

该方法是将一国或地区及城市的产业结构与"标准结构"进行比较,以确定本国或地区及城市产业结构是否"合理"和高度化程度。所谓的"标准结构",是在世界上其他国家或地区及城市产业结构的大量历史数据的基础上通过实证分析而得到的,它反映了产业结构演变的一般规律。这种方法是由库兹涅茨首先提出的。库兹涅茨在研究产业结构的演进规律时,不但通过时间序列的数据对产业结构的演进规律进行了分析,而且还通过横截面的数据对经济发展阶段与产业结构的关系进行了研究,提出了经济发展不同阶段的产业"标准结构",从而为了解一国或地区及城市产业结构的合理化程度提供了比较的依据。用与库兹涅茨相似的方法,其他学者也提出过类似的"标准结构",如钱纳里的"产业结构标准模式""钱纳里-塞尔昆模型"等。

但由于各国或地区及城市具体情况的不同,对产业结构的要求也不尽相同。如工业先行国和工业后发国对产业结构的要求都有所不同。因此,有的学者认为以"标准结构"为参照系,至多只能给我们提供一种判断产业结构是否合理的粗略线索,而不能成为其判断的根据。

**2. 相似性系数法**

这是以某一参照国或地区及城市的产业结构为标准,通过相似性系数的计算,将本国或地区及城市的产业结构与参照国或地区及城市的产业结构进行比较,以确定本国或地区及城市产业结构合理化和高度化程度的一种方法。

设 A 是被比较的产业结构,B 是参照系,$X_{Ai}$ 和 $X_{Bi}$ 分别是产业 $i$ 在 A 和 B 中的比重,则产业结构 A 和参照系 B 之间的结构相似系数 $S_{AB}$ 为

$$S_{AB} = \frac{\sum_{i=1}^{n} X_{Ai} X_{Bi}}{\left( \sum_{i=1}^{n} X_{Ai}^2 \sum_{i=1}^{n} X_{Bi}^2 \right)^{\frac{1}{2}}} \tag{2.2}$$

**3. 非农产业发展水平的比较**

根据产业结构演化理论,随着人均收入水平的提高,第一产业的比重不断下降,第二、第三产业的比重不断上升,因此非农产业比重可以描述一个城市的产业结构水平。为了增加可比性,通常可以采用区位商来计算。计算公式为

$$v_i = \frac{\dfrac{y_{i2} + y_{i3}}{\sum_{i=1}^{m}(y_{i2} + y_{i3})}}{\dfrac{y_i}{\sum_{i=1}^{m} y_i}} \tag{2.3}$$

式中,$v_i$ 为 $i$ 城市非农产业的区位商;$y_{i2}$、$y_{i3}$ 和 $y_i$ 分别为 $i$ 城市第二、第三产业产值和地区生产总值;$m$ 为城市数。

区位商的值越大,非农产业发展水平越高,城市产业结构相对地位越高。同样,也可以通过制造业内部非消费品产业部门比重来反映城市产业结构的相对地位。

**4. 制造业构成技术水平的比较**

产业结构中制造业构成技术水平越高,专业化部门越多(即专业化系数越高),产业结构中制造业的相对地位越重要。因此,城市产业结构相对地位比较等价于技术水平比较。用来测度技术水平的指标是专业化系数。专业化系数计算公式为

$$\delta_{ij} = \frac{\dfrac{y_{ij}}{\sum_{j=1}^{n} y_{ij}}}{\dfrac{\sum_{i=1}^{m} y_{ij}}{\sum_{j=1}^{n} \sum_{i=1}^{m} y_{ij}}} \tag{2.4}$$

式中,$y_{ij}$ 为 $i$ 城市第 $j$ 个制造业部门的总产值(或增加值);$n$ 为部门数;$m$ 为城市数;$\delta_{ij}$ 为城市部门的专业化系数,该指标大于1的城市第 $j$ 个制造业部门为专业化部门,其值越大,专业化程度越高(或技术水平越高)。

对城市产业结构的制造业构成技术水平的比较,就是对 $\delta_{ij}$ 进行的比较。如果城市专业化部门数多,则表明该城市产业结构的制造业构成的技术水平高;如果两城市的专业化部门数相等,则还须计算两城市专业化系数的标准差,标准差越小,表明产业的均衡度越高,从整体上看该城市产业结构的制造业构成技术水平越高。

**5. 产业结构变化状况的比较**

定量描述城市产业结构变化状况的主要指标有两个:产业结构变化指数($\theta$)和专业化指数(SPI)。这两个指标分别从产业结构变动速度和产业结构的变动方向上揭示产业结构变动对城市经济发展的影响。

(1)产业结构变化指数。

产业结构变化指数计算公式为

$$\theta = \arccos \frac{\sum_i S_{io} S_{it}}{\sqrt{\sum_i S_{io}^2 \sum_i S_{it}^2}} \tag{2.5}$$

式中,$\theta$ 为城市产业结构变化指数;$S_{it}$ 和 $S_{io}$ 为某城市报告期和基期的部门产值占该城市总产值的比重。当某城市两个不同时期的产业部门的比重都无任何变化时,即 $S_{it} = S_{io}$ 时,指标值 $\theta = 0$,一般情况下,$0 < \theta < 90°$,结构变化越大,$\theta$ 也越大。

也可以用结构相似系数来反映。结构相似系数计算公式为

$$r = \frac{\sum_i S_{io} S_{it}}{\sqrt{\sum_i S_{io}^2 \sum_i S_{it}^2}} \tag{2.6}$$

显然 $0 \leq r \leq 1$,$r$ 越接近1,说明计算的两个时期的产业结构越相似。如果式中的 o 和 t 分别代表两个不同的地区,那么变化指数和相似系数也可以用在不同地区的产业结构相似程度的比较上。结构相似系数的不足在于它只适用于两两比较。

(2)专业化指数。

专业化指数计算公式为

$$\text{SPI} = \left(1 + \frac{\sum S_i \ln S_i}{\ln n}\right) \times 100 \tag{2.7}$$

式中，$S_i$ 为第 $i$ 个产业部门的产值比重；$n$ 为产业部门数；SPI 表示地区产业部门的专业化程度。

若所有部门的产值比重相同，即 $S_1 = S_2 = \cdots = S_n$，那么 SPI = 0；反之，若一个地区只存在一个部门，即 $S_1 = 1$，那么 SPI = 100，可见专业化指数介于 0～100 区间。在 SPI 的表达式中，$\sum S_i \ln S_i$ 为经济结构中熵的量度，当部门数 $n$ 越大，各部门所占比重 $S$ 越接近 $1/n$，所研究的经济系统就越无序，可见该指数能够较好地反映地区产业结构的专业化程度。用它可以对比不同地区或不同时期的产业结构专业化水平的差异。

引入专业化指数是因为产业结构变化指数虽然可以测度区域产业变化幅度的大小，却无法揭示变动的方向。因此，用专业化指数来补充说明产业结构的变动究竟是趋于集中了还是趋于分散了，是否出现专业化部门多、高增长部门多和高利税部门多的趋势，结构变动方向是否体现了产业升级和结构优化的客观要求，这对于地区经济发展及其相对地位的改善具有非常重要的影响。

**6. 产业结构转换能力的比较**

产业结构转换能力是指产业结构适应市场变化和保持地区经济持续、稳定、协调增长而向高级化调整、演进的可能性条件。一个城市产业结构是否具有良好的转换能力，反映了该城市产业结构的综合素质和潜力，对当地经济的持续、健康发展至关重要。由于城市产业结构是城市内各产业部门的结合方式，是生产要素的宏观聚集状态，因此，凡是影响生产部门存在条件和生产要素的因素都是城市产业结构转换的作用因素。

从供给角度考虑，产业结构的转换能力取决于创新能力、积累能力和供给弹性。

从需求角度考察，产业结构的转换能力取决于人们不断变化的消费结构。这种变化对现存的产业结构产生巨大的压力并促使其变化。通常，城市经济社会发展水平越高，消费层次越高，消费结构的变化越快，因而对产业结构转换的压力也越大。

既然产业结构转换是供求两方面因素共同作用的结果，那么，就可以通过反映供给推动力因素和需求压力因素的指标来测算产业结构的转换能力。

供给推动力因素选取以每万名职工拥有自然科技人员数指标来反映创新能力；以积累率、资金利税率、地区生产总值年增长率和人均地区生产总值 4 项指标反映积累能力；以第二产业产值占地区生产总值比重代表城市产业结构层次用以反映供给弹性。分别以上述指标的全国平均水平为 100，计算各城市六项指标的指数，并以它们的加权平均数作为供给推动力指数。

需求压力因素用居民消费水平指标代表消费需求的规模水平；用居民非食品支出占消费支出比重反映各城市满足基本生活必需后的需求层次。这两项指标大致反映消费需求对产业结构的转换压力。以同样的方法计算出需求压力指数。在此基础上，定义产业结构转换能力综合指数为供给推动力指数和需求压力指数乘积。用转换能力综合指数来测算城市产业结构的转换能力。

## 三、产业关联分析

### (一)产业间的关联

在经济活动的过程中,各产业之间存在着广泛的、复杂的和密切的技术经济联系。这种技术经济联系在产业经济学中也被称为产业关联。在一般的经济活动过程中,各产业都需要其他产业为自己提供各种产出,以作为自己的要素供给。同时,又把自己的产出作为一种市场需求提供给其他产业进行消费。正是由于这种错综复杂的供给与需求的关系,各产业才得以在经济活动的过程中生存和发展;反之,若某一产业没有其他产业为之提供各种要素的供给,或其产出不能满足其他产业的消费需求,则显然该产业是不能长期地生存下去的,是没有生命力的。因此可以认为:产业关联的实质,就是各产业相互之间的供给与需求的关系。

产业之间的关联,虽然都是由供给和需求所维系的,但这种维系的方式却因各产业在产业链中的位置不同而有所差异。如在长流程的炼钢工艺中,炼钢业向炼铁业提出了生产要素的需求,而同时又向轧钢业提供了下道工序所需生产要素的供给。依据这种不同的维系关系,可将产业间的关联方式进行以下分类。

**1. 前向关联**

前向关联,就是通过供给联系与其他产业部门发生的关联。显然,当甲产业在经济活动过程中需吸收乙产业的产出时,对于乙产业来说,它与甲产业的关系便是前向关联的关系。如对钢铁业来说,它与机械制造业、汽车工业的关联就是前向关联的关系。

**2. 后向关联**

后向关联,就是通过需求联系与其他产业部门发生的关联。按此定义,当丙产业在经济活动过程中向乙产业提供了产出,则对于乙产业来说,它与丙产业的关系便是后向关联的关系。如对钢铁业来说,它与煤炭采掘业、铁矿石开采业的关系就是后向关联的关系。

**3. 环向关联**

经济活动中的各产业依据前、后向的关联组成了产业链。产业链通过复杂的技术经济联系往往又会形成一个"环"。如煤炭采掘业→钢铁冶炼业→采矿设备制造业→煤炭采掘业。这种环状的产业关联,一般称为产业的环向关联。

### (二)产业关联的效应

在产业链中的各产业,大部分既是要素的供给者,又是市场的需求方。作为供给者,它通过向其他产业提供要素来确立自己在产业链中的地位;而作为需求方,它则通过对其他产业产出的消费来显示其在产业链中的作用。在产业经济学中,可以利用关联系数来对某产业的直接关联效应进行分析。

中间投入矩阵可定义为

$$X = (x_{ij})_{n \times n} \tag{2.8}$$

式中,$x$ 的第 $i$ 个行向量即为 $i$ 产业作为供给方对其他产业的投入;而 $x$ 的第 $j$ 个列向量就

是 $j$ 产业作为需求方从其他产业所获得的各种投入。

直接前向关联效应的计算公式为

$$L_{F(i)} = \frac{\sum_{j=1}^{n} x_{ij}}{x_i} \quad (i=1,2,\cdots,n) \tag{2.9}$$

式中,$L_{F(i)}$ 为 $i$ 产业的前向关联系数;$x_i$ 为 $i$ 产业的全部产出;$x_{ij}$ 为 $i$ 产业对 $j$ 产业提供的中间投入。

而直接后向关联效应的计算公式为

$$L_{B(j)} = \frac{\sum_{j=1}^{n} x_{ij}}{x_j} \quad (j=1,2,\cdots,n) \tag{2.10}$$

式中,$L_{B(j)}$ 为 $j$ 产业的后向关联系数;$x_j$ 为 $j$ 产业的全部产出;$x_{ij}$ 为 $j$ 产业从 $i$ 产业获得的中间投入。

运用上述关联系数的计算公式,钱纳里和渡边经彦对美国、日本、挪威和意大利 4 国的 29 个产业部门的数据进行了分析,得到了表 2.1 的数据和结果。

钱纳里和渡边经彦依据以上数据将全部的产出分为 4 类:即第Ⅰ类的中间投入型基础产业,第Ⅱ类的中间投入型制造业,第Ⅲ类的最终需求型制造业和第Ⅳ类的最终需求型基础产业。

表 2.1 29 个产业部门的前向及后向关联系数

| 产业部门 | 前向 | 后向 | 产业部门 | 前向 | 后向 |
| --- | --- | --- | --- | --- | --- |
| 食品加工业 | 0.15 | 0.61 | 粮食加工业 | 0.42 | 0.89 |
| 服装与日用品业 | 0.12 | 0.69 | 造船业 | 0.14 | 0.58 |
| 运输设备制造业 | 0.20 | 0.60 | 渔业 | 0.36 | 0.24 |
| 机械工业 | 0.28 | 0.51 | 皮革及皮革制品业 | 0.37 | 0.66 |
| 印刷及出版业 | 0.46 | 0.49 | 其他制造业 | 0.20 | 0.43 |
| 橡胶制品业 | 0.48 | 0.51 | 纺织业 | 0.57 | 0.69 |
| 钢铁业 | 0.78 | 0.66 | 非金属矿物制品业 | 0.30 | 0.47 |
| 木材及木材制品业 | 0.38 | 0.61 | 化学工业 | 0.69 | 0.60 |
| 农业、林业 | 0.72 | 0.31 | 非金属采矿业 | 0.52 | 0.17 |
| 有色金属冶炼业 | 0.81 | 0.61 | 金属采矿业 | 0.93 | 0.21 |
| 商业 | 0.17 | 0.16 | 纸及纸制品业 | 0.78 | 0.57 |
| 煤炭加工业 | 0.67 | 0.63 | 电力业 | 0.59 | 0.27 |
| 运输业 | 0.26 | 0.31 | 服务业 | 0.34 | 0.19 |
| 煤炭业 | 0.82 | 0.23 | 石油产品业 | 0.68 | 0.65 |
| 石油及天然气业 | 0.97 | 0.15 | — | — | — |

(1)第Ⅰ类中间投入型基础产业的特点是前向关联效应大而后向关联效应小。在 29

个产业中,属于该类产业的有农业、林业,煤炭业,金属采矿业,石油及天然气业,非金属采矿业以及电力业。

(2)第Ⅱ类中间投入型制造业的特点是前、后向关联效应都比较大。在以上的29个产业中,属于该类的有钢铁业、纸及纸制品业、石油产品业、有色金属冶炼业、化学工业、煤炭加工业、橡胶制品业、纺织业和印刷及出版业。

(3)第Ⅲ类最终需求型制造业的特点是前向关联效应小而后向关联效应大。在这29个产业中,像服装与日用品业、造船业、皮革及皮革制品业、食品加工业、粮食加工业、运输设备制造业、机械工业、木材及木材制品业、非金属矿物制品业以及其他制造业等均属于此类。

(4)第Ⅳ类最终需求型基础产业的特点是其前、后向关联效应都比较小。在上述29个产业中,如渔业、运输业、商业和服务业就是此类型的典型代表。

(三)产业间的投入产出分析

**1. 投入产出分析的原理**

投入产出分析方法,是把一个复杂经济体系中各部门之间的相互依存关系系统地数量化的方法。它借助投入产出表(表2.2),对各产业间在生产、交换和分配上的关联进行分析,然后利用产业间关联的特点,为经济预测和经济计划服务。投入产出分析方法是列昂惕夫在20世纪30年代首创的,并将其应用于地区经济结构的分析等方面。

表2.2 投入产出表的一般形式

| | | 各产业的中间需求 | 最终需求 | 合 计 |
|---|---|---|---|---|
| | | 产业1,产业2,…,产业n | 消费……出口 | |
| 各产业的中间投入 | 产业1<br>产业2<br>⋮<br>产业n | Ⅰ | Ⅱ | — |
| 毛附加价值 | | Ⅲ | — | — |
| 合 计 | | — | — | — |

投入产出表也称产业联系表,它以矩阵的形式,记录和反映一个经济系统在一定时期内各部门之间发生的产品及服务流量和交换关系。表2.2中第Ⅰ部分,反映了该经济系统在一定时期内各产业之间发生的相互间的供给与需求关系,是各产业之间经济技术联系的表象。横行的数字反映某一产业向包括本产业在内的各产业提供中间产品的状况,也就是反映了该产业的中间需求状况。竖列的数字反映了某产业从包括本产业在内的各个产业中购进中间产品的状况,也就是反映了该产业的中间投入状况。表2.2中的第Ⅱ部分,反映了该经济系统在这一时期内向社会提供的最终需求,一般包括消费(含私人消费、企业消费和政府消费等)、投资(含固定资产形成部分和库存增加部分)和出口等。表2.2中的第Ⅲ部分,反映了该经济系统在这一时期内实现的毛附加价值,主要包括劳动者的收入、企业的营利、固定资产的折旧等。

投入产出表的一个重要特点,就是该表具有完整而严密的均衡关系,它是以经济系统中各种经济活动的均衡关系为理论根据的。其中,主要的均衡关系包括:各产业的总产出=该产业的中间需求+该产业的最终需求;各产业的总投入=该产业的中间投入+该产业的毛附加价值;各产业的总产出=各产业的总投入;各产业的中间需求合计=各产业的中间投入合计;各产业的最终需求合计=各产业的毛附加价值合计。

如果将表2.4中产业 $i(i=1,2,\cdots,n)$ 的产出记为 $x_i$,符号 $x_{ij}$ 从产出的角度看,是表示产业 $j$ 对产业 $i$ 的中间需求,即产业 $j$ 在经济活动中所消耗掉产业 $i$ 产品的数量;从投入的角度看,是表示产业 $i$ 对产业 $j$ 的中间投入,即产业 $i$ 的产品在经济活动中作为投入而被产业 $j$ 所消耗掉的数量。而 $a_{ij} = \frac{x_{ij}}{x_i}$ 则表示产业 $j$ 在生产单位产品中所消耗掉产业 $i$ 的数量。在投入产出分析中,人们把 $a_{ij}$ 称为投入系数或直接消耗系数。显然,投入系数是决定各产业技术经济联系的关键。在引入了投入系数以后,就可根据投入产出表来编制投入系数表。一般地,为分析问题方便起见,人们常用矩阵的形式来表示投入系数表,即 $\boldsymbol{A} = (a_{ij})_{n \times n}$。这里的 $\boldsymbol{A}$ 也叫直接消耗系数矩阵。

投入系数之所以被称为直接消耗系数,是因为它反映了某产业在生产单位产品的过程中对其他产业产品的"直接"消耗。但在一般的经济活动中,各产业产品的生产,不仅有直接的消耗,而且还有间接的消耗。如在长流程的炼钢过程中,作为直接消耗的,有电,也有生铁、煤等,但在生铁和煤等的生产中,也要消耗电,所以这部分电的消耗应当看作是钢对电的间接消耗,更确切地说是第一次间接消耗。同理,还有第二次、第三次乃至无数次的间接消耗。在投入产出理论中,称某产业在生产单位产品的过程中对其他产业产品的直接消耗和全部间接消耗之和为完全消耗,并从理论上证明了完全消耗系数矩阵 $\boldsymbol{B}$ 为

$$\boldsymbol{B} = \boldsymbol{A} + \boldsymbol{A}^2 + \boldsymbol{A}^3 + \boldsymbol{A}^4 + \cdots \qquad (2.11)$$

除了上述的记号以外,我们再以 $y_i$ 表示产业 $i(i=1,2,\cdots,n)$ 的最终需求,并以 $\boldsymbol{X} = (x_i)_{n \times 1}$ 和 $\boldsymbol{Y} = (y_i)_{n \times 1}$ 分别表示总产出矩阵和最终需求矩阵,则由 $a_{ij} = \frac{x_{ij}}{x_j}$ 和投入产出表的均衡关系,显然有

$$\boldsymbol{AX} + \boldsymbol{Y} = \boldsymbol{X} \qquad (2.12)$$

根据上式,就可得

$$\boldsymbol{Y} = (1 - \boldsymbol{A})\boldsymbol{X}$$

或在 $(1-\boldsymbol{A})$ 可逆时,有

$$\boldsymbol{X} = (1 - \boldsymbol{A})^{-1}\boldsymbol{Y}$$

式中的 $(1-\boldsymbol{A})^{-1}$ 叫列昂惕夫逆矩阵,逆矩阵中的元素就叫逆矩阵系数,而由逆矩阵系数构成的表就是逆矩阵系数表。逆矩阵系数在投入产出分析中有很重要的作用,如可通过列昂惕夫逆矩阵进行产业感应度和影响力的分析以及波及效果分析,计算综合就业系数和综合资本系数等。就连完全消耗系数矩阵也可通过数学证明表示为

$$\boldsymbol{B} = \boldsymbol{A} + \boldsymbol{A}^2 + \boldsymbol{A}^3 + \boldsymbol{A}^4 + \cdots = (1-\boldsymbol{A})^{-1} - 1 \qquad (2.13)$$

投入产出表中的投入系数,是经济系统中各产业之间技术经济联系的客观反映,它反映了该经济系统作为资源转换器的转换效率。因此,可以通过对投入产出表的分析,来对该经济系统的结构进行定量的解剖和分析。利用投入产出表中的投入系数,可以对各产业的中间需求和中间投入进行分析,找出各产业之间的关联和依赖度,把握它们各自在社会再生产中的地位和作用,为产业政策的制定提供科学的依据。利用投入产出表中各产业的总产出占全部产业总产出之和的比例,可以对各产业进行比例分析。通过中间需求和最终需求关系,可以对各产业的最终需求率进行分析,明了各产业中间需求的状况,为最终需求的确定和分配定下基调。如果将最终需求细分为消费部分和积累部分,则可通过各自占最终需求的比重来计算消费率和积累率,从而对最终需求中的消费和积累比例进行分析。

**2. 中间需求和中间投入分析**

中间需求和中间投入的分析,是利用投入产出分析方法进行结构分析时的一个比较主要的部分。我们可将中间需求解释为由投入系数所决定的、其他产业(包括该产业本身)在经济活动中对某产业产出的消耗之和。而中间投入则是指由投入系数所决定的、某产业在经济活动中从其他产业(包括该产业本身)得到的投入之和。

从中间需求和中间投入的概念,就可引出中间需求率和中间投入率概念。所谓的中间需求率是指各产业的中间需求和该产业的总需求之比。中间需求率这一指标反映了各产业的产出中,有多少是作为中间产品(如作为原材料和燃料等)为其他产业所需求。而由

$$最终需求 = 总产出 - 中间需求$$

不难得到

$$最终需求率 = 1 - 中间需求率 \tag{2.14}$$

一般地,中间需求率越高的产业,其产出用作其他产业原材料的成分就越大,就越具有基础产业的特点。而最终需求率越高的产业,其产出用于最终需求的比例就越高,就越具有最终产品产业的特点。

所谓的中间投入率是各产业的中间投入与总投入之比。这一指标表示各产业在各自的生产活动中,为生产单位产值的产出而需从其他产业购进的中间产品所占的比重。我们也可以从

$$毛附加价值 = 总投入 - 中间投入$$

中得到

$$毛附加价值率 = 1 - 中间投入率 \tag{2.15}$$

显然,中间投入率越高的产业,其毛附加价值率就越低。

结合中间需求率和中间投入率的概念,可进一步理解钱纳里和渡边经彦的4种产业类型,即第Ⅰ类的中间投入型基础产业具有中间需求率大而中间投入率小的特点;第Ⅱ类的中间投入型制造业的特点是中间需求率与中间投入率都比较大;在第Ⅲ类的最终需求型制造业中,中间需求率较小而中间投入率却较大;第Ⅳ类的最终需求型基础产业特点则是中间需求率和中间投入率都比较小。

利用中间需求和中间投入进行产业分析,可揭示各产业之间的技术经济关系。通过关联系数等工具,了解产业间的相互关系以及某一产业对其他产业的依赖程度,从而为优先和重点发展什么产业提供依据,为产业的有序发展创造条件。

**3. 产业间的三角形配置图**

(1)三角形的投入系数表图。

产业之间的关联是由产业间的供求关系所维系的,并且这种关联的方式也因各产业在产业链中的位置不同而不同。投入产出方法中的投入系数表,就反映了各产业之间不同的关联。为了深入分析各产业之间的关系,我们可以通过对投入系数表的重新排列来进一步进行观察。

重新排列投入系数表的基本原则是:在横轴上由左至右,中间投入率依次降低;在纵轴上从上到下,中间需求率渐渐增加。显然,在此原则下,若产业间的关联只是单向联结的,则重新排列后的投入系数表将呈现如图2.4所示的形式。

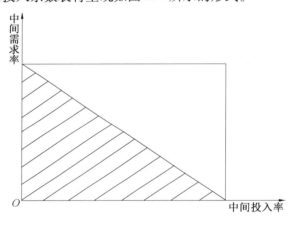

图2.4 三角形的投入系数表图

在三角形的投入系数表图中,全部的投入系数只出现在下三角内。这就表示:产业1没有任何中间需求,其全部的产品都是最终产品,同时产业1将从产业2,产业3,…,产业n处获得所有的中间投入。产业2只有产业1对其有中间需求,而其他产业对其均无中间需求,与此同时,产业2要从除产业1以外的所有产业处获得它生产所需的中间投入。以此类推,产业n的产出全部都是中间产品而无最终产品,同时它无须从任何产业处得到中间投入。

(2)基础产业和最终产品产业。

由于在任何一个现实的经济系统中,产业间的关联方式都不可能只是单向的,必定还存在着或多或少的环向关联方式。因此,在上述三角形的投入系数表图的上三角中,多多少少还会有一些系数。但实证研究表明,多数国家产业间的单向关联要大大强于环向关联。如意大利、挪威、美国和日本的三角形的投入系数表图表明,上三角所示的产业间流量(由产业间的环向关联形成)占产业间全部流量的比重很低,4国分别为4.3%、8.8%、11.6%和12.7%。

在三角形的投入系数表图的基础上,就能更进一步观察到一个特定经济系统产业间的内部结构了。在下三角的底端,产业 $n$ 在生产过程中无须从其他产业处购入中间投入,而它的产出则全部作为中间需求提供给其他产业进行消费,从而不向社会提供最终产品。这样的产业,具有作为整个产业结构基础的功能。因此,就把具有这种功能的产业称为基础产业。显然,基础产业是处于三角形投入系数表底部的那些产业,其明显的特征是中间投入率相当小。且在一般的场合,基础产业的中间需求率比较大。

反之,在下三角形的顶端,产业 1 的产出不构成其他任何产业生产过程的中间需求,其所有的产出均成为最终产品而提供给社会做最终消费,并在其生产过程中,须吸收其他产业的部分产出作为自己的中间投入。这样的产业,承担着向社会提供最终需求的主要任务,因此可将这类产业称为最终产品产业。最终产品产业显然是位于三角形的投入系数表图上端的产业,其最大的特征是中间需求率很小。在一般的情况下,最终产品产业的中间投入率也比较大。

在有了基础产业和最终产品产业等概念后,就不难理解在经济活动中,为什么各产业的发展要保持一定的序列性,要注意基础产业的先行发展。

(3) 产业群。

从对三角形的投入系数表图的研究中还可以发现,在众多的产业之间还可划分出相互间相对独立的产业群。产业群的存在,是由于各产业间的关联有着亲疏远近的缘故。关联比较密切的产业,在经济活动中的交往就必然比较多些,自然就形成了一个"群";反之,关联比较疏远的产业,在经济活动中的交往就要少些,当然也就不能合成一个"群"。

日本学者福井幸男在对 1975 年日本投入产出表进行三角化分析时,将日本全部 63 个产业分为了 6 个产业群,即公共服务产业群、非金属系下游产品制造业群(如纺织制品等)、金属系产品制造业群、非金属系上游产品制造业群(如化纤原料、基础化学工业等)、能源产业群和私人服务产业群。

对一国全部产业进行产业群的划分,能为产业政策的制定提供有力的依据。当要对某一产业做出促进或抑制的决策时,由产业群的划分,就可大致了解哪些产业由此将引起较大的反响。

## 四、产业结构优化

### (一) 产业结构优化的基本内容

城市主导产业更替应以产业结构优化为导向,因为只有如此,城市的发展才会获得持久的动力。否则,如果将资源转移到低级或不合理的产业中,虽然有可能在短期内解决产业结构的某些问题,但必将埋下更大的隐患。煤炭型城市产业结构优化,主要是通过有效的产业政策及相关配套政策,甚至政府对相关产业的直接介入,积极调动各方面因素,改变历史形成的不合理的产业结构。在这一意义上,产业结构优化和主导产业更替是同一过程的两个方面。

产业结构的优化,包括产业结构的高度化和合理化两方面的内容。产业结构高度化即产业结构的升级,它指产业结构系统不断从低级向高级演进的过程;产业结构合理化反映了一个个产业结构系统的聚合质量,是指遵循再生产过程对比例性的要求,追求产业规模的适度性、产业联系的协调性和产业发展速度的均衡性。这二者是对立统一、相辅相成的两个方面。没有产业结构的合理化,便难有真正意义上的高度化;同时,没有产业结构的高度化,合理化将失去发展的方向,并有可能陷入低水平的恶性循环。产业结构的高度化是不断打破现有结构均衡,向更高均衡演进的过程;产业结构合理化则是对均衡的保持,因此这二者又是相互制约的。合理化是高度化的基础,没有合理化,产业结构的高度化就失去了基本的条件,不但达不到升级的目的,反而有可能发生结构的逆转;而高度化是合理化进一步发展的目的,合理化本身就是为了使产业结构向更高层次进行转化,失去了这一目的,合理化就没有存在的意义了。

作为投入产出的转换器,不同产业结构对资源配置效率是不同的。煤炭型城市的主导产业更替,就是使各类生产要素,尤其是人力资源从占主导地位的煤炭产业转移到新兴产业的过程。这一过程必须以产业结构优化为导向,才能实现真正意义上的转型。新兴的主导产业可能是与原有煤炭产业相关的接续产业,也可能是替代产业。接续产业和替代产业的成长、壮大并发展为支柱产业的过程,构成了煤炭型城市主导产业更替和产业结构优化的基本内容。

在我国市场经济体制已基本建立的条件下,优化煤炭型城市的产业结构应该在尊重市场和产业演进的一般规律的前提下,积极发挥产业政策的作用,甚至包括以合适的方式直接介入相关产业。基于对产业演进规律和我国制度背景的认识,建立以下煤炭型城市产业结构优化的分析框架(图2.5)。

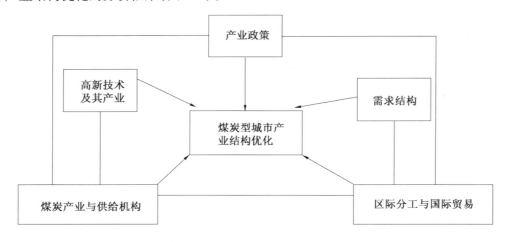

图2.5 我国煤炭型城市产业结构优化的分析框架

煤炭型城市的产业结构优化和新兴主导产业发展将是一个长期的过程,需要经过几年甚至几十年的不懈努力。既需要政府产业政策的支持和引导,也需要市场机制充分发挥作用和社会各界的广泛参与;既需要解决好当前经济生活中的突出矛盾和问题,也需要明确的长期发展方向;既要从城市和所在区域的产业基础出发,也要充分考虑全国的区际协作与全球经济一体化的发展。煤炭型城市在转型中,应坚持以城市和区域的产业结构优化为导向,尽可能将煤炭产业的退出和新兴主导产业的选择同步进行,耦合发展,以保证实现主导产业的平稳过渡。本章的后续各节将对分析框架的各局部内容展开研究。

### (二)产业结构升级的动因

如果将一国或地区及城市的产业结构看成一个系统,则影响一国或地区及城市产业结构的因素,可概括为以下几个方面。

#### 1. 供给

这是作为系统的产业结构对其能正常运行而要求对系统的要素输入。供给包括劳动力的供给、技术的供给、自然资源的供给和资金的供给等。要素供给在总量上和结构上的不同,将影响产业结构的运行效率和内部构成,显然也将影响产业结构的升级。

在要素供给中,特别值得一提的是技术的进步与创新。按照熊彼特的观点,创新就是导入一种新的生产函数,从而可大大地提高潜在的产出能力。新的生产函数的导入,其一种表现就是在原有生产要素的状态下,通过系统内部结构的调整,提高系统的产出。显然,导入了新的生产函数,也就是导致了系统的技术进步,而系统技术的进步,将会导致产业结构的变化。在影响产业结构的诸多供给要素中,任何要素的供给条件发生了变化,都可能对产业结构产生影响,如自然资源优势的改变、劳动力价格的变化等。但产业发展的历史表明,唯有技术的进步,才能使产业结构发生重大的质的变化,如蒸汽机的发明和应用就对原来的产业结构进行了一次革命。因此,由创新导致的技术进步对产业结构升级的推动作用是相当大的。

#### 2. 需求

社会需求是产业结构演进的拉动因素,对不同产品的需求程度直接决定了相关产业的发展状况。人类社会产业结构演进的一个规律是,随着经济的发展和人均收入的增加,生产高收入弹性产品的产业在产业结构中的比重呈上升趋势。

在将一国或地区及城市产业结构看作是一个系统的同时,也可将其视为一个资源转换器。它一方面从系统外部吸收各种要素,另一方面则根据市场的要求,向系统外部输出各种产品。在某种程度上,需求比供给对产业结构的影响更大,因为市场需求直接引导产业结构这一资源转换器的发展方向。因此,凡是影响市场需求的因素,如国民收入的水平和分配、消费需求和投资需求的比例、产品结构等,也均是影响产业结构的因素。当然,这些因素的现状和发展趋势,也将会影响产业结构的升级。

在此重点分析消费需求变化对产业结构的影响。引起消费者需求变化的主要原因有:

(1)收入水平的变化。

根据需求的收入弹性原理,收入水平变化对物品需求量的影响由物品的收入弹性值决定。随着收入水平的上升,消费者对收入弹性值小于1的物品的需求将下降;对收入弹性值大于1的物品的需求量将随收入水平的上升而增加。同样一种物品的收入弹性值在不同的收入水平下是不同的。一般而言,在某一收入水平下,越是基本的生存性消费品,其收入弹性值越低;在收入水平提高时,这部分消费品的收入弹性最先降低,使其所在产业进入衰退阶段。

(2)生活或生产方式的变化。

生活或生产方式的改变将引起人们消费观念的变化,而消费观念的变化将加速传统物品市场需求的衰退以及出现超前于实际收入水平的消费需求。生活或生产方式变化对需求的作用与收入水平变化的作用基本上是一致的,只是收入水平的变化会推动消费需求的变化,这种消费需求的变化同时具有物质和价值的基础。而生活和生产方式的变化是超前于现有物质基础,在实际消费的前面拉动消费需求的变化,它起到缩短产业生命周期,引导新产业产生的作用。

(3)实际消费成本的变化。

实际消费成本的变化是指随着生产技术水平的提高,以及制造商服务系统的完善,消费者购买某一物品的实际开支降低。例如,小汽车制造商对汽车零部件的标准化,对易损坏零部件在调换上的便利设计,维修服务系统的建立,以及旧车市场的形成和制造商以旧换新业务等都使得小汽车更容易驾驶、维修和更换。对小汽车购买者来说,实际消费成本就降低了,因而得以更快地用小汽车来替代原先的交通工具。

在需求导致产业结构升级的过程中,技术进步与创新的作用同样十分明显,因为技术的进步与创新可以创造新的市场需求。新的生产函数导入的另一种表现,就是创造了新的产出(包括产品和劳务)。而新产出的出现,又可满足新的市场需求,使一部分潜在的市场需求转换为现实需求。而市场需求则可通过国民收入的总水平和分配以及各类需求结构对产业结构起到拉动的作用。

在此,我们着重分析创新通过市场需求,刺激产业进行有规则的扩张或收缩,从而直接拉动产业结构的升级。一般来说,对于产出需求弹性较大的产业,由创新带来的新产出往往会通过创造新的市场需求而吸引生产要素的流入。这是由于这部分产出刚刚引入市场,其价格对成本的反应以及需求对价格的反应都比较敏感,从而提高产出的数量将有可能获取较高的收益。因此,当该产业取得了高于全产业平均水平的收益时,社会生产要素就通过利润率平均化的原理,从其他产业纷纷流入该行业。而生产要素的流入,就直接刺激了该产业的扩张,如20世纪20年代汽车工业的创新就是一例。对于产出需求弹性较小的产业,由于其产出已经成熟,因此需求对价格的反应已不再敏感。创新在这些产业带来产出大幅度增加的结果,往往更多的是降低产出的成本和价格。而对于需求弹性较小的产业来讲,价格下降的结果是收益的减少。而收益减少将导致产业内生产要素的流出和产业的收缩。因此,创新为需求弹性较小产业带来的影响是产业的萎缩,20世纪五六十年代的农业创新就是如此。

市场上更多存在的情况是随着技术的进步,消费者对产品某些特性的要求发生了改变,因而造成现有产业中某些产品的消失。这表示对产业整体而言,部分产品的市场需求消失了,同时又出现了对该产业一些新产品的市场需求。例如,机械打字机被电子打字机乃至电脑打字机和计算机所替代;传统的电冰箱被无氟(氟利昂)冰箱取代;多功能大屏幕电视机淘汰了单功能电视机等都是因为技术进步使产业内的产品发生了升级换代,产品结构发生了变化。代表低技术水平的产品终究将被代表高技术,具有更多功能、更大使用价值的新产品所替代。

生产不同性质产品的产业,衰退情况是不同的。对最终产品中的基本消费品而言,虽然成本和技术压力促使企业改变生产方式,力求降低成本,或改变产品的功能和成本构成,因而形成新的产品种类,但基本消费品的市场需求只会发生对产品某些来源的倾向性变化。例如,消费者会更多地食用低钠盐,而不会完全消失对盐的需要。对最终产品中的耐用消费品,随着需求的日益个性化和智能化的转变,以及生产发生的变化,某些技术含量低的生产技术和产品可能会根本消失,如打字机就基本上退出了市场,计算机软件的更替表现更是如此。而对中间产品来说,由于技术直接影响生产者的竞争力,因此随着技术水平的变化,某些产品会根本消失,消失的速度将快于最终产品。

但是,消费者需求的根本消失毕竟只是一个理论概念。现实中,只存在市场对某种产品需求的消失,或是技术的进步使某一种产品完全退出市场,还很少发生市场对某一产业产品需求的全部消失,或是由于技术进步的原因使得某一产业根本消失的情况。特别是在我国地区经济发展水平差距较大的情况下,在一个地区某一市场需求的消失完全有可能反映了需求在不同地区之间的转移。

**3. 环境**

产业结构作为一个系统,除了正常地与系统环境进行要素输入和产品输出的交流以外,还会受到环境在其他方面的干扰和影响,如政府的经济政策、国际贸易的变化等。环境这一要素,对于产业结构系统来讲,是一个外生的变量,因此具有不可控等特点。一个合理的经济政策和良好的国际贸易环境,将有利于产业结构的升级;反之,它对产业结构升级将会起到很大的阻碍作用。例如,英国历史上曾经是纺织业强国,但是随着英国国内劳动力成本的上升,进口纺织品比自己生产纺织品更经济,纺织业因而成为衰退产业。日本的钢铁工业和造船工业的衰退皆因为国际比较优势的变化。我国沿海地区纺织业结构的变化和纺织能力向内陆地区的转移,在一定程度上也是受沿海地区成本结构变化的影响。这实际上是同样产品的国际或区际比较优势发生了转移。因此,环境这一因素对产业结构升级的影响也是不可低估的。

一般地,当影响产业结构三方面的因素(即要素的供给、市场的需求和环境的满足)互相作用趋于一致时,就会促使产业结构朝更高阶段发展。产业结构升级的过程,就是伴随着技术进步和生产社会化程度的提高,不断提高产业结构作为资源转换器的效能和效益的过程。其中,"创新"对产业结构升级起着主要的推动作用,是产业结构升级的直接动因。

**(三)企业和政府在产业结构合理化中的作用**

工业结构的最终落实点是产品结构。显然,产业结构合理化和升级的最终落实点也在产品结构。由于产品与企业的特殊关系,企业在产业结构调整和合理化方面具有举足轻重的地位和主体作用。因为企业是市场经济活动的主体,企业必须根据市场需求变化的情况,自主地安排产、供、销活动,自行决定生产什么、生产多少和怎样生产。产业结构的合理化是一个动态的过程,随着社会生产的发展,社会需求在不断地变化。因而产业结构应当不断地演变和优化。新的产业不断产生和发展,过时的产业势必萎缩、停滞和被淘汰。与这种要求相适应,企业也必须考虑把资源投入到那些应当优先发展的产业,或从过剩、过时的产业中及时地转移出来。只有企业在产业结构合理化中的主体作用发挥出来,整个社会的产业结构才能不断地得以优化。

企业是产业结构合理化的主体,并不否认政府在产业结构合理化中的作用。产业结构的调整,实质上是通过宏观调节,将国家、地区或城市的总体发展决策在实际经济组织层次上展开和具体化,并以此约束、引导企业的微观经济活动。其根本目的,就是使生产要素更有效地配置到从总体上看效益最好的方面,以促进国民经济持续协调地发展。政府在产业结构合理化中的作用,主要集中在以下几个方面。

(1)正确运用各种经济手段,如价格手段、财政手段、金融手段,引导企业的投资方向,保证企业的投资有利于经济结构的优化。

(2)国家和地方的投资为产业结构合理化创造条件,为企业创造一个适宜的投资环境。

(3)运用必要的行政手段和服务功能,保证产业结构的合理化。通过制定经济发展的各种方针、政策、规章制度和规划、计划干预经济生活,通过其所掌握的较为完备的信息引导企业的生产经营方向,使产业结构向合理化的方向演进。

(4)综合平衡。既要把有限资源进行倾斜式的投向和配置,又要使这种倾斜度不致过度。由于产业结构的调整和合理化本质上是围绕正确选定的地区专门化产业建立的有序有机的产业关联系统或网络,城市专门化产业的选择和优先发展,同时也要有相关产业的有机配套,否则就形不成优化结构。这就要求在资源配置上必须既要突出重点、保证重点,又要兼顾产业间的协调,这就是综合平衡。当然,这里讲的综合平衡,不是各城市自成体系,自给自足,而是自觉地把本市经济放到全国(以至世界)经济的大系统中去平衡。

(5)内外兼顾。即一方面要把握域外(以至国外)的经济环境及其变化趋势,适时地相应地调整自己的产业结构,以强化城际间(以至国际)的关联性和互补性,并提高城市经济的适应性与应变力;另一方面,要从城市的条件、需要出发,保持和发挥自己的优势与特色。为此,产业结构的调整,要综合考虑域内外两个市场的需要,处理好两个市场间的矛盾。既要力争占领域外(以至国外)市场,并占据相对有利的地位,又要敢于开放自己的市场。城市经济就是要在广阔的空间范围内,在高水平的比较和竞争中求得发展。

## 五、产业集聚理论

### (一)产业集聚的基本内容

**1. 产业集聚的含义**

产业集聚是指同一产业在某个特定地理区域内高度集中,产业资本要素在空间范围内不断汇聚的一个过程。产业集聚问题的研究产生于19世纪末,马歇尔在1890年就开始关注产业集聚这一经济现象,并提出了两个重要的概念即"内部经济"和"外部经济"。此后,产业集聚理论有了较大的发展,出现了许多流派。比较有影响的有:韦伯的区位集聚论、熊彼特的创新产业集聚论、胡佛的产业集聚最佳规模论、波特的企业竞争优势的"钻石模型"等。

**2. 形成模式**

（1）市场创造模式。

市场创造模式是指区域范围内首先出现专业化市场,为产业集聚的形成创造了重要的市场交易条件和信息条件,最后使产业的生产过程也集聚在市场的附近。

（2）资本转移模式。

资本转移模式一般是发生在有产业转移的背景下,当一个规模较大的企业出于接近市场或节约经营成本的考虑,在生产区位上做出重新选择,并投资于一个新的地区的时候,有可能引发同类企业和相关企业朝这个地区汇聚。这样一种产业集聚的形成,主要是通过一定数量的资本从外部的迁入。我们把缘于资本迁移和流动而形成的产业集聚现象,称作资本迁移模式。

**3. 形成类型**

（1）指向性集聚。

指向性集聚是为充分利用地区的某种优势而形成的产业（企业）群体。通常是在拥有大量廉价劳动力的地区、原材料集中地、市场集中区或交通枢纽节点。这些区位优势因素作为某种重要指向,吸引形成了产业（企业）集聚体。

（2）经济联系集聚。

经济联系集聚的目的在于加强地区内企业之间的经济联系,为企业发展创造更有利的外部条件。它又分为两种类型：一种是纵向经济联系而形成的产业集聚。纵向经济联系是指一个企业的投入是另一个企业的产出,这是一种投入产出关联。另一种是横向经济联系形成的产业集聚。横向经济联系是指那些围绕着地区主导产业与部门形成的产业集聚群体之间的关系。

## （二）产业集聚与产业转移

产业集聚是指在一个适当大的区域范围内,生产某种产品的若干个不同类企业,以及为这些企业配套的上、下游企业,相关服务业,高度密集地聚集在一起。产业转移是指某些产业从一个国家或地区转移到另一个国家或地区的过程。按照其涉及的地域范围不同,产业转移大体分为国际产业转移、区际产业转移和城乡产业转移3种。有学者认为,产业集聚对当前流行的产业转移理论形成重要挑战。产业集聚使东南沿海地区形成了一个非常重要的"后天优势"。即高度专业化分工基础上的产业配套条件。这一条件一旦形成并趋于成熟后,再转向其他地区的成本就大大提高了。他认为原来我们所期待的劳动密集型产业,如轻工、纺织等产业是否以及多大程度上会随经济成长逐渐向中西部转移,很值得研究。然而,我们认为产业集聚与产业转移并不矛盾,恰恰相反,它们之间是互动的关系。

首先,我们从产业集聚形成的过程来看,伴随着区域的资源开发、基础设施建设、生产设施及其配套设施建设,受规模经济内在要求的驱动,必然会导致不同等级规模的企业生产相同产品或类似产品,或者生产它们上、下游产业产品的企业集中连片布局,其结果是在集聚机制的作用下,不同城镇之间通过产业关联和其他一些经济联系而集聚成群。这里所提到的"集中连片布局",就包含着产业转移的因素。在一定范围内,生产相同、相似产品的企业,或生产上、下游产品的企业,在外在规模经济的驱动力下,为提高生产效率、降低交易和信息成本、增强企业竞争力,必然会逐步把本企业转移至相关产品的集聚区发展。

产业集聚包含着产业转移的因素,还体现在外商投资促成产业集聚的形成。外商投资建厂,也是通过产业转移形成集聚的一种现象。外商在外地投资建厂表现为两种情况:一种是,外商把自己国家或地区的相对劣势产业完全转移到外地一些有发展潜力的地区,使转入地区充分利用自然资源和劳动力等条件,发展新产业,带动经济增长,为形成产业集聚创造条件;另一种是,外商将生产线转移到有发展潜力的地区,把包括管理机构、科研开发机构等在内的企业总部留在本地。这样,一方面从产业转入地看,承接相对于本地区有发展潜力的产业,有利于带动该地区相关产业的发展,为形成产业集聚创造条件;另一方面从产业转出地看,转移出企业的生产线,有利于企业总部全力研发新产品,创造新的科技含量高的集聚。

其次,从产业集聚形成后的发展趋势看,产业集聚也会引起产业转移。在某一地区形成产业集聚以后,采取集聚方式地区的经济竞争力显著高于没有采取这种方式的地区,就会吸引其他地区的企业向产业集聚地区实行产业转移。这不仅包括生产同类产品的企业从分散地向集聚地转移,还包括相关专业性外部服务业和配套设施的转移。这种集聚的形成不但能带来外部规模经济、创造社会价值,而且还能增加更多的就业机会。

可见,产业集聚的形成和发展都离不开产业转移,产业集聚本身就包含着产业转移的因素,并且产业集聚是产业转移的结果。一方面,由于某地的资源或劳动力等方面的优势,分散在附近的同类企业,为了追逐外部规模经济逐步转移至该地,并且高密度地集聚在一起形成产业集聚;另一方面,依据本地的比较优势,引进外商投资,使国外或地区外产业转移到本地,发展本地优势产业,进而形成集聚。这种产业转移形成产业集聚的过程,被定义为"吸纳效应"。随着集聚的发展,集聚区经济快速增长。但是,由于竞争日益激烈,一方面,地区原有的技术含量较低、劳动密集型的集聚产业发展到一定程度后,由于供给和需求结构变化以及成本过高等因素会出现集聚不经济的现象;另一方面,产业结构不断优化和升级的要求,势必导致一些已有的技术相对落后的成熟集聚产业发展缓慢,一定程度上阻碍了集聚区的经济发展。

为保持竞争优势,在竞争中实现外部规模经济,就要求原集聚区不断进行技术创新,寻求发展高新技术产业集聚;另外,原有劳动密集型产业要依据产业梯度转移理论使之逐渐转移到有接受能力的经济欠发达的地区,以充分利用其天然的原材料和充足的廉价劳动力。由于经济的发展,产业结构优化和升级引起原集聚产业规模不经济而导致的产业向其他经济欠发达地区转移的现象被称为"释放效应"。

所以产业集聚与产业转移并不矛盾,相反它们是互动关系。一方面,产业集聚的最初形成过程,就是分散在周围地区的一些相关产业在外部规模经济的驱动下,逐渐转移到该地区形成集聚。形成产业集聚的趋势以后,随着经济的发展,集聚地区由于市场的自发性,就会吸引更多的企业向该地进行产业转移,形成产业集聚和产业转移互动效应。另一方面,随着市场经济的激烈竞争,当这种集聚超过一定的合理规模时,规模效益就会呈现递减趋势,不得不将其比较劣势的产业向周围有接受能力的经济欠发达地区实行产业转移,同时根据动态比较优势发展新一轮的集聚产业。

### (三) 集聚效益

#### 1. 外部规模经济

规模经济有外部规模经济和内部规模经济之分,前者指产业集聚的外部经济效益,后者是指随企业自身的规模扩大而产品成本降低的经济效益。产业集聚可以提高劳动生产率。英国经济学家马歇尔发现,集中在一起的厂商比单个孤立的厂商更有效率(外部规模经济)。相关产业的企业在地理上的集中可以促进行业在区域内的分工与合作。这主要体现在:

(1) 有助于上、下游企业都减少搜索原料产品的成本和交易费用,使产品生产成本显著降低。

(2) 集群内企业为提高协作效率,对生产链分工细化,有助于推动企业群劳动生产率的提高。

(3) 集聚使得厂商能够更稳定、更有效率地得到供应商的服务,比较容易获得配套的产品和服务,及时了解本行业竞争所需要的信息。

(4) 集聚形成企业集群,有助于提高谈判能力,能以较低的代价从政府及其他公共机构处获得公共物品或服务。

(5) 由于集聚体本身可提供充足的就业机会和发展机会,因此会对外地相关人才产生磁场效应。集聚区内有大量拥有各种专门技能的人才,这种优势可使企业在短时间内以较低的费用找到合适的岗位人才,降低用人成本。

#### 2. 创新效益

产业集聚可以促进创新。企业的创新常常来源于企业之间、企业与用户之间的互动。在产业集聚中,新工艺、新技术能够迅速传播。企业更容易发现产品或服务的缺口,受到启发,发现市场机会,研发新的产品。由于集聚,不同公司员工之间接触沟通的机会增多,有助于相互间的思想碰撞而产生创新思维。同一园区企业管理人员与技术人员的定期交流会对各个企业带来创新灵感,这是知识技术外溢性的体现。

#### 3. 竞争效益

波特的企业竞争优势的钻石模型中4个决定因素是:生产要素、需求条件、相关与支持产业、企业结构和同业间竞争,这4个因素是企业拥有竞争优势的必要条件。企业是区域经济发展的主体,产业园区的集聚企业具备这些条件,为提高本企业、本行业甚至本区域的竞争力提供了可能。产业集聚加剧了竞争,竞争是企业获得竞争优势的重要来源。竞争不仅仅表现在对市场的争夺,还表现在其他方面:同处一地的同行业企业有了业绩评价的标尺,可以相互比较。这给企业带来了创新的压力与动力,迫使企业不断降低成本,改进产品及提高服务,追赶技术变革的浪潮。集聚区内的企业比起那些散落在区外的企业,具有更强的竞争优势,更容易进入这一行业的前沿。

## 六、协同理论

德国物理学家哈肯在对激光理论的研究过程中,在吸收了平衡相变理论、激光理论、信息理论和突变论等理论的基础上,于 20 世纪 70 年代出版《协同学导论》(*Synergetic An Introduction*)一书,正式建立了处理非平衡相变的理论和方法,即协同学。哈肯发现无论是平衡相变还是非平衡相变,系统在相变前之所以处于无序状态,都是由于系统内的子系统之间没有形成协同合作关系,各行其是,杂乱无章,因此不可能产生整体的新质;而一旦系统被拖到相变点,这些子系统好像得到某种"精灵"的指导,能够迅速改变以前的无序状态,以较强的组织性统一行动,从而导致系统的宏观性质发生突变。

哈肯认为,自组织演化动力是系统内部各个子系统之间的竞争和协同,自然界、生物界乃至社会经济等都是由大量相互作用的子系统构成的复杂系统。在开放条件下,通过系统内外的物质、能量、信息交流,各种系统(包括自然系统和社会系统)的内部子系统之间通过非线性的相互作用而产生协同效应,产生各子系统相互合作、协调共生的协同现象,使整个系统自动地在宏观上呈现时空、结构、功能协调有序,进而达到新的稳定状态。哈肯在协同理论中,描述了临界点附近的行为,阐述了慢变量支配原则和序参量概念,认为事物的演化受序参量的控制,演化的最终结构和有序程度决定于序参量。序参量的大小可以用来标志宏观有序的程度,当系统是无序时,序参量为 0。当外界条件变化时,序参量也变化,当到达临界点时,序参量增长到最大,此时出现了一种宏观有序的有组织的结构。

协同理论是基于"很多子系统的合作受相同原理支配而与子系统特性无关"的原理,通过对跨学科领域内事物之间类似性的考察,探求内在的和谐性规律。这种和谐性与协同性,从狭义上来理解是与竞争相对立的合作、互助和同步等行为;从广义上来理解,是指在复杂大系统内,为了实现系统的总体演进目标,各子系统或各个组成部分之间相互配合、相互支持而形成一种良性循环状态。协同具有很强的目标性,系统的整体目标是引导系统内的各组成部分相互协同的关键。在复杂系统中,当存在一定外部能量流和物质流输入时,系统会通过大量子系统之间的协同作用,在自身涨落力的推动下达到新的稳定。

协同理论具有广阔的应用范围,在物理学、化学、生物学、天文学、经济学、社会学以及管理科学等方面都取得了重要的研究成果。由于协同理论强调不同系统之间的类似,因此它试图以远离系统平衡态的物理系统或化学系统来类比和处理生物系统及社会系统,因此协同理论除设计了许多物理、化学的模型外,还设计了许多生灭过程、生态群体网络和社会现象模型。哈肯等学者应用协同学有关理论、概念和方法,对某些社会问题进行了深入研究。例如,哈肯首先研究了社会舆论、就业和失业等问题;韦德里希将大系统理论和协同学的社会热力学方法应用于移民、群体动力、政治观点形成、非均衡经济和城市演化等模型中。

随着系统科学研究的不断深入,产业学界也逐渐开始接受了协同的观点。安索夫在他的《公司战略》(*Corporate Strategy*)中提出了协同性的概念。他认为,所谓协同是指相对于各独立组成部分进行简单汇总,而形成的企业群的整体经营表现,即企业之间共生共存的关系,这种关系是在资源共享的基础上产生的。霍夫和斯卡奈德尔认为,所谓协同就是各个独立组成部分汇总后产生的"共同效应",他们强调协同要素之间相互配合的重要性。伊丹敬之把企业资源分为实体资产(生产要素、厂房、技术或技能等)和隐形资产(商标、技术专长和管理技巧等),他认为协同是由隐形资产实现的,所谓协同就是"搭便车",即从公司某一部分发展出来的隐形资产可以同时被用于其他领域,且不会被损耗掉。

罗伯特·巴泽尔和布拉德利·盖尔认为协同效应是指作为组合中的一个企业比作为一个单独运作的企业所能取得的更高盈利能力,协同对价值的创造方式包括:对资源或业务行为的共享、市场营销和研究开发的扩散效应、企业的相似性和对企业形象的共享。波特(1985)基于"价值链"理论分析,研究了业务单元之间的彼此关联,帮助人们进一步解读协同的内涵及其实践价值,认为协同是"企业在业务单元间共享资源的活动"。曾国屏认为,协同反映的是事物之间、系统或要素之间保持合作性、集体性的状态和趋势。陈金祥认为,协同是通过连接、合作、协调、同步等联合作用方式,以平衡有序的结构为特征,以获取最大的目标资源为目的,以比竞争耗散更小、效益更大为前提,以相互促进、共同发展为结果的一种作用方式。刘友金、杨继平认为,所谓协同就是事物或系统在联系和发展过程中其内部各要素之间有机结合、协作、配合的一致性或和谐性。

综上所述,国内外学者分别从协同产生的机理、表现形式、效应等方面进行界定。从企业之间关系的角度来考虑,协同可以分为有形协同和无形协同两种,其中有形协同主要是指企业之间明确可见的相互依存关系,而无形协同则是隐含的、不易为人们所察觉的企业之间的相互依存和相互作用。企业之间在价值创造时的某种关联或相互依存,为企业之间协同关系的构建提供了重要的前提条件,而整合和反馈又为主体间协同关系的巩固提供了基本保障。企业在基础价值创造活动和辅助价值创造活动中存在着某种关联,这种内在关联通过共享活动能够创造出竞争优势与价值,不同的主体之间就一些相似的价值活动进行共享才能形成协同效益。

在企业理论研究中主要表现为人与人之间、部门与部门之间以及组织与组织之间的协同。第一,企业与外部组织的协同。在企业管理过程中,管理者必须注意本企业与社会上其他企业或部门之间的协调,必须与当地政府部门搞好关系,甚至积极参加政府部门组织的活动等,这样企业才可能获得政府的优惠政策以及各部门的必要支持。另外,企业还必须与银行等金融机构搞好合作。第二,企业内部的协同。在企业内部,不仅要实现人与人之间的良好合作,各部门之间也要相互配合,达到目标作用一致性。生产部门需要根据销售部门的销售业绩来改善生产模式、研发新产品;销售部需要人事部举荐人才,提高销售量;财务部需要销售部及时回笼资金,以维持企业正常运营;等等。这些均是各部门之间合作的具体体现。

也有较多学者将协同理论应用于产业集群演化现象的研究。基于协同理论的分析,产业集群就像生态群落一样,集群内企业与企业之间为了不断适应环境变化而进行新陈代谢作用,这是具有生命活力和协同效应的群落表现。单个企业之所以愿意集聚,并在集聚而成的群落中生存发展,是因为集群形成的特有生境(生态位),具有协同适应的相互依存、相互制约的内在结构和外在互动关系。这种集聚而生的产业集群通过内在的有机协同和外在适应性的互动,产生单个企业功能叠加所不具有的系统性功能,这是产业集群的本质所在。从这个意义上说,产业集群就是集群内企业集聚而成的具有特定内在结构和外在联系,在产业中实现相同或相似功能的,体现整体协同效应并不断演化的企业种群生态系统。

此外,自组织理论还包括混沌、分形等理论分支。混沌是一种确定性的非线性系统产生的随机行为,混沌运动对系统初始条件具有极端敏感依赖性,是非周期性的运动。分形概念及其理论是法国数学家曼德勃罗于1975年创立的。分形是指系统的一个组成部分在形状、功能、信息、时间、能量等方面与整体的相似性。

以上这些理论共同揭示了组成宏观系统的大量子系统,如何能够自己组织起来,实现从无序到有序演化的一般条件、机制和规律性。吴彤对各种自组织理论进行归纳和分析,提出了比较完整的自组织方法论体系。

借用自组织的综合方法论及其理论成果,许多学者研究了产业集群的自组织演化特征。产业集群的自组织性也称为产业集群的自我强化机制,产业集群的自组织性,突出地反映在产业集群的形成与发展过程中,这种发展过程,实际上是一个企业网络外部效应不断自我强化的反馈过程。产业集群从创生到不断演进,实际上就是开放的耗散结构和自组织演化的过程,主要表现为:

(1)产业集群都包含大量基元及多层次的组分,即要素;产业集群不仅包含产业关联性强的众多企业,而且还将供应商、生产商、销售商和顾客等许多要素联系起来;另外,当地政府、金融机构、教育科研机构、中介服务机构、法律机构等行为主体,以及区域内的自然资源和文化网络资源都是产业集群的重要组成部分。

(2)在市场条件下的产业集群都是一个开放性的系统,产业集群与外界环境之间不断进行着物质、能量和信息的交换。根据系统论和自组织理论,产业集群与环境的相互作用是多方面的开放系统。

(3)产业集群是远离平衡态的、不断演化的社会生态群落。集群生态系统内各要素不断变化,群落秩序始终处于活跃状态。

(4)产业集群作为一个大系统包含大量的子系统,产业集群内部要素之间投入产出反馈机制对各行为主体的稳定性产生重要影响。

(5)产业集群的发展在"涨落"中达到有序。产业集群从单个企业聚集开始,在其成长、发展、演化、衰退过程中,"涨落"一直发挥重要作用,微涨落经过要素非线性作用逐渐放大为巨涨落,引起产业集群新的有序结构生成。产业集群是经济复杂系统中的自组织有序结构,经过其内部子系统的非线性相互作用,通过不断地竞争与合作而达到协同,从而使整个群落进入更加高效有序和持续发展的自组织状态,最终实现真正意义上的协同演化的产业集群。

## 第三节　黑龙江省东部煤电化经济区发展现状分析

黑龙江省东部煤电化经济区包含牡丹江、佳木斯、鸡西、七台河、双鸭山、鹤岗6市，2019年地区生产总值1 538.8亿元，占全省的21.7%。

### 一、牡丹江市产业发展现状

（一）基本情况

2019年牡丹江市全年实现地区生产总值825亿元，同比增长4.2%。其中，第一产业增加值179.1亿元，同比增长4%；第二产业增加值176.4亿元，同比增长2.8%；第三产业增加值469.5亿元，同比增长4.8%。三次产业结构为21.7∶21.4∶56.9。全市人均地区生产总值为32 811元，比上年增长5.1%。

2019年末全市户籍人口250.4万人，城镇人口151万人，乡村人口99.4万人，城镇人口占总人口的比重（户籍城镇化率）为60.3%。全市人口出生率为4.4‰，死亡率为5.3‰，人口自然增长率-0.9‰。

城镇常住居民人均可支配收入为34 422元，比上年增长5.9%。农村常住居民人均可支配收入为20 045元，增长8.6%。

（二）农业

全年粮食种植面积62.9万公顷，比2018年增加3.4万公顷。其中，水稻种植面积4.8万公顷，比2018年增加0.3万公顷；玉米种植面积32.6万公顷，比2018年减少0.9万公顷；大豆种植面积21.9万公顷，比2018年增加3.2万公顷。经济作物种植面积6.2万公顷，比2018年增加0.6万公顷。全年粮食总产量296.8万吨，同比增长5.3%，其中水稻、玉米、大豆产量分别为31.1万吨、214.6万吨、36.3万吨，同比增长9.8%、1.4%、22.1%。食用菌产量（干鲜混合）17.5万吨，同比下降8.2%。

全市拥有178个绿色食品认证产品，比2018年增加5个。绿色食品面积508万亩（1亩约合0.067公顷），同比增长1%。

全市年末大牲畜存栏29.3万头，同比增长0.4%；生猪存栏73.4万头，同比增长2.3%；羊存栏37.7万只，同比下降2.5%；家禽存栏593.9万只，同比增长1.9%。全市肉类总产量13.7万吨，同比增长0.5%，其中猪肉8.6万吨，同比下降1.7%；牛肉2.5万吨、羊肉0.7万吨，同比分别下降0.7%和0.3%。鲜蛋产量3.5万吨，同比下降4.1%。奶类产量1.2万吨，同比下降5.5%。全市水产品产量1.8万吨，同比下降10.6%。

（三）工业

截至2019年末，全市规模以上工业企业246户，规模以上工业企业增加值同比增长3.9%，利润同比下降4.1%。分门类看，采矿业增加值增长20.2%，制造业增加值增长0.7%，电力、热力、燃气及水生产和供应业增加值增长3.9%。从主要行业看，医药制造业增加值同比下降25%，造纸和纸制品业增加值同比增长11.8%，煤炭开采和洗选业增加值同比增长 23.5%,烟草制品业增加值同比增长 21.3%,家具制造业增加值同比增长 11.2%,专用设备制造业增加值同比增长 35.9%。

(四)旅游业

2019 年全市共接待国内外旅游者 2 655.8 万人次,同比增长 11.1%,其中接待国内旅游人数 2 581.9 万人次,同比增长 11.5%;接待境外旅游人数 73.9 万人次,同比增长 0.7%。全市实现旅游业总收入 205.4 亿元,同比增长 11.5%,其中国内旅游收入 182.5 亿元,同比增长 24.3%;创造旅游外汇收入 3.5 亿美元,同比下降 2.1%。

(五)产业发展情况

**1. 持续释放农业绿特优势**

全市粮食总产连续 10 年超过 $2.5×10^9$ 千克,绿色有机食品认证面积超过耕地 50%;食用菌栽培规模增长 8.2%,棚室菌比重达到 20%;中药材种植面积、农产品出口基地面积分别达到 13.3 万亩和 43 万亩;畜牧业产值增长 5%。

突出"强菌优畜扩药增绿",持续深化农业供给侧结构性改革,推动食用菌全产业链发展,全年新增棚室菌 2 000 万袋;以"两牛一猪"为重点发展现代畜牧业,支持红星乳业、龙穆黑牛等企业扩量升级和俄罗斯农业集团生猪养殖加工一体化项目建设,做好生猪稳产保供;大力发展林下经济,实施中药材种植三年倍增计划,2020 年全市种植面积达到 20 万亩;绿色有机食品认证面积稳定在 500 万亩以上。聚焦"两头两尾"大力发展精深加工业,农产品加工转化率达到 60% 以上。实施"牡丹江大米"品牌建设计划,着力提升影响力和品牌价值,新认证绿色有机产品 10 个,农产品网络零售额增长 10%。

**2. 坚定不移推动"工业立市"**

突出发展绿色食品、林木林纸、生物医药、装备制造等重点产业,促进新材料、新能源产业增效提质。推进恒元汉麻科技有限公司"百万亩汉麻加工项目"等"老字号、原字号、新字号"重点项目 81 个,谋划建设石墨产业园,新增规模以上工业企业 20 余户。做大做强中林天恒等县域企业,穆棱顺祥等 3 个煤矿技改项目完成验收、释放产能。

**3. 推动旅游业高质量发展**

实施旅游产业转型升级三年行动计划,编制全域旅游和冰雪旅游规划,启动全省第四届旅游产业发展大会筹备工作;强化雪乡等重点景区监管整治,丰富镜泊湖、雪乡等名牌景区旅游业态,增加优质旅游产品供给;设立旅游诚信基金,推进火山口抗联密营纪念馆等重点项目 17 个,打造精品线路 17 条。已成功举办镜泊湖国际冰跑挑战赛等活动,叫响"冰雪胜境、避暑天堂"品牌。

**4. 以新模式新业态改造提升传统服务业**

支持中农批冷链物流产业园等现代物流项目、联华国际精品商业街等现代商贸项目、电商产业示范基地和数字电商产业赋能平台等电子商务项目、月星环球港等城市综合体项目建设,新增线上商贸企业 25 户,电子商务交易额增长 10%,争创农产品冷链流通标准化试点城市。新文创、服务外包等新产业发展不断加快,阅文网络文学人才培训基地等项目投入运营,牡丹江服务外包产业园启动区建设完工,携程网东北客服中心业务量增长35%。

## 二、佳木斯市产业发展现状

### （一）基本情况

2019年佳木斯市全年实现地区生产总值762.9亿元,同比增长3.6%。其中,第一产业增加值358.2亿元,同比增长1.5%;第二产业增加值89.3亿元,同比增长0.5%,第三产业增加值315.4亿元,同比增长6.9%。三次产业结构为47：11.7：41.3。

2019年末全市户籍人口232万人,城镇人口121.2万人,乡村人口110.8万人,城镇人口占总人口的比重（户籍城镇化率）为52.2%。全市人口出生率4.68‰,死亡率4.96‰,人口自然增长率-0.28‰。

城镇常住居民人均可支配收入29 869元,比上年增长6.1%。农村常住居民人均可支配收入17 702元,比上年增长8.5%。

### （二）农业

全年实现农林牧渔业总产值632.7亿元,同比增长0.9%,其中,种植业实现产值470.6亿元,增长0.2%;畜牧业实现产值124.2亿元,同比增长0.1%。全市农林牧渔业增加值实现363.6亿元,同比增长1.5%。

全市绿色食品原料标准化生产基地17个,面积890万亩。

大牲畜存栏29.8万头,同比增长1.24%;猪存栏146.9万头,同比增长1.51%;羊存栏44.8万只,同比增长5.73%;家禽存栏943.6万只,同比增长4.06%。

出栏猪235.4万头、牛13.8万头、羊37.6万只,家禽6 376.9万只,分别比上年增长8.21%、下降35.2%、下降28.96%和增长31.39%。肉类总产量达到30.2万吨,同比增长31.14%;牛奶产量7.0万吨,比上年同期减少1.24%;禽蛋产量7万吨,同比增长1.64%。水产品产量6.5万吨,同比减少8.1%。

### （三）工业

全市规模以上工业企业增加值同比增长6.0%,其中,食品工业产值同比增长5.4%,装备制造业产值同比增长8.4%;利税总额同比增长33.2%;利润总额同比增长28.3%。

### （四）旅游业

全年共接待国内外旅游者992万人,其中,接待国内旅游人数979.4万人次,接待境外旅游人数12.6万人次;实现旅游业总收入60.3亿元,其中,实现国内旅游收入58.76亿元,同比增长95%;创造旅游外汇收入2 268万美元,同比增长0.8%。

### （五）产业发展情况

**1. 做大做强优质农业产业**

实施品种、品质、品牌"三品"提升行动,提高农业质量效益,促进农民持续增收。推广水稻优良品种、高蛋白食用大豆、高淀粉玉米,发展高值高效作物100万亩。2020年新建高标准农田70万亩,绿色食品认证面积达到1 000万亩,创建了一批亩效益1 000元、

5 000 元、10 000 元的标准化示范典型。打造"佳木斯大米""佳木斯大豆""佳木斯木耳"区域公共品牌,叫响"生态米都"城市名片。引导稻鸭、稻蟹、稻鱼综合种养,加快恢复生猪生产,努力打通屠宰、加工、冷链物流环节,大力发展现代畜牧业。积极催生"农业+"产业,发展田园综合体、创意农业、民宿服务、康养农业等新业态。

**2. 加快工业强市立县步伐**

2020 年新增规模以上工业企业 20 户,形成五大产业集群。围绕打造绿色食品和农副产品精深加工产业集群,推动丰益食品、桦南鸿展生物、富锦国投生物、汤原谱华威乳业等企业达产扩能,加快中俄食品产业园建设。围绕打造装备制造产业集群,巩固扩大佳电股份、约翰迪尔、骥驰拖拉机等骨干企业增长优势,支持企业技术改造、研发新产品,延伸产业链、提升价值链。加快东风区船舶产业园建设。围绕打造造纸、林木产业集群,扶持泉林纸业、龙德纸业发展壮大,引进投资者盘活佳木斯造纸厂,深化与中林集团务实合作。围绕打造新能源、新材料产业集群,推进中建材碲化镉弱光发电玻璃、北京华民气凝胶等项目,推动汤原陶家水电站全部机组并网发电。围绕打造精细化工产业集群,推进山东汇盟新型除草剂及中间体、路俊抗凝冰缓释剂等项目,建设高端精细化工产业园,加强产业转移承接。

**3. 大力发展生产性服务业**

围绕商务服务、现代金融、仓储物流、信息技术、研发设计等重点领域,针对周边资源型城市接续替代产业发展需求,加快产业融合步伐,提升生产性服务业整体功能和集聚效应。积极创建佳木斯大学国家级大学科技园,发挥佳木斯工业技术研究院牵引作用,深化与哈尔滨工业大学等高校及科研院所合作共建,打造产学研一体化创新平台。

## 三、鸡西市产业发展现状

### (一)基本情况

2019 年鸡西市全年实现地区生产总值 552 亿元,同比增长 4.6%。其中,第一产业增加值 205.3 亿元,同比增长 3.2%;第二产业增加值 122.3 亿元,同比增长 3.4%;第三产业增加值 224.4 亿元,同比增长 6.7%。三次产业结构为 37.2∶22.2∶40.6。第一、第二、第三产业对地区生产总值增长的贡献率分别为 27%、18.6% 和 54.4%。全市人均地区生产总值为 32 278 元,比上年增长 6.3%。

2019 年末全市户籍总人口 169.4 万人,其中非农人口 112.4 万人。全市人口出生率 3.9‰,死亡率 6.91‰,人口自然增长率 -3.01‰。

城镇常住居民人均可支配收入为 25 413 元,比上年增长 6.4%。农村常住居民人均可支配收入 19 700 元,比上年增长 7.9%。

### (二)农业

全年实现农林牧渔业增加值 209.1 亿元,同比增长 3.3%。其中,种植业增加值 171.4 亿元,同比增长 3%;林业增加值 5.4 亿元,同比增长 7.1%;牧业增加值 23.9 亿元,同比增长 3.8%;渔业增加值 4.6 亿元,同比增长 6%;农林牧渔服务业增加值 3.8 亿元,同比增长7.9%。

全市粮食作物播种面积1 378.7万亩,绿色食品种植基地面积600万亩(不含农垦),比上年增长4.3%。获得国家认证的绿色食品、有机农产品、地理标志产品分别为106个、29个、6个。

全年肉类总产量7.6万吨,比上年下降12.3%;蛋类产量2.9万吨,比上年下降3.9%;奶类产量8.4万吨,比上年下降43.2%;水产品产量4.7万吨,与上年基本持平。

(三)工业

全年规模以上工业企业增加值按可比价计算比上年增长7%。规模以上工业企业主营业务收入同比下降9.9%。利税总额下降41.7%,其中利润下降53.9%。在规模以上工业企业增加值全部的18个行业中,有11个行业增长,占全部行业的61.1%;7个行业下降,占全部行业的38.9%。其中,四大主导产业(煤炭、石墨、绿色食品、医药)增加值比重占规模以上工业企业81.4%,增速为6.5%,低于规模以上工业企业0.5个百分点,对规模以上工业企业贡献率达72.5%。

(四)旅游业

全年共接待国内外旅游者1 232.7万人次,比上年增长9.4%;实现旅游业总收入83.1亿元,同比增长11.1%。

(五)产业发展情况

**1. 加快重点产业基地建设**

(1)建设新型能源化工基地。

依托龙煤鸡矿公司、沈煤盛隆公司等国矿优势,稳定煤炭产能。完成地方煤矿整顿关闭任务,做好保留煤矿提能改造,释放优质产能。2020年,全市煤炭总产量达到1 500万吨。

(2)建设"中国石墨之都"。

实施石墨产业发展倍增计划,加快普莱德、哈工、唯大等项目建设步伐。2020年投入1 000万元引导企业攻关石墨无氟提纯技术,取得突破性进展。成功举办首届鸡西科技成果对接会,签订各类科技合作协议10项。全国鳞片石墨分技术委员会落户鸡西,石墨行业国家级话语权持续增强。

(3)建设绿色食品生产加工基地。

2019年粮食产量$6.53 \times 10^9$千克,绿色食品种植面积600万亩,蔬菜、中药材等经济作物种植面积23万亩。实施农业产业化项目22个,国家和省级龙头企业发展到32户。抓好益海嘉里粮油综合加工二期、珍爱紫苏蛋白粉等深加工项目,延伸产业链,提高附加值。

(4)建设生物医药制造基地。

发挥珍宝岛药业核心作用,加快三期和中药饮片项目建设。鼓励引导乌苏里江药业、野宝药业、新医圣制药等企业与域外企业合作,扩大产销规模。创建梨树"中医药小镇",打造龙江东部北药集散中心。

### 2. 发展高效高值农业

恢复稳定生猪生产，生猪年出栏 60 万头以上。以"龙九味"为重点，中草药种植面积达到 10 万亩，打造北方寒地中药材品牌。发展鸭稻、蟹稻、鲜食玉米、紫苏、食用菌、小辣椒、大白鱼、蜂业等特色高效产业。

### 3. 提升旅游产业

建设"生态旅游名城"，做强兴凯湖、虎头等核心景区，做优休闲度假、避暑康养、湿地观光、赏冰乐雪等四季旅游产品。引进首创集团、慧江国际等企业，推进康复、医养等项目建设。2019 年举办了兴凯湖汽车冰雪越野赛、兴凯湖国际摇滚马拉松赛、全国桨板公开赛等精品赛事，新开流景区晋升国家 4A 级景区，虎头景区成为全市首个国家 5A 级景区，鸡西市被国际旅游联合会评为"最美中国旅游城市"。

### 4. 发展现代服务业

加快泛华货运枢纽、密山华孚冷链物流、鸡东物流园区、麻山物流产业园等项目建设，打造区域物流中心。推进鸡西数字经济产业园、城子河金三角电子商务产业基地建设，电子商务网络交易额增长 10% 以上。推广叫响"龙妹"家政、"龙女"电商品牌，积极发展康复护理、家政、快递等生活性服务业。稳步发展金融、信息、会展、检测检验等生产性服务业。

## 四、七台河市产业发展现状

### （一）基本情况

2019 年七台河市全年实现地区生产总值 231.33 亿元，同比增长 3.8%。其中，第一产业增加值 33.14 亿元，同比增长 1.3%；第二产业增加值 95.45 亿元，同比增长 1.6%；第三产业增加值 102.74 亿元，同比增长 6.9%。全市人均地区生产总值实现 29 912 元，比上年增长 4.9%。

2019 年末全市户籍总人口 76.97 万人，城镇人口 47.64 万人，乡村人口 29.33 万人，城镇人口占总人口的比重（户籍城镇化率）为 61.9%。全市人口出生率 7‰，死亡率 5.56‰，人口自然增长率 1.44‰。

城镇常住居民人均可支配收入 26 431 元，比上年增长 5.9%；农村常住居民人均可支配收入 14 340 元，比上年增长 8.4%。

### （二）农业

全年实现农林牧渔业总产值 66.6 亿元，同比增加 1.7%。其中畜牧业产值 18.5 亿元，同比增长 3.2%。

粮食产量 $2.041\times10^9$ 千克，比上年下降 4.85%。其中，水稻产量 $2.65\times10^8$ 千克、玉米产量 $1.628\times10^9$ 千克、大豆产量 $1.36\times10^8$ 千克、其他 $1.2\times10^7$ 千克。

全年肉类产量 4.59 万吨，禽蛋产量 0.93 万吨。2019 年末，全市黄牛及肉牛存栏 3.03 万头，生猪存栏 17.67 万头，羊存栏 7.91 万只，家禽存栏 230.87 万只，奶牛存栏 415 头。生猪出栏 25.11 万头，牛出栏 2.39 万头，羊出栏 8.07 万只，家禽出栏 1 046.52 万只。

## （三）工业

全市规模以上工业企业增加值比上年增长1%，其中，煤炭开采和洗选业增加值同比下降22.3%，炼焦业增加值同比增长34.1%，电力、热力生产和供应业增加值同比增长2.4%，化学原料和化学制品业增加值同比增长37.3%，家具制造业同比增长1.7%，专用设备制造业同比增长50.6%，非金属矿物制品业同比增长78.2%。

全市规模以上工业企业洗精煤产量649.3万吨，同比下降24.8%；焦炭产量564.3万吨，同比增长35.3%；发电量91.7亿千瓦·时，同比下降0.2%；家具47万件，同比增长7.6%。

全市规模以上工业企业主营业务收入同比增长1.9%，利润总额同比减少16.1亿元。

## （四）产业发展情况

### 1. 做大现代煤化工产业

2019年宝泰隆稳定轻烃项目投产运行，勃盛清洁能源、百利良焦炉煤气综合利用项目试生产。

### 2. 做强生物和医药产业

2019年10万立方米联顺生物制药项目开工建设，中郲生物30万吨淀粉5万吨衣康酸10万吨葡萄糖酸钠项目完成主体工程建设，升华医疗器械项目正式投产。启动中医药小镇规划建设，中草药种植面积达10.6万亩，与国药华邈、珍宝岛药业签订合作协议。按照打造"寒地北药之都"发展总体定位，鼓励重点医药企业建设规模化、标准化仿野生中草药种植基地，全市种植面积扩大到17万亩以上，逐步建立中医药产业发展支撑体系。

### 3. 做精新材料新能源产业

全面推进石墨及石墨烯特色产业基地建设，2019年宝泰隆石墨烯导电油墨、宝希石墨烯电热膜、海坤高纯球形石墨等石墨新材料项目建成投产，鑫科纳米耐高温石墨烯树脂、宝泰隆中间相炭微球、万锂泰锂电负极材料等5个项目试生产，投资6亿元的奥原3万吨锂离子电池负极材料及石墨（烯）项目签约落地。将石墨烯创新创业大赛升格为产业发展国际高峰论坛，加快转化落地石墨及石墨烯科技前沿领域项目。举办鑫科纳米院士工作站挂牌和石墨烯重防腐涂料产品鉴定发布会，拓展航空航天、消防、危化等应用领域，把鑫科纳米公司培养成"隐形冠军"企业。

做好生物质能源综合利用和煤转电、煤制油、碳转油和气补油等能源转换文章，推动煤电化工企业清洁化改造和衍生品综合利用，推进辰能、凯润生物质发电，三丰兆合15万吨、沃睿20万吨秸秆综合利用等项目建设，积极谋划建设光伏发电、风电开发、氢能提取、地热能利用等新能源项目。

### 4. 做优制造和再制造产业

加快双叶家具、华璞木业、晟斯凯特、三江变压器等改造升级项目建设，持续推动传统工业数字化、网络化、智能化、绿色化技术改造。用足用好国家"城市矿产"示范基地政策,加快推进废旧钢铁、机电、轮胎、电器元器件再利用项目建设。鼓励北兴建材公司利用煤矸石研发新型建筑、装潢材料,优化产品结构。

5. 做特绿色有机农业

深入落实国家粮食安全决策,大力实施"米袋子""菜篮子"工程,持续推进粮食稳产增收,提高蔬菜自给率,确保粮食和蔬菜储备安全。加快高标准农田和水利设施建设,扩大高淀粉玉米、高蛋白大豆、高钙富硒水稻及优质杂粮杂豆种植规模。因地制宜发展食用菌、山野菜、北药、坚果、浆果等林下经济。与北京新农创集团和省内外各大专院校及科研院所对接落实合作红豆淳饮、中药种苗基地、富硒增效剂、乡村旅游等项目29个。积极发展特色养殖业,加快天兆百万头生猪项目建设,推动生猪、肉牛、家禽规模化养殖、产业化发展、品牌化营销。大力发展智慧型农业,持续扩大设施农业规模,加快推进龙谷农业科技田园综合体、田润设施农业产业园、有机葡萄种植观光采摘园、禹森薰衣草庄园等升级发展,谋划建设中韩农业科技产业园、草莓小镇。扶持引进一批高端食品生产龙头企业,加快圣海奥斯蓝靛果加工、天兆绿色猪肉深加工等项目建设,开发绿色生态有机食品,推进绿色食品、功能食品、高端食品产业化,打响"寒地黑土、非转基因、绿色有机"品牌,增加全产业链收益,提升农业生产加工综合效益和竞争力。

6. 做活现代服务业

推进生产性服务业和生活性服务业"双升级",大力发展现代物流、电子商务等新业态、新模式、新经济,积极发展"夜经济""赛事经济",成功举办第一届生态烧烤美食节,撬动了文旅产业发展。"云服务小镇"投入运营,引进上海银嘉第三方支付平台,联通公司"新型政务云"平台、偶然网络新媒体营销大数据平台落地,电商微商、网络直播等蓬勃发展。

## 五、双鸭山市产业发展现状

(一)基本情况

2019年双鸭山市全年实现地区生产总值476.5亿元,同比增长4.8%。其中,第一产业增加值192亿元,同比增长3.1%;第二产业增加值109.3亿元,同比增长4.8%;第三产业增加值175.2亿元,同比增长6.5%。三次产业结构为40.3:22.9:36.8,第一、第二、第三产业对地区生产总值增长的贡献率分别为24.7%、24.1%和51.2%。全市人均地区生产总值实现33 844元,比上年增长6.2%。

2019年末全市户籍总人口为140.7万人,城镇人口92万人,乡村人口48.7万人,城镇人口占总人口的比重(户籍城镇化率)为65.38%。全市人口出生率为4.03‰,死亡率为4.91‰,人口自然增长率为-0.88‰。

城镇常住居民人均可支配收入26 844元,比上年增长6.2%。农村常住居民人均可支配收入16 235元,比上年增长7.5%。

(二)农业

2019年全市粮食作物播种面积1 453.9万亩,比上年下降0.3%;粮食总产量

$1.132×10^{11}$ 千克。其中水稻、玉米、大豆产量分别为 $5.88×10^{10}$ 千克、$4.4×10^{10}$ 千克、$9.9×10^{8}$ 千克。

全市绿色和有机食品种植面积 144.27 万亩,同比增长 3.5%;绿色食品认证个数 86 个,比上年增加 10 个,有机食品认证个数达到 18 个。

全年肉、蛋、奶产量分别为 7.53 万吨、1.34 万吨、0.36 万吨,分别比上年下降 0.7%、0.8% 和 71%。水产品产量 1.39 万吨,同比增长 2.2%。

### (三)工业

2019 年全年规模以上工业企业增加值同比增长 6.5%。规模以上工业企业实现利税 17.3 亿元,同比增下降 26.2%。利润总额 3.7 亿元,同比下降 39.6%;税金 14.5 亿元,同比下降 17.2%。在规模以上工业企业中,地方工业实现利税 8 亿元,比上年下降 38.9%,其中利润 3.4 亿元,同比下降 51.2%;税金 4.2 亿元,同比下降 35.7%。规模以上工业企业主营业务收入 345.3 亿元,同比增长 11.5%。

全年煤炭、电力、钢铁、粮加工、煤化工、建材、新能源七大主导产业增加值同比增长 6.1%,占规模以上工业的 92.7%。其中,煤炭行业增加值同比增长 7%;电力行业增加值同比下降 0.6%;钢铁行业增加值同比下降 7.4%;粮加工行业增加值同比增长 42.8%;煤化工行业增加值同比增长 1.9%;建材行业增加值同比增长 17.2%;新能源行业增加值同比下降 26.4%。

工业产品产量有增有减。在规模以上工业企业 12 种主要工业产品中,全年产量比上年增长的仅有 5 种:洗煤 330.4 万吨,比上年增长 2.6%;水泥 82.8 万吨,比上年增长 1.1%;大米 97.8 万吨,比上年增长 58.2%;精制食用植物油 5.4 万吨,比上年增长 59.8%;发酵酒精 39.6 万千升,比上年增长 38.9%。同比下降的有 5 种:原煤 1 158.7 万吨,同比下降 7.9%;生铁 195.8 万吨,同比下降 5.4%;钢材 183 万吨,同比下降 10.2%;焦炭 179.9 万吨,同比下降 5%;发电量 72.9 亿千瓦·时,同比下降 12.4%。

### (四)旅游业

**1. 突出古城遗址游系列,做好"古文化"的文章**

双鸭山市是一座具有悠久历史的城市。饶河小南山 1971 年出土的石器、玉器证明了早在 5 000 多年前的新石器时代这里就有人居住。作为三江平原汉魏时期遗址群的中心区,现已发现遗址 1 005 处,目前较为重要的遗址(点、群)包括炮台山古城遗址、凤林古城遗址、仁合遗址群等。双鸭山汉魏时期遗址分布密集、保存完整、类型丰富,在国内乃至世界范围内都是罕见的。"挹娄王都"是双鸭山最具特色、最具典型性和最具开发潜力的旅游资源之一。

**2. 突出挠力河流域生态游系列,做好"北大荒"的文章**

依托挠力河流域以七星河、安邦河、大佳河等为主体的湿地,推出"北大荒"生态之旅;依托挠力河流域东北农垦的象征——雁窝岛、友谊现代化农庄,推出"北大荒"精神之旅和"北大荒"农业观光之旅。

**3. 突出边境口岸游系列,做好"边"的文章**

依托饶河口岸,以"边境游"为主题,辅之以饶河中俄界江风情游,开展包括中俄医疗保健、中继旅游、滑雪和文化体育等在内的边境游。推出界江、饶河口岸、国界碑、珍宝岛风景区、中俄互市贸易区、团山岛、团山子抗日英雄纪念碑、南湖、饶河岛、四排赫哲族民俗风情园、大顶子山地质公园等旅游项目。

#### 4. 突出民族旅游系列，做好"情"的文章

双鸭山市是一个多民族聚居的地方，现有汉族、满族、回族、朝鲜族、赫哲族等36个民族，并设有两个民族乡、9个民族村。依托原鲜村双鸭山民族风情园、饶河四排赫哲族民俗风情园，推出休闲、度假、考察、住宿、游乐等多种旅游项目，充分体现赫哲族、朝鲜族等民族的历史文化、人文景观、民风民俗等。

#### 5. 突出冰雪旅游系列，做好"雪"的文章

依托七星峰、龙头山、青山，以"滑雪旅游"为主题，以冰雪艺术观赏、冰上娱乐和狩猎为辅助，开发兴建七星峰高山滑雪场，青山、龙头山初中级滑雪场，龙湖冰雪大世界及城市中心公园雪游园会等。

#### 6. 突出森林度假休闲游系列，做好"休闲"的文章

依托七星峰、青山、龙头山、羊鼻山、云峰山等景区，利用春夏秋三季，推出滑草、滑沙、仿真战场、卡丁车场、漂流、垂钓等娱乐项目。

### （五）产业发展情况

#### 1. 现代农业稳步发展

粮食生产再夺丰收，种养结构持续优化。2020年玉米调减到405万亩，大豆调增到423万亩。食用菌发展到1亿袋，中药材扩大到16.6万亩。绿色有机食品基地有效认证面积达到430万亩。新建高标准农田20万亩。以"两牛一猪"为重点，生猪饲养量达到80万头以上。建设山东益生生猪养殖项目。推广"玉鹅种养模式"，大鹅饲养量突破130万只，推动大鹅深加工产业发展。

#### 2. 加快构建现代产业体系

"十三五"时期，全市建设亿元以上产业项目112个。神华国能1100万吨露天煤矿和2×60万千瓦电厂一期、宝清万里润达150万吨玉米深加工等项目竣工投产，煤电化产业集群和玉米深加工产业集群加快形成。中双石墨采选项目竣工投产，新材料产业实现从无到有的重大突破。

2020年深粮中信粮食仓储加工等项目进展顺利，辰能生物质热电联产一期等项目竣工投产。重点推动鸿展30万吨燃料乙醇等项目竣工投产，国能宝清腐植酸褐煤蜡、中健汉麻深加工、宝清富硒小镇等项目开工建设，加快神华国能宝清2×100万千瓦超超临界、煤制乙二醇、石墨产业园、生物医药等项目前期工作。煤及煤化工产业、粮食和农产品加工产业主营业务收入实现百亿元，钢铁产业突破90亿元。把建龙钢铁打造成90亿级、龙煤双矿打造成40亿级、万里润达生物科技打造成30亿级、建龙化工打造成20亿级、鸿展生物科技打造成10亿级企业。

#### 3. 现代服务业持续发展

深度开发全域全季旅游，2019年旅游业收入增长30%。做大电子商务，2020年企业户数和交易额分别增长27.9%和13.5%。"众农联"产业互联网平台撮合交易额突破

180亿元。加快发展夜经济、假日经济,推动健康、养老、育幼、家政、物业等产业提质扩容。

### 六、鹤岗市产业发展现状

(一) 基本情况

2019年鹤岗市实现地区生产总值336.4亿元,同比增长3.7%。其中,第一产业增加值97.2亿元,同比增长1.8%;第二产业增加值98.5亿元,同比增长3.1%;第三产业增加值140.7亿元,同比增长5.6%。三次产业结构为28.9:29.3:41.8。

2019年末全市户籍总人口98.5万人,城镇人口80.2万人,乡村人口18.3万人,城镇人口占总人口的比重(户籍城镇化率)为81.4%。全市人口出生率为4.21‰,死亡率为7.94‰,人口自然增长率为-3.73‰。

城镇常住居民人均可支配收入24 149元,比上年增长6.7%。农村常住居民人均可支配收入16 466元,比上年增长8.8%。

(二) 农业

2019年全市实现农林牧渔业总产值188.4亿元,比上年增长2.1%。其中,种植业产值120亿元,比上年增长1.8%;畜牧业产值47.4亿元,比上年增长1.3%;林业产值2.5亿元,比上年增长1.9%;渔业产值2.7亿元,比上年增长0.2%。

粮食作物种植面积776.25万亩,比上年增长0.6%,粮食总产量$6.238\times10^9$千克,同比下降5.4%。其中水稻443.74万亩,同比下降2.3%,产量$4.113\times10^9$千克,同比下降3.7%;玉米185.29万亩,同比下降13.9%,产量$1.763\times10^9$千克,同比下降13.9%;大豆142.15万亩,同比增长45.9%,产量$3.47\times10^8$千克,同比增长44.8%。

(三) 工业

2019年全市131户规模以上工业企业增加值比上年增长3.3%。主要行业中,煤炭开采和洗选业下降4.2%,石墨采选业下降25%,电力、热力生产和供应业增长2%,非金属矿物制品业增长2.2%。

全市规模以上工业企业主营业务收入236.1亿元,比上年下降7.2%。利润总额3.5亿元,减少11.9亿元。

工业产品产量有增有减。在规模以上工业企业10种主要工业产品中,全年产量比上年增长的有5种:洗煤730万吨,比上年增长6.4%;发电量65.1亿千瓦·时,比上年增长4.7%;焦炭149.8万吨,比上年增长4.5%;液化天然气5.3万吨,比上年增长1.9%;化肥29.9万吨,比上年增长8%。同比下降的有5种:原煤937.7万吨,同比下降21.9%;大米47.4万吨,同比下降34.4%;白酒1 269千升,同比下降77.4%;啤酒6 620千升,同比下降38.5%;水泥79.5万吨,同比下降9.1%。

(四) 旅游业

全市接待国内外旅游人数668.8万人次,比上年增长13.9%;实现旅游总收入64.2亿元,比上年增长11%。

## (五)产业发展情况

### 1. 煤电化工产业巩固稳定

中海油华鹤尿素增值改性、华能集中供热项目投产运行,征楠煤化工干熄焦余热发电项目主体工程即将完成,全市煤化工产业实现产值33亿元。

### 2. 石墨产业突破发展

促成与世界500强企业中国五矿的深度合作,中国五矿集团携华润集团、一重集团、省交投集团共驻鹤岗,打造世界一流的绿色智能矿山和行业领先的石墨新材料产业集群。与民企500强深圳贝特瑞合作取得进展。国信通动力电池及手机、华升石墨烯润滑油、帝源石墨精粉等项目竣工投产,海达石墨负极材料项目正在进行设备安装,全市石墨产业实现产值13.6亿元。

### 3. 农、畜、林产业培育壮大

中粮贸易(绥滨)农业发展公司农业产业化进程加快推进,森林养殖、食用菌生产等林下经济产业快速发展,东方希望百万头生猪养殖加工项目一期工程2个基地投入使用,米家乐绿色方便米饭、高尔夫营养配餐等项目陆续建成,全市食品工业实现产值28亿元。

### 4. 新能源产业蓄力待发

投资25亿元的天合光能平价上网、投资10亿元的国润高端锂电池等项目顺利开工,光伏、风电等13个新能源发电项目正式列入国家和省规划,纳入规划项目数量、新增发电量占全省25%和37%,列全省第一。

### 5. 文化旅游蓬勃兴起

推进清源湖、鹤立湖等景区设施建设,开通了鹤岗至宝泉岭、至名山等多条旅游公交专线,举办了第二届"梨花节"、首届啤酒文化节等系列文旅活动,飞机房历史街区保护等6个项目被纳入全省文化产业投融资支持项目,萝北县被授予"中国最美山水生态旅游名县"和"中国最佳康养休闲旅游名县"称号。

## 第四节 黑龙江省东部煤电化基地建设的产业相似度现状分析

### 一、产业结构同构测量方法

#### 1. 结构相似系数法

结构相似系数法是联合国工业发展组织国际工业研究中心提出的比较两个区域产业结构的度量方法。其公式为

$$S_{ij} = \frac{\sum_{k=1} X_{ik} X_{jk}}{\sqrt{\sum_{k=1} X_{ik}^2 \sum_{k=1} X_{jk}^2}} \tag{2.16}$$

式中,$S_{ij}$表示$i$地区和$j$地区产业结构的相似系数;$X_{ik}$和$X_{jk}$分别表示地区$i$和地区$j$中部

门 $k$ 所占的比重。

$S_{ij} \in [0,1]$,两地区产业结构越相似意味着 $S_{ij}$ 系数越大。当 $S_{ij} = 1$ 时,表示两地区具有完全趋同的产业结构;当 $S_{ij} = 0$ 时,表示两地区具有完全不趋同的产业结构。一般以 0.90 为判断标准对地区产业结构相似程度进行评价,高于 0.9 表示两地区产业结构相似程度严重趋同;或从相似系数序列趋势来看,若呈现上升趋势,则产业结构趋同,否则趋异。

**2. 区位商法**

区位商法是测度产业集聚的方法,又称为地方专业化指数,其公式分为相对区位商和绝对区位商。

相对区位商公式为

$$\text{LQ}_{AB} = \frac{\dfrac{q_{Ai}}{q_A}}{\dfrac{q_{Bi}}{q_B}} \tag{2.17}$$

式中,$\text{LQ}_{AB}$ 为 A 地区相对 B 地区的相对区位商;$q_{Ai}$ 为 A 地区 $i$ 产业的产值;$q_{Bi}$ 为 B 地区 $i$ 产业的产值;$q_A$、$q_B$ 为 A、B 地区全部产业总产值。

如果 $\text{LQ}_{AB}$ 值接近1,表示 A 地区 $i$ 产业部门的集中程度与 B 地区 $i$ 产业部门集中程度大体相当,反之则不相当。

绝对区位商公式为

$$\text{LQ}_{Ai} = \frac{\dfrac{q_{Ai}}{q_A}}{\dfrac{q_i}{q}} \tag{2.18}$$

式中,$\text{LQ}_{Ai}$ 为 A 地区 $i$ 产业的绝对区位商;$q_{Ai}$ 为 A 地区 $i$ 产业的产值;$q_A$ 为 A 地区全部产业总产值;$q_i$ 为产业 $i$ 的全地区总产值;$q$ 为全地区的所有产业产值。

如果 $\text{LQ}_{Ai} > 1$,表示 A 地区 $i$ 产业部门的集中程度大于全省的平均水平,是区域的专业化部门和产品输出部门;$\text{LQ}_{Ai}$ 值越大则该地区该产业部门的集中程度越高,该产业在地区的专业化程度就越高。

**3. 产业增加值贡献度**

产业增加值贡献度是该行业增加值与所属产业部门增加值总额的比值,反映产业增加值在经济增加值总额的贡献程度和产业的产出效果。其公式为

$$\text{GX}_{Ai} = \frac{Z_{Ai}}{Z} \tag{2.19}$$

式中,$\text{GX}_{Ai}$ 表示 $i$ 行业增加值对 A 地区产业增加值的贡献度;$Z_{Ai}$ 表示 A 地区 $i$ 行业增加值;$Z$ 表示 A 地区产业增加值。

$\text{GX}_{Ai} \in [0,1]$,产业增加值贡献度 $\text{GX}_{Ai}$ 值越大,说明该行业对该地区产业增加值贡献越大,反之则贡献越小。

## 二、产业相似性分析

### 1. 数据来源

本章数据来自 2006—2020 年《黑龙江统计年鉴》黑龙江省东部煤电化基地六城市即鸡西、鹤岗、双鸭山、七台河、佳木斯和牡丹江三次产业产值占当年该地区生产总值的比例,按时间顺序形成时间序列,并选取 2011 年和 2019 年两个时间节点六城市第三产业增加值及主要行业产业增加值进行对比分析。

### 2. 产业结构间相似性分析

表 2.3 是 2012—2019 年各城市间产业结构相似系数及均值统计。

表 2.3 2012—2019 年各城市间产业结构相似系数及均值

| 区域 | 2012 年 | 2013 年 | 2014 年 | 2015 年 | 2016 年 | 2017 年 | 2018 年 | 2019 年 | 均值 |
| --- | --- | --- | --- | --- | --- | --- | --- | --- | --- |
| 鸡西-鹤岗 | 0.993 | 0.986 | 0.949 | 0.997 | 0.992 | 0.991 | 0.984 | 0.983 | 0.984 |
| 鸡西-双鸭山 | 0.986 | 0.983 | 0.980 | 0.998 | 0.999 | 0.998 | 0.997 | 0.996 | 0.992 |
| 鸡西-七台河 | 0.924 | 0.928 | 0.921 | 0.916 | 0.912 | 0.913 | 0.891 | 0.879 | 0.910 |
| 鸡西-佳木斯 | 0.932 | 0.934 | 0.985 | 0.985 | 0.990 | 0.987 | 0.995 | 0.975 | 0.973 |
| 鸡西-牡丹江 | 0.967 | 0.981 | 0.934 | 0.930 | 0.930 | 0.934 | 0.901 | 0.938 | 0.939 |
| 鹤岗-双鸭山 | 0.995 | 0.998 | 0.982 | 0.989 | 0.985 | 0.981 | 0.997 | 0.996 | 0.991 |
| 鹤岗-七台河 | 0.940 | 0.935 | 0.922 | 0.923 | 0.921 | 0.928 | 0.940 | 0.952 | 0.933 |
| 鹤岗-佳木斯 | 0.884 | 0.862 | 0.900 | 0.973 | 0.970 | 0.967 | 0.960 | 0.918 | 0.929 |
| 鹤岗-牡丹江 | 0.938 | 0.953 | 0.963 | 0.941 | 0.948 | 0.943 | 0.932 | 0.959 | 0.947 |
| 双鸭山-七台河 | 0.906 | 0.911 | 0.888 | 0.899 | 0.905 | 0.901 | 0.857 | 0.856 | 0.890 |
| 双鸭山-佳木斯 | 0.881 | 0.864 | 0.932 | 0.988 | 0.993 | 0.991 | 0.997 | 0.977 | 0.953 |
| 双鸭山-牡丹江 | 0.911 | 0.939 | 0.927 | 0.911 | 0.920 | 0.925 | 0.873 | 0.905 | 0.914 |
| 七台河-佳木斯 | 0.760 | 0.798 | 0.937 | 0.937 | 0.934 | 0.935 | 0.879 | 0.754 | 0.867 |
| 七台河-牡丹江 | 0.917 | 0.961 | 0.991 | 0.997 | 0.994 | 0.998 | 0.993 | 0.925 | 0.972 |
| 佳木斯-牡丹江 | 0.945 | 0.933 | 0.927 | 0.938 | 0.937 | 0.956 | 0.901 | 0.900 | 0.930 |

数据来源:依据 2013—2020 年《黑龙江统计年鉴》计算所得

数据显示,只有双鸭山和七台河、七台河和佳木斯之间的平均相似系数低于0.9,表明城市之间的产业结构同构不严重。其他各城市间的平均相似系数都高于0.9,其中鸡西和双鸭山的相似系数最高为0.992,表明鸡西和双鸭山的产业结构同构严重。从2006—2011年六城三次产业结构相似系数时间序列趋势(图2.6)来看,鸡西和双鸭山、鸡西和七台河、双鸭山和佳木斯、鹤岗和佳木斯等产业结构有趋异的趋势,其他城市之间或呈现趋同的平稳趋势或呈现趋同的上升趋势,其中鹤岗和双鸭山之间一直呈现较高的相似系数,说明鹤岗和双鸭山产业结构趋同最严重。

从2012—2019年相似系数时间序列趋势(图2.7)来看,七台河和佳木斯、七台河和双鸭山、鸡西和七台河、佳木斯和牡丹江等三次产业结构有趋异的趋势,其他城市之间或呈现趋同的平稳趋势或呈现趋同的上升趋势,其中鸡西和双鸭山的相似系数最高为0.992,说明鸡西和双鸭山的产业结构严重同构。

从上述分析可以看出,单独使用相似系数法只能判断产业之间结构总体趋同还是趋

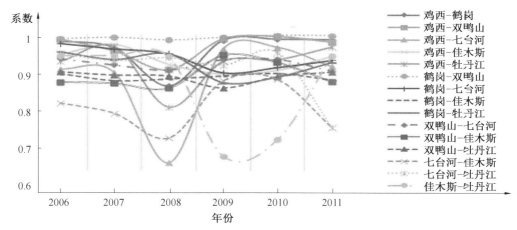

图 2.6　黑龙江省六城三次产业结构相似系数趋势图（2006—2011）

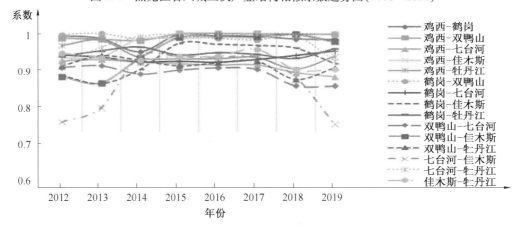

图 2.7　黑龙江省六城三次产业结构相似系数趋势图（2012—2019）

异,无法判断各地区各产业内部行业之间的趋同情况。因此,需将结构相似系数法、区位商法及产业增加值贡献度 3 种方法相结合判断各地区各产业内部行业之间的趋同情况。

**3. 产业结构内相似性分析**

由于数据获得性的问题,本书仅对黑龙江省六城市第三产业增加值及主要行业产业增加值运用产业增加值贡献度和区位商法进行产业结构内相似性分析,并选取 2011 年和 2019 年两个时间点进行对比分析。具体如表 2.4 至表 2.9 所示。

表 2.4　2011 年第三产业增加值贡献度

| 产业 | 鸡西 | 鹤岗 | 双鸭山 | 佳木斯 | 七台河 | 牡丹江 |
| --- | --- | --- | --- | --- | --- | --- |
| 金融业 | 0.048 | 0.11 | 0.051 | 0.046 | 0.094 | 0.053 |
| 交通业 | 0.215 | 0.083 | 0.166 | 0.229 | 0.150 | 0.145 |
| 信息业 | 0.153 | 0.055 | 0.018 | 0.040 | 0.050 | 0.062 |
| 房地产业 | 0.064 | 0.080 | 0.029 | 0.082 | 0.081 | 0.115 |
| 科学研究 | 0.019 | 0.006 | 0.006 | 0.014 | 0.008 | 0.020 |

表 2.5　2011 年绝对区位商

| 区域 | 鸡西 | 鹤岗 | 双鸭山 | 佳木斯 | 七台河 | 牡丹江 |
|---|---|---|---|---|---|---|
| 金融业 | 0.791 | 1.799 | 0.837 | 0.753 | 1.541 | 0.863 |
| 交通业 | 1.221 | 0.471 | 0.944 | 1.301 | 0.853 | 0.823 |
| 信息业 | 2.631 | 0.943 | 0.314 | 0.691 | 0.863 | 1.059 |
| 房地产业 | 0.782 | 8.892 | 0.359 | 0.998 | 0.988 | 1.404 |
| 科学研究 | 1.373 | 5.595 | 2.720 | 1.036 | 0.609 | 1.463 |

表 2.6　2011 年相对区位商

| 区域 | 金融业 | 交通业 | 信息业 | 房地产业 | 科学研究 |
|---|---|---|---|---|---|
| 鸡西-鹤岗 | 0.440 | 2.593 | 2.789 | 0.800 | 2.960 |
| 鸡西-双鸭山 | 0.944 | 1.293 | 8.385 | 2.180 | 3.036 |
| 鸡西-七台河 | 0.513 | 1.431 | 3.040 | 0.791 | 2.254 |
| 鸡西-佳木斯 | 1.049 | 0.938 | 3.807 | 0.784 | 1.325 |
| 鸡西-牡丹江 | 0.917 | 1.484 | 2.484 | 0.557 | 0.938 |
| 鹤岗-双鸭山 | 2.149 | 0.499 | 3.006 | 2.724 | 1.026 |
| 鹤岗-七台河 | 1.168 | 0.552 | 1.094 | 0.989 | 0.761 |
| 鹤岗-佳木斯 | 2.388 | 0.362 | 1.365 | 0.980 | 0.448 |
| 鹤岗-牡丹江 | 2.086 | 0.572 | 0.890 | 0.696 | 0.317 |
| 双鸭山-七台河 | 0.543 | 1.107 | 0.364 | 0.363 | 0.742 |
| 双鸭山-佳木斯 | 1.111 | 0.726 | 0.454 | 0.360 | 0.437 |
| 双鸭山-牡丹江 | 0.971 | 1.147 | 0.296 | 0.256 | 0.309 |
| 七台河-佳木斯 | 2.045 | 0.656 | 1.248 | 0.990 | 0.588 |
| 七台河-牡丹江 | 1.786 | 1.037 | 0.814 | 0.704 | 0.416 |
| 佳木斯-牡丹江 | 0.874 | 1.581 | 0.652 | 0.711 | 0.708 |

表 2.7　2019 年第三产业增加值贡献度

| 产业 | 鸡西 | 鹤岗 | 双鸭山 | 佳木斯 | 七台河 | 牡丹江 |
|---|---|---|---|---|---|---|
| 交通运输、仓储和邮政业 | −1.203 | 0.121 | −0.090 | 0.367 | 0.320 | 0.041 |
| 批发和零售业 | −1.743 | −0.059 | 0.243 | 0.339 | 0.728 | 0.579 |
| 住宿和餐饮业 | −0.595 | −0.065 | 0.237 | 0.104 | 0.041 | 0.070 |
| 金融业 | 0.473 | 0.230 | 0.805 | 0.044 | 0.018 | −0.035 |
| 房地产业 | 0.027 | 0.245 | −0.078 | 0.058 | 0.290 | 0.040 |

数据来源:2020 年《黑龙江统计年鉴》

表 2.8 2019 年绝对区位商

| 产业 | 鸡西 | 鹤岗 | 双鸭山 | 佳木斯 | 七台河 | 牡丹江 |
|---|---|---|---|---|---|---|
| 交通运输、仓储和邮政业 | 0.893 | 1.006 | 1.160 | 1.155 | 0.976 | 0.904 |
| 批发和零售业 | 1.047 | 0.676 | 0.781 | 0.823 | 0.719 | 1.290 |
| 住宿和餐饮业 | 1.003 | 1.216 | 0.797 | 1.006 | 1.267 | 0.959 |
| 金融业 | 1.049 | 1.238 | 1.251 | 1.090 | 1.498 | 0.694 |
| 房地产业 | 0.945 | 1.175 | 0.989 | 1.056 | 0.757 | 0.993 |

数据来源:2020 年《黑龙江统计年鉴》

表 2.9 2019 年相对区位商

| 区域 | 交通运输、仓储和邮政业 | 批发和零售业 | 住宿和餐饮业 | 金融业 | 房地产业 |
|---|---|---|---|---|---|
| 鸡西-鹤岗 | 0.888 | 1.548 | 0.825 | 0.847 | 0.804 |
| 鸡西-双鸭山 | 0.770 | 1.341 | 1.259 | 0.838 | 0.956 |
| 鸡西-七台河 | 0.915 | 1.455 | 0.792 | 0.700 | 1.248 |
| 鸡西-佳木斯 | 0.773 | 1.271 | 0.997 | 0.962 | 0.895 |
| 鸡西-牡丹江 | 0.988 | 0.811 | 1.046 | 1.512 | 0.951 |
| 鹤岗-双鸭山 | 0.867 | 0.866 | 1.527 | 0.989 | 1.188 |
| 鹤岗-七台河 | 1.031 | 0.940 | 0.960 | 0.826 | 1.552 |
| 鹤岗-佳木斯 | 0.871 | 0.821 | 1.209 | 1.136 | 1.113 |
| 鹤岗-牡丹江 | 1.113 | 0.524 | 1.269 | 1.785 | 1.183 |
| 双鸭山-七台河 | 1.188 | 1.085 | 0.629 | 0.835 | 1.306 |
| 双鸭山-佳木斯 | 1.004 | 0.948 | 0.792 | 1.148 | 0.937 |
| 双鸭山-牡丹江 | 1.284 | 0.605 | 0.831 | 1.804 | 0.996 |
| 七台河-佳木斯 | 0.845 | 0.874 | 1.259 | 1.374 | 0.717 |
| 七台河-牡丹江 | 1.080 | 0.558 | 1.322 | 2.159 | 0.762 |
| 佳木斯-牡丹江 | 1.278 | 0.638 | 1.050 | 1.572 | 1.063 |

数据来源:2020 年《黑龙江统计年鉴》

由表 2.4 至表 2.6 可知,黑龙江省东部煤电化基地各地区第三产业的优势行业按照第三产业增加值贡献度和绝对区位商数值从高到低进行排序,鸡西为交通业、信息业、房地产业、金融业、科学研究;鹤岗为金融业、交通业、房地产业、信息业、科学研究;双鸭山为交通业、金融业、房地产业、信息业、科学研究;佳木斯为交通业、房地产业、金融业、信息业、科学研究;七台河为交通业、金融业、房地产业、信息业、科学研究;牡丹江为交通业、房地产业、信息业、金融业、科学研究。金融业是鹤岗、双鸭山和七台河的优势行业,由表 2.5 可知,双鸭山绝对区位商小于 1,说明专业化程度有待提高,鹤岗和七台河较双鸭山具有比较优势;再如交通业是六城市的优势产业,但佳木斯和鸡西的绝对区位商大于 1,具有较高的专业化,比其他城市更有优势。

由表 2.7 至表 2.9 可知,2019 年黑龙江省东部煤电化基地各地区第三产业的优势行业有所变化,鸡西为金融业,房地产业,住宿和餐饮业,交通运输、仓储和邮政业,批发和零售业;鹤岗为房地产业,金融业,交通运输、仓储和邮政业,批发和零售业,住宿和餐饮业；双鸭山为金融业，批发和零售业，住宿和餐饮业，房地产业，交通运输、仓储和邮政业；佳木斯为交通运输、仓储和邮政业，批发和零售业，住宿和餐饮业，房地产业，金融业；七台河为批发和零售业，交通运输、仓储和邮政业，房地产业，住宿和餐饮业，金融业；牡丹江为批发和零售业，住宿和餐饮业，交通运输、仓储和邮政业，房地产业，金融业。金融业是鸡西、鹤岗和双鸭山的优势行业，由表2.8可知，3个城市金融业绝对区位商均大于1，说明专业化程度高；由表2.9可知，鹤岗和双鸭山较鸡西具有比较优势。交通运输、仓储和邮政业是佳木斯、七台河和牡丹江的优势产业，但佳木斯的绝对区位商大于1，具有较高的专业化程度，比其他两个城市更有优势。

### 三、黑龙江省东部煤电化基地产业协同发展对策

黑龙江省东部煤电化基地六城市之间产业结构相似程度较高，趋同较为严重。产业结构应以科学发展观和协同理论为指导，按照"合理布局、有序发展"的原则进行调整。

**1. 发展比较优势产业**

《黑龙江省东部煤电化基地发展规划》确定了以煤电化产业为主导，冶金、新材料、装备制造、生物工程、农产品加工、现代物流和对外贸易等协调发展的产业体系。要想避免产业趋同必须打破条块分割，因此，六城市的发展思路应是从整体出发发展各自的比较优势产业。

**2. 延长煤炭产业链布局产业空间**

黑龙江省东部煤电化基地是黑龙江省煤炭资源集中区域，是传统的资源型城市群，应充分利用本区自然资源、产业基础优势，突出精深加工、龙头配套、节约循环方面的重点，有效整合发电设备、煤焦钢、煤化工等优势产业链，向煤炭产业链的上游和下游进行延伸，形成以煤炭产业链为主，带动煤电、煤化等产业快速发展的有机衔接、配套联动、互为依存的产业布局。

**3. 完善合作和考核机制**

产业协同和产业新布局与现行的地方政府考核机制形成新的矛盾体，在产业协作的过程中，本着互惠互利、合作共赢的原则建立新的合作和考核机制。新机制的宗旨是平衡地方利益、协调产业协同发展中出现的矛盾，免去地方政府后顾之忧而全身心地投入到经济建设中，加强产业协作和区域分工，将东部煤电化基地打造成黑龙江省具有优势和特色的重要经济增长区域，形成老工业基地和东部煤电化基地互补的经济格局。

## 第五节 优势产业协同发展的经验借鉴

我国的长江三角洲经济区、京津冀经济圈、西南六省区市七方协作区在优势产业协同发展方面都取得了不错的成绩。具体的经验有：大力发展高新技术产业，以高技术产业带动传统产业协同发展；促进产业结构调整；建立统一的区域经济合作组织；等等。学习和借鉴产业协同发展的经验，对于黑龙江省东部地区加快优势产业的协同发展有重要的意义。

## 一、长江三角洲经济区经验借鉴

长江三角洲经济区是由上海市、江苏省、浙江省、安徽省中的41个地级以上城市组成的区域。那里是中国经济发展最活跃、开放程度最高、创新能力最强的区域之一,在国家现代化建设大局和全方位开放格局中具有举足轻重的地位。

截至2019年底,长江三角洲地区有人口2.27亿,区域面积35.8万平方千米。2019年,长江三角洲地区的地区生产总值为23.72万亿元;常住人口城镇化率超过60%,以不到4%的国土面积,创造出我国近1/4的经济总量、1/3的进出口总额。2019年,长江三角洲区域铁路网密度达到325千米/万平方千米,是全国平均水平的2.2倍。推动长江三角洲区域一体化发展,增强长江三角洲地区创新能力和竞争能力,提高经济集聚度、区域连接性和政策协同效率,对引领全国高质量发展、建设现代化经济体系意义重大。

**1. 建立区域经济协调组织**

在1996年国务院提出"以上海为龙头带动长三角及长江流域发展"的要求下,经济区内的各市政府共同成立了经济协调组织——长江三角洲城市经济协调会,每两年开一次会,研究讨论区域经济的发展重点及分工等问题。

**2. 明确划分各城市分工**

为避免区域内产业的不正当竞争,减少产业同构造成的资源配置不合理的问题,2010年国务院通过了长江三角洲城市经济协调会制定的《长江三角洲地区区域规划》,明确划分了各城市的分工。如上海以航运、金融、信息技术、科研为重点,南京以区域性物流中心为目标,无锡打造先进制造业中心,各有侧重,各有优势。

**3. 促进产业集群化发展**

长三角区域内的产业多以产业集群化模式发展。将分工密切的产业组成本地化网络,再将工农商三大产业细分为有比较优势的建筑业、制造业、纺织业、服装业、运输业、金融业等多个领域,形成块状产业群,提高产业专业化程度。浙江省台州市工业的发展经历了从无到有的过程,现在已经形成了30多个产业集群,促进了医药化工、汽车配件、视频加工、生活用品等产业的协同发展,打造了多个全国著名品牌。

**4. 打造专业化市场**

将同类产品积聚在指定场所进行交易、流通,产品交易规模、总量的扩大促进了市场的繁荣。市场交易以消费品为中心,但同时要求物流设施的完善和生产资料的及时补充,这样就在活跃服务业的同时也促进了交通运输业、生活用品制造业、食品加工业等制造业的发展。

此外,长三角地区对国有企业不断进行改革,大力发展民营企业,使民营企业成为区域经济发展的主要推动力。民营企业加大对产品的科技投入,改造传统产业,促进产业结构优化升级,不断延长产业链条,增加产品附加值。

## 二、京津冀经济圈经验借鉴

京津冀经济圈包括北京和天津两个直辖市以及河北省的石家庄、秦皇岛、唐山、廊坊、保定、沧州、张家口、承德8个市。京津冀具有优越的地理位置、良好的经济基础和雄厚的科技实力，成为继珠三角、长三角之后的第三个经济增长极。京津冀经济圈协调发展的措施如下。

**1. 开展经济合作，签订区域发展规划**

早在20世纪80年代，京津冀地区就开始了经济合作，只不过规模较小。2015年4月30日，中共中央政治局召开会议，审议通过《京津冀协同发展规划纲要》，京津冀迎来实质发展期，三方的共同努力促进了产业的协同发展与产业链的形成，它们在产业协调发展方面呈现出了互相补充、共同促进的态势。河北省农业资源丰富，劳动力富足，传统的特色农业是地方优势产业，成为京津地区的"米袋子""菜篮子"；京津地区由于地少人多，劳动力成本高，不适宜经营传统农业进而转向现代都市休闲农业的生产，并在政府的推动下形成了农业企业—基地—科研的模式，京津以农业生产新模式以及信息技术产业为河北省农业的产业升级提供科学技术支持。京津地区工业基础好，制造业发达，河北省拥有丰富的石油、煤、铁等自然资源，地区内部的广泛合作与联系，促进了制造业与能源产业的共同发展。

**2. 根据区域内各个地区的产业优势，明确发展方向**

北京市重点发展第三产业，积极发展高新技术产业，这为天津市制造业的发展和河北省农业的发展提供了技术与智力的支持。天津市发挥制造业与港口优势，发展大运量的临港重化工业，为北京市和河北省的发展提供大型机械设备。河北省以发展重化工、农业为主，为北京市和天津市提供原材料和农产品。通过发展方向的确定，各地充分发挥了自己的比较优势，为其他地区的发展提供相应的配套服务，有利于产业链的完善，降低产业发展的同质程度，避免区域内部的无序竞争。

**3. 推进产业转移**

京津冀地区存在明显的梯度结构，河北省凭借其生产要素禀赋以及良好的工业基础，承接京津转移的劳动密集型、资本密集型产业，促进了产业结构的优化升级，提高了产业水平。例如，以2008年北京奥运会为契机，京津进行了一次产业转移，最广为人知的是将首钢这个制造业的龙头企业整体搬迁到了河北省唐山市曹妃甸。首钢的落户，实现了与唐钢的强强联合，对地方钢铁工业的整合起了推动作用，同时还带动了地方房地产、餐饮、娱乐等服务业的发展。

## 三、西南六省区市七方协作区经验借鉴

西南六省区市七方协作区包括云南省、四川省、贵州省、广西壮族自治区、西藏自治区、重庆市和成都市。其前身是1984年4月云南省、贵州省、四川省、广西壮族自治区和重庆市共同创立的四省（区）五方经济协调会，是改革开放以来我国成立较早并坚持至今的区域经济合作协调机制。该组织的成立成为西南六省区市经济发展的重要载体，在一定程度上打破了由行政区域划分造成的区域分割、地方保护主义，有利于生产要素的合理流动，实现区域内的优势互补，促进地区经济的协调发展。西南六省区市合作的成果离不开区域经济协调会的支持。经济协调会每年都会举办一次高层例会，明确会议的重

点和主题,共同商讨区域经济协调发展的大计,制定相关的产业政策推动地区各产业之间多层次、全方位的合作,组织区域内企业之间、行业之间的相互合作。西南地区自然资源丰富,原材料产业是整个地区的优势产业,如贵州的煤炭资源,四川省的钒、钛有色金属,重庆市的天然气等,其储量和开采量在全国都占有重要的地位。在经济调节会的引导下,资源的开发突破了省市行政区的限制,改变了传统单个资源、单个地区开发的形式,转变成了具有互补性的多种资源、多个地区的合作开发模式,降低了开发的成本,提高了资源生产的效益,提升了西南地区原材料产业的整体竞争力,形成了地区经济整合的优势。

与此同时,西南六省区市积极推动区域市场的建设,以促进区域产业的横向联合。以四川成都荷花池为中心,建立了全国最大的日用品消费批发市场和"西南第一粮市"的新都粮食批发市场;以重庆为中心建立了汽车和摩托车为主的机电市场;以云南为中心的烟草市场;等等,这些专业化市场的建立,促进了西南六省区市优势产业的协同发展。

### 四、对黑龙江省东部地区优势产业协同发展的启示

通过对以上优势产业协同发展的经验分析,我们发现,产业的协同发展有助于提升各产业的整体竞争力,形成产业之间相互促进的情形,这对于产业升级、资源优化配置、地区经济的发展有着十分重要的作用。科学发展观提出要实现全面协调可持续的发展,促进优势产业的协同发展也是贯彻落实科学发展观的要求。因此,黑龙江省东部地区为了使优势产业不断保持其在国民经济中的主导作用,提升黑龙江省东部地区老工业基地在国家区域经济发展中的地位,促进优势产业的协调发展,以协同促联动是十分必要的。

产业发展的主体是企业,从企业方面看,首先要加强产业集群内各企业之间的联系,互通有无,避免"聚而不集"的问题;其次要加大科技投入,改善旧工艺、旧技术,提高劳动生产率,节省成本,研发新产品。只有各部门企业不断做大做强,才能促进优势产业的协同发展。

## 第六节 黑龙江省东部煤电化经济区产业结构与布局协同发展建议

### 一、产业结构与布局总体思路

以科学发展观和协同理论为指导,以延长煤炭产业链为主攻方向,按照新型工业化的要求,合理布局、有序发展,科学、高效利用煤炭资源,增加资源储备,稳定煤炭产量,巩固煤电生产,调控焦炭产业,大力发展煤化工产业,拓展替代产业,实现全面协调可持续发展。以高新技术为引领,以循环经济为主要发展模式,以大项目建设为载体,把本区逐步建设成为以煤电化产业为主导、相关产业相互配套、煤电资源综合利用、城乡经济协调发展、生态环境更加优化的重要经济增长板块。

## 二、基本原则

### 1. 坚持统筹协调的原则

按照区域经济发展和煤电化产业集群培育的内在要求,加强区域分工协作,搞好产业布局,增强东部煤电化基地的整体竞争优势。

### 2. 坚持可持续发展的原则

坚持资源开发、节约与保护并举,大力发展循环经济,全面推广节能、环保、清洁生产工艺和技术,建立资源节约型、环境友好型和生产安全型社会,增强东部煤电化基地可持续发展能力。

### 3. 坚持合作开放的原则

充分利用国家逐步开放能源领域和支持开展国际合作的良好机遇,抓住能源市场持续趋紧的有利时机,大力改善投资环境,合作开发俄罗斯等境外资源和能源,吸引国内外大型企业集团特别是跨国企业参与煤电化基地建设。

### 4. 坚持科技创新的原则

充分发挥高新技术的引领带动作用,高标准谋划,高起点建设;用先进技术和装备改造提升传统产业,淘汰落后生产能力;用信息化手段推动产业新型化。

## 三、产业结构调整的方向

### (一)第一产业

巩固加强第一产业,深入推进绿色食品产业、主辅换位、农业产业化、农业基础设施建设4个升级,大力发展现代农业。

#### 1. 壮大绿色产业

以开展无公害食品行动计划为重点,大力发展绿色(有机)、无公害食品产业,使绿色特色产业成为拉动地方经济发展、促进农民增收的主导产业。以资源及市场需求为依托,切实建设绿色生态环境,培育绿色食品基地,扶持绿色食品龙头企业发展,全面加快绿色食品加工业发展速度。重点培养发展龙头企业,提高绿色食品质量和档次。增加宣传力度,提高市场占有率。不断扩大A级以上绿色标志的绿色食品品种。发展色拉油、豆奶、玉米淀粉、婴幼儿膏状食品等市场需求量大的产品。开发以玉米、大豆、小麦、肉类、水果、山珍产品为原料的系列深加工绿色食品。大力开发绿色大米、绿色珍禽、绿色蔬菜等前景广阔、竞争力强和效益好的绿色食品。

#### 2. 大力发展畜牧业

抓住乡村振兴的有利契机,以发展畜牧业规模养殖为切入点,继续实施"牛经济推进工程""奶业振兴计划""生猪产业推进计划",加大养殖结构和品种结构的调整力度,做到良种引进和品种改良、规模饲养、加工转化、专业协会、市场营销等一体规划、一体推进、一体发展。

#### 3. 发展水产养殖和设施种植业

矿区由于多年的开采,会形成大量的塌陷地,而利用这些塌陷区可以发展水产养殖业、花卉业等。安徽省淮北市,在煤炭开采过程中累计形成了22万亩的塌陷地,通过对塌陷地进行治理形成了规模可观的鱼塘,利用鱼塘发展水产养殖已具有一定规模。山东省枣庄市利用沿湖、沿运、"两矿"塌陷区,对凹陷地开挖改造,共新建池塘1 200亩,养殖了鲤鱼、鲫鱼、黄颡鱼等品种。山东省济宁市利用采煤塌陷地开发鱼塘8万亩,年产量3万吨,产值4亿元。江苏省徐州市开发治理采煤塌陷地面积19.52万亩,科学地选择了采煤塌陷地农业综合开发的模式:对土壤渗水严重区采用挖塘养殖、挖沟抬田、煤矸石回填作为建设用地等;对塌陷深度不大、积水面积不多的地区进行开沟排水、挖塘抬田、平整坡地、恢复利用土地,土地多用于进行粮经(林)生产和水产种养殖等。

另外也可以在塌陷区发展设施种植业,种植经济价值较高的中草药、花卉及一些反季节蔬菜、特菜等。河南省的焦作市利用采煤塌陷地发展花卉业已取得良好的经济效益。江苏省徐州市在采煤塌陷区计划发展中药材种植0.7万亩。

**4. 发展食用菌产业**

改革开放后,我国食用菌产业特别是香菇产业迅猛发展,推动了世界食用菌的多元化发展,我国迅速成为食用菌生产和出口第一大国。食用菌产值在种植业中仅次于粮、棉、油、果、蔬,居第六位,成为我国农业经济的重要产业。食用菌可充分利用时间和空间,周年生产。山坡、沙地、房前屋后、储物间、山洞(防空洞)、大田等地均可种植。可套种、串袋(吊袋)栽培,也可立体栽培。冬天适当加温,夏天适时降温,可周年生产,四季出菇。我国反季节食用菌生产与珍稀食用菌生产目前已成为行业发展的重点,且逐步向多品种周年化生产方向发展。反季节食用菌的栽培在我国华北、西北、东北、华中等区域容易推广,主要是温度适宜,特别是海拔500米以上至1 000米地区尤其适宜。另外,食用菌栽培需要一定的技术水平,适于发挥下岗工人文化水平相对较高、易于培训的优势。

煤矿、有色金属等矿区在挖掘过程中形成的山洞、坑道等冬暖夏凉,稍加改造就可成为理想的食用菌生产场地,有矿区的城市可以因地制宜地利用矿区一些通风好、温度适宜的山洞、坑道进行经济价值较高的反季节食用菌生产与珍稀食用菌生产。

**5. 加快农业产业化经营步伐**

要依托资源优势,围绕农产品加工增值,培植一批知名企业和大企业,带动地区大豆、玉米等优势产业的发展壮大,进一步建立以粮、油、烟、糖等多种主导产业为支柱的农业产业化新格局。

**(二)第二产业**

**1. 发展思路**

加快改革和发展速度,走可持续发展道路。通过关闭淘汰浪费资源、技术落后、质量低劣、污染严重和没有安全生产保障的小煤矿,改造和新建一批高产高效、安全的现代化矿井,大力调整煤炭生产结构和技术结构;通过推广综合开发、综合利用、煤炭深加工和洁净煤技术,保护环境,发展非煤产业,加速开发和推广应用洁净煤技术;通过加快矿井技术改造,全面提高单井规模和正规办矿水平以及煤矿技术安全生产装备水平。同时,努力提高煤炭行业的技术创新水平,加速科技成果转化,全面提高煤炭行业人员整体素质。

坚持以煤为主,煤电化一体化发展,把延伸煤炭产业链作为主攻方向,加快煤电基地建设和加大煤炭转换力度,推进煤炭工业结构的调整,积极贯彻可持续发展理念,力求做到经济建设和环境保护协调发展,建设循环经济型的集采煤、发电、化工、冶炼、气体回收、炉渣利用为一体的煤电化生态工业基地。重点是依托煤炭资源优势,做大做强煤炭开采、煤电、煤化工产业,促进煤电化协调发展,通过产业链的纵向延伸、横向拓展和就地循环,逐步形成横向成群、纵向成链的产业集群。

### 2. 主要目标

(1)实现煤炭高质量稳定供应,供需总量基本平衡。适时建设一批大型煤矿项目,淘汰生产能力落后项目。

(2)基本形成以大型煤炭企业集团为主体、中小煤矿协调发展的格局。加快建设大型煤炭企业集团,基本完成对小煤矿整合、改造和重组。

(3)提高煤矿生产技术水平和资源回采率。大、中型煤矿采煤机械化程度分别达到95%、80%以上,小型煤矿机械化和半机械化程度达到30%以上,煤矿资源回采率达到40%以上。

(4)煤矿安全生产水平明显提高。煤矿安全基础条件有较大改善,瓦斯得到有效治理,重特大事故得到有效遏制。

(5)矿区生态环境恶化趋势得到控制。煤矸石和煤泥利用率达到75%以上,煤矿瓦斯抽放利用率达到30%以上,矿井水利用率达到60%以上,采煤区沉陷治理取得明显成效。

### 3. 具体措施

(1)加强煤炭资源开发规划和管理。

要搞好统筹规划,依法科学划定煤炭资源国家规划矿区,加强煤炭资源勘探,提高地质勘探精度,增强煤炭资源保障能力。完善资源管理和生产开发制度,改进管理方式,实现由粗放开发型管理向科学合理开发、保护节约型管理的转变,要完善矿业权有偿取得制度,建立严格的煤炭资源利用监管制度,对煤炭资源回采率实行年度核查、动态监管,进一步整顿资源开发秩序,严禁擅自开办煤矿、私挖乱采,实现合理有序开发。

(2)强化煤矿安全生产保障。

要把煤矿安全生产始终放在煤炭工业各项工作的首位,把发展建立在煤矿安全状况不断改善、职业安全健康水平不断提高的基础之上。进一步落实安全生产责任,强化企业安全生产责任主体,落实法定代表人作为安全生产第一责任人的责任,严格执行煤矿领导干部下井带班作业制度,构建安全生产自我约束长效机制。完善煤矿安全监管体制,提高监察的权威性和有效性,强化煤矿安全执法检查。加大对煤矿安全的投入,按照企业负责、政府支持的原则,完善中央、地方和企业共同增加投入的机制。加强煤矿瓦斯治理,加快煤层气开发,提高瓦斯防治技术水平。强化职工安全培训,提高煤矿职工队伍素质,特种作业人员必须持证上岗,依法为职工办理工伤保险。消除煤矿安全隐患,坚决遏制重特大事故的发生。

(3)提升煤炭科技创新能力和装备技术水平。

围绕资源勘探、煤矿生产、煤矿安全、煤炭加工、环境治理、装备研发等方面,开展科技攻关,提高煤炭科技的原始创新、集成创新和引进消化吸收再创新能力。通过引进消化吸收、合作制造等多种形式,提高煤炭重大技术装备研发和制造水平。采用高新技术和先进适用技术,加快高产高效矿井建设,淘汰落后的技术装备和工艺,提高煤矿装备现代化、系统自动化、管理信息化水平。企业应通过加强与省内外大专院校、科研院所联系合作等途径,开展技术改造、科技攻关,开发新产品,促进企业上规模、增品种,使科技成果转化为现实生产力,实现富民强市新跨越,创造更加灿烂的明天。

(4)走工业化、现代化之路,提高煤炭行业规模水平。

黑龙江省煤炭产业要发挥资源优势,就必须走集约化、规模化经营之路。地方煤矿要继续加强横向联合改造、实施集约化管理,提高整体经济能力。整合地方小煤矿,加速实现集约化、规模化生产格局。学习国内外新技术,采用先进技术改造传统煤炭工业,促进煤炭工业技术革新。争取国家信贷支持,加强现有矿井技术改造,实现矿井高产高效。

(5)实施多元化发展,延伸煤炭产业链条。

黑龙江省具有以煤炭为主体的多元资源体系,特别是煤炭储量丰富、煤种齐全、煤质优良,有较为完整的产业基础,拥有建设能源工业基地的先天优势。进行经济转型和结构调整,首先要做足煤的文章。要进一步实现经济增长方式由粗放型向集约型转变,提高煤炭洗选能力,压缩原煤消耗及销售,从煤转电、煤转油、煤转焦、煤转气、煤转型"五转"上寻求新的经济增长点。跟踪国内外先进技术,采用先进成熟技术,延伸煤—焦化—焦油深加工、褐煤—气化—甲醇—下游产品、煤—液化—油、煤制合成氨—精细化工、煤炉气—乙烯—甲烷等产业链。发展煤电联营,建设高效、优质、清洁的大型坑口电站。坚持电源与电网共同发展、同步建设。支持采用洁净煤燃烧技术,建设大型坑口电站,鼓励热电联产、综合利用发电和生物质发电。

(6)推进煤炭资源综合利用和环境治理。

按照建设资源节约型、环境友好型社会的要求,大力发展循环经济。积极推进洁净煤技术和产业化发展,提高煤炭洗选加工程度,稳步实施煤炭液化、气化工程。开展煤矸石、煤泥、煤层气、矿井水以及与煤共伴生资源的综合开发与利用。积极支持以煤矸石、粉煤灰为原料加工新型建材项目的开发,发展高科技含量、高附加值的煤矸石、粉煤灰综合利用技术和产品。加强矿区生态环境和水资源保护、废弃物和采煤沉陷区治理,研究建立矿区生态环境恢复补偿机制。

(三)第三产业

第三产业是衡量经济社会发展水平的重要标志,随着人类文明程度的提高,其地位和作用越来越重要,已成为推动经济发展的主要力量,第三产业发展的速度和质量直接关系到城市经济社会的又好又快发展。

要努力实现"三二一"的现代产业模式,使第三产业的产值比重不断上升,巩固商贸业和交通、邮电通信业的支柱地位,大力发展旅游业和现代物流业以及外向型经济是第三产业发展的方向。

**1. 旅游业**

旅游业需求潜力大,带动力强,是21世纪国民经济的支柱产业。黑龙江省旅游资源可谓十分丰富,在特色旅游上大有可为。经过多年努力,黑龙江省旅游业初具规模。以中国·哈尔滨冰雪大世界、亚布力滑雪旅游度假区、雪乡旅游风景区、中国北极村等为代表的"冰爽冬季"和以五大连池、镜泊湖、伊春大森林、黑龙江省扎龙国家级自然保护区等为代表的"凉爽夏季"两大旅游品牌日趋成熟,知名度不断提升。黑龙江省还要不断完善生态休闲、户外运动、自驾探险、健康养生、乡村民俗等旅游业态和产品,让"凉爽"更爽。与此同时,推动冰雪赛事、冰雪文化、冰雪培训、冰雪节庆、冰雪娱乐等全产业链发展,让"冰爽"更爽。

### 2. 现代物流业

现代物流业是现代商业的重要标志,代表着一个国家、地区或一个城市流通产业的发展水平,已在全球范围内迅速成长为一个充满生机并具有极大发展潜力的新兴产业。发展物流业,有助于促进产业结构调整,提升企业核心竞争力,提高工业化水平,所以应把物流业作为发展的主导产业。

黑龙江省具有发展物流的比较优势。在农业方面,作为全国重要的粮食和经济作物生产基地,农业和农业产业化的发展迅速,形成了大量农产品和农资产品的流通,产生了巨大的物流需求。在工业方面,以机械制造业、煤电产业、绿色食品、医药工业四大产业基地为主导的工业体系基本形成。随着工业的迅速发展,工业产品的对内对外流动进一步扩大了工业物流市场。在商贸方面,对俄贸易稳步增长,伴随着商贸形成了巨大的物流需求,形成了广阔的商贸物流市场空间。交通基础设施日趋完善,综合交通运输网络已经形成,为发展现代物流业提供了便利的交通基础设施条件。

### 3. 大力发展外向型经济

随着我国加入世贸组织,对外开放也进入新的阶段。黑龙江省各资源型城市要抓住机遇,提高企业竞争能力,以国内国际两个市场为导向,以对俄经贸合作为重点,积极利用外资,加强国际经济技术合作与交流,形成全方位、多层次、宽领域的对外开放格局。一是多渠道招商引资。坚持以资源换项目、以产权换资金、以存量换增量,采取多种形式招商引资。二是努力提高外贸水平。加快出口产品结构调整,增加对原材料型和劳动密集型出口产品的深度加工。进一步扩大对俄边境贸易,健全和完善境外、沿边和市域3个层面既各具特色,又相互依托、相互牵动的市场网络,积极辟建对俄贸易区。使全市外向型经济形成六大产业体系:以生产精细果菜和大米为重点,培育面向俄罗斯市场的产、加、储、运、销一条龙的农副产品产业体系;以进口木材为重点,培育进口原料加工出口的产业体系;以辟建中俄边民互市贸易区和对接比金自由经济区为重点,培育民贸和旅贸产业体系;以劳务输出为重点,培育对外经济技术合作产业体系;以边境购物旅游为重点,培育出入境旅游产业体系。巩固和扩大对俄罗斯、韩国、东南亚的出口份额,努力开拓其他国家和地区市场。要重视发展技术贸易,大力发展旅游、物流、信息等服务贸易。三是不断完善贸易设施,加强出口基地建设。

## 四、保障措施

建立由省直有关部门、牡丹江市、佳木斯市、鸡西市、七台河市、双鸭山市、鹤岗市和龙煤集团参加的东部煤电化经济区建设联席会议制度,逐步形成协调和促进煤电化经济区建设的合作机制,推进各类资源更大范围、更高层次的整合,研究解决开发建设中的有关问题。

(一)强化节能减排工作

严格执行国家产业政策,以提高煤炭资源利用效率为核心,研究煤电化经济区节能减排指标体系和煤电、煤化工项目节能方案。鼓励和支持有利于节约资源、保护环境、促进产业结构优化升级的关键技术、装备及产品开发,坚决取缔污染环境、浪费资源、质量低劣、安全无保证的小煤炭、小焦炭、小水泥、小冶金等企业。

(二)培育技术创新能力

技术创新是产业结构优化升级的直接动力,是产业结构调整需要考虑的首要因素。一是支持大、中型企业建立开发机构,努力吸纳科研单位和科技人员进入企业,或与大专院校、科研单位建立开放、稳定的合作关系。建立企业为主体,高等院校、科研单位为依托的技术创新体系,大力发展产学研联合。二是建立健全有利于技术创新的运行机制、激励机制和竞争机制,增强企业应用高新技术和先进技术成果的能力。三是抓好引进技术的消化吸收和科技成果的推广应用,提高科技成果的转化率和在经济增长中的比重。四是加大对高新技术企业服务机构的扶持力度,完善服务功能,加快高新技术成果转化和推进科技成果产业化进程。

(三)拓展融资渠道,多方筹措建设资金

培育资本市场,拓展直接融资渠道。加强与国家开发银行等政策性银行、国有及国有控股银行和股份制银行的沟通与合作,为东部煤电化经济区建设提供金融支持。建立完善中小企业担保和风险投资机制,广泛吸收各种资金和民间资本参与东部煤电化经济区建设。对新建的中省级国有及国有控股的石油、石化、电力、有色金属四部门企业实现的增值税,省留成部分与市县五五分成;对改扩建的中省级国有及国有控股的石油、石化、电力、有色金属四部门企业实现的增值税,以上年为基数,超基数增收部分实行省与市县五五分成;对开发利用煤化工园区范围内土地的,需缴纳新增建设用地有偿使用费的,除上缴中央30%部分外,省级所得70%部分全部返还地方财政,按国家政策规定用途使用。对从省外、国外引进并建成投产的固定资产投资总额1亿元以上的项目(煤炭开采项目除外),由省级财政按引进固定资产投资总额的5‰对引进项目的地方政府给予一次性奖励;鼓励支持地处煤电化经济区外其他市县的招商引资项目在经济区内注册登记,实现的地方级税收可由原引进项目的市县与税收缴库所在地双方进行分成。省级财政依据双方政府签署的协议和企业税收实际入库数进行结算。鼓励金融机构在煤电化基地设立分支机构或金融服务部,对符合贷款条件的企业、项目提供快捷便利的信贷、结算等金融服务;省级政府出资的担保机构要对符合信贷担保条件的企业优先给予担保支持;省政策性担保机构对基地内各市的政策性担保机构实施再担保,增强其信贷担保能力;对符合国家规定的债券发行条件的企业,各级政府要创造条件,积极向国家申报发行企业债券,拓宽企业直接融资渠道。

## （四）发挥人才集聚效应

如果科技创新是产业结构优化升级的直接动力，那么人才则是产业结构调整的动力源泉。人才是决定一个国家或地区兴衰的关键，21世纪是人才争夺的世纪，国家与国家之间、地区与地区之间都在争夺人才。因此要吸引和稳定人才，努力增加人才总规模，培养或引进掌握先进科学技术和管理知识、创新能力强、适应经济和社会发展需要的各种专业人才队伍和企业经营管理队伍。

此外，要特别重视企业家队伍建设。企业家队伍的水平决定着产业的经济效益，进而决定着产业结构调整的成败。企业没有好的决策者和带头人，好的项目也会失败。为此，要培养一支具有企业家才能的高级管理人才队伍，这是产业结构调整的关键。

东部煤电化经济区建设还需要大量的中高层管理和专业技术、技能等人才。要进一步加强与省内外高校和科研院所的合作，发挥好高校科技创新源、人才库作用，为经济区发展提供科技和人才支撑。支持煤电化基地企业与中省直科研机构、高等院校联合创办工程（技术）研究中心、研发中心、重点实验室、博士后科研工作站和博士后产业基地等科技创新平台和中试基地；携带科技成果、专利进入园区创办企业、实施产业化的单位和个人，可优先获得省高新技术产业专项资金支持。需要对成果做进一步研发的，可优先获得省科技攻关计划的支持；经认定的国有独资高新技术企业在实施公司制改制时，经出资人认可，可将前3年国有净资产增值中（不包括房地产增值部分）不高于35%的部分作为股份，奖励有突出贡献的科技人员和经营管理人员；经认定的高新技术企业和生产高新技术产品的企业可以期股、期权或技术分红等形式奖励有突出贡献的科技人员和经营管理人员。技术分红享受者可将技术分红作为出资，按照规定的价格购买公司股权，并依法办理股权登记手续。单位职务科研成果以股权投入方式实施转化的，成果完成人可享有该项目成果所占股份70%的股权；以技术转让方式实施转化的，成果完成人可享有不低于转让所得的税后净收入20%的收益；自行实施转化或以合作方式实施转化的，在项目盈利后3至5年内，每年可从实施该项成果的税后净利润中提取不低于10%的比例，用于奖励成果完成人。

加强人才培养，将煤炭行业有关专业纳入技能紧缺型人才培养、培训计划。通过设立煤炭专业奖学金、减免学费等措施，鼓励学生报考煤炭专业，引导有关大专院校和中等职业学校按照煤炭行业市场需求调整专业设置。对企业选派专门人才到国内外高等院校、科研机构或跨国公司培训深造单独给予资助；高校、科研院所等的科技人员到园区创办科技企业或工作，经批准3年内可在原单位保留人事关系。自愿脱离高校、科研机构等到煤电化经济区创办高新技术企业的人员，可按相关规定参加基本养老保险，以前国家承认的连续工龄视同缴费年限。高校在校生到煤电化经济区创办民营科技企业，经批准可保留学籍3年。

## （五）加强资源开发与保护

积极争取国家投资，完成煤炭资源的找煤、普查和必要的详查，增强煤电化经济区煤炭资源保障能力；办理探矿权、采矿权涉及林区、垦区时，请求政府主管部门帮助协调；在资源枯竭矿区周边和深部开展矿产资源勘查,增加后备储量,减缓产量递减;加强对煤炭资源的规划管理,实现由粗放开发型管理向科学合理开发、保护节约型管理的转变,对焦煤等特殊和稀缺煤种实行保护性开发。

(六)加强生态环境建设

产业结构调整要实施可持续发展理念,促进生态环境与经济和社会的协调发展,为各次产业项目提供良好的发展空间。因此,在产业结构调整中,要坚持污染防治和生态保护并重,坚持经济建设与环境建设同步,坚持资源开发和保护开采、优化利用并举。

在产业结构调整的过程中,要根据资源优化配置和有效利用原则,严格限制和禁止能源消耗高、资源浪费大、污染严重的企业的发展,减少环境污染和破坏,为经济提供一个良好的发展空间。

# 第三章 黑龙江省资源型城市的生态环境保护研究

## 第一节 资源型城市生态环境保护概述

### 一、研究背景

中华人民共和国成立以来,在大规模推进工业化的进程中,一大批资源型城市伴随着资源的大规模开发而相继兴起。这些资源型城市产业结构单一,经过多年的高强度开发资源储备逐渐枯竭,开采成本不断上升,竞争力严重削弱。特别是长期以来以"高投入、低效率、高污染"为代价的传统生产模式,导致这些城市资源枯竭、环境污染和生态破坏。由于受历史时期的限制,人们对资源型城市环境问题的认识不够充分,加上技术发展水平的限制,资源型城市的环境治理"欠账"普遍较多,生态破坏加剧、环境污染严重等问题严重制约着这些城市的转型和可持续发展。近年来,党中央提出加快建设社会主义和谐社会,尽快建立资源节约型、环境友好型社会,把人与自然的和谐发展和生态环境保护提高到极端重要的位置。同时,随着人民群众环境意识进一步增强,生态环境问题已经越来越成为人们关注的焦点。加快生态修复、加大环保治理力度,已经成为当前一项紧迫的任务。

### 二、研究意义

资源型城市是因当地的资源开发而形成、发展,并且其资源型产业在当地经济结构中占有重要地位的城市。由于对当地的资源具有特殊的依赖性以及受资源储量约束和资源可耗竭性的影响,资源型城市从形成直至发展表现出不同于一般意义上的城市的独特发展特点与规律。

生态环境问题已经越来越成为人们关注的焦点,实现资源型城市生态环境的和谐发展,以便促进经济更好发展,已成为黑龙江省资源型城市需要解决的首要问题。因此从资源型城市所面临的环境与生态的危机入手,按照可持续发展的思想,探讨实现资源型城市经济与环境协调发展的政策、措施和建议,可以帮助黑龙江省资源型城市尽早、尽快摆脱传统发展模式所遗留的大量经济和环境问题,使其逐步发展成为综合程度较高的资源型城市。

## （一）有利于资源型城市实现生态经济系统稳定

资源型城市不论在过去还是将来,对于我国的城市化进程和社会经济建设都是关键因素。该类城市在长期传统经济开发观念的影响下,生态与经济已经严重失衡,环境恶化、居民生活质量及健康状况下降是最为显著的表征。因此必须在生态经济学的指导下,实现生态经济系统中各种能量交换的有效性和均衡性。在充分考虑生态承载力范围的前提下,实现社会经济又好又快的发展,减轻环境负荷以及支柱资源企业的经济压力,实现生态经济系统的动态稳定。

## （二）有利于资源型城市实现可持续发展

资源型城市的永续快速发展务必要摒弃传统开发观念及传统经济学的限制,要根据城市特有的生态经济系统的结构及特点,参照生态经济学的相关理论,维持生态价值与经济价值在资源开发利用过程中的动态平衡,实现社会与自然的协调有序发展,缓和经济发展与生态保护的尖锐冲突。

## （三）为其他类型城市持续发展提供参考

生态经济系统的普遍性告诉我们各种类型的城市若要实现持续发展都必须协调人与自然的关系,人类的任何社会经济行为都必须考虑生态环境的承载力范围。因此该研究对于各类城市的可持续发展具有普遍借鉴意义,即本章的研究结果对于其他类型城市的可持续发展具有一定的适应性和参考价值。

## 三、国内外研究状况

### （一）国外研究概况

早在20世纪30年代,部分国家开始对资源型城市进行了初步探索和研究。至今,西方学者对资源型城市进行了大量的研究,积累了深厚经验。相比于欧洲,加拿大、美国、澳大利亚对于资源型城市的研究成果相对较多。欧洲国家中,英国有少量专家对资源型城市进行研究。加拿大学者研究成果显著,其地理学家英尼斯早在20世纪30年代初便对资源型城市进行了开创性的研究。20世纪60年代,众多学者开始对资源型城市进行较为系统的研究,代表人物有鲁卡斯、布莱德利和马什、欧费奇力格、霍顿、巴恩斯。由于人口和地理环境限制,加拿大、澳大利亚和美国的城市规模较小,基本上可以等同为城镇。因此他们的研究对象实际上为资源型城镇或者称之为资源型社区,也有的学者称之为工矿城镇。部分学者还对单一型工业城镇进行了首创研究。

其中,加拿大学者鲁宾逊于1962年对加拿大资源型城镇进行了较为系统的全面评估;赛门思于20世纪70年代中期从以人为本的角度提出资源型城镇要通过系统规划来提高居民生存和生活质量;卢卡斯详尽地阐述了单一型工业城镇的居民生活状况和工作模式。

近年来,东欧和北美的生态和环境工作者一直在进行被工业污染或破坏土地的恢复和重建研究。以生态学原理、系统动力学方法、生物学和生物工程技术、生态管理等为手段,主要的研究内容包括:人类早期在矿区活动历史对景观生态的危害;工业污染对湖泊危害历史和程度的测定方法;以地衣监测空气质量,作为改善空气质量的灵敏度指示剂;工业废弃地采用绿化工程;工业土地综合管理和逐步恢复;工业景观下游区的管理;将工业区重新建成稳定生态系统等。

### (二)国内研究动态

国内关于资源型城市生态环境的研究较多:张秀生、陈先勇从资源型城市所面临的环境与生态的危机入手,按照可持续发展的思想,探讨实现资源型城市经济与环境协调发展的政策、措施和建议。韦朝阳等总结了煤矿开发对生态环境破坏的总体状况,指出了我国煤矿区生态环境的特征,并从生态环境规划、法制管理、整治措施、应用基础研究等方面对我国当前煤矿区生态环境整治工作中存在的问题进行了全面的分析并提出综合整治的对策。何书金、焦华富、王仰麟等对煤矿区土地复垦进行了系统的研究,总结了土地复垦的基本模式,分析了土地复垦过程中存在的主要问题,并提出了可持续利用的对策。

生态的不安全,环境质量的下降,影响了城市的形象,极大地削弱了对外资的吸引力。我国对采煤塌陷区的研究较为集中,方创琳、毛汉英对两淮地区采煤塌陷地动态演变规律进行了系统研究,并对由土地塌陷衍生出的一系列生态环境问题及深层次的社会经济矛盾进行了分析,提出了相应的综合整治措施。陈龙乾、郭达志对采煤塌陷地状况进行了现状分析和趋势预测,指出采煤塌陷不仅使大面积农田被毁,造成生态失衡,而且给当地工农业生产及社会和生态环境方面带来一系列严重问题,并从宏观和微观的角度,全方位提出了采煤塌陷地的综合治理途径。李文君等通过对环境影响机制的分析,认为产业结构的升级和优化是协调经济发展和环境保护的根本途径和长期任务。煤炭城市除了一般城市所具有的"三废"污染外,还存在一些特有的生态环境问题,其中地面塌陷严重是所有煤炭城市面临的一个共性问题。

整体而言,在研究的内容上,多数文献的研究成果仅注重对资源型城市生态环境存在的问题进行简单的分析,资源型城市生态环境可持续发展评价模型还存在一定的缺陷和不成熟;在研究方法上,现有的研究成果多为定性的文字性描述,缺乏更为系统和严密的实证分析与论证;在对策建议方面,最后得出的结论均过于笼统抑或仍停留在某一层面,而少有具体建议或升华,缺乏系统性。总之,资源型城市生态环境可持续发展所面对的是一项社会系统工程,实践性非常强,必须着眼于资源城市整体的发展机制和规律的探讨,这是解决问题的关键所在。

## 第二节 资源型城市生态环境相关理论

一般来说,生态环境是影响人类生存和发展的一切外界环境条件的总体,它包括自然的和人类改变了的环境。从生态角度看,作为人类聚居地的城市,是经济和社会活动最集中的场所,是一类典型的社会—经济—自然复合生态系统,特定城市区域中,城市居民与城市环境的统一体以及这个统一体中进行物质、能量流动的因素,称为城市生态环境。它是一个不断发展的多层次的巨系统,由城市居民以及与城市居民生产、生活有关的各种要素组成,可概括为自然环境、经济环境、社会环境三大部分。因而本书所涉及的城市生态环境不仅局限于自然生态环境,它包括自然生态环境、经济生态环境、社会生态环境。

城市生态环境可持续发展是自然生态环境、经济生态环境、社会生态环境的协调发展。自然生态环境可持续是系统可持续发展的基础保证,经济生态环境可持续是系统可持续发展的前提条件,社会生态环境可持续是系统可持续发展的目的。三者结合,同时并进,即建立起城市生态环境的可持续发展。

可持续发展资源型城市的建设,要特别重视资源环境因素在城市建设中所起的关键性作用,同时又要遵循"既满足当代人需求,又不对后代人满足其需求的能力构成危害"的可持续发展基本原则。针对城市而言,可持续发展需要协调好经济发展与资源环境二者之间的关系。一般来说,持续的经济增长和发展与资源环境的支撑有着密切的关系。在城市资源环境与经济二者协调发展下的可持续发展理论框架当中,我们要把资源环境作为经济社会发展的基础要件,不能把它们当作经济发展过程中的简单外生变量。城市资源环境和经济发展二者关系密切,且有互动关系。如果二者在城市化进程中相互促进、相互协调,城市各系统将会呈现良性循环和实现可持续发展;如不然,则有可能危及整个城市系统的正常运行,从而导致恶性循环和不可持续性发展。从系统论的角度研究,资源环境与经济二者构成的城市系统的平衡是相对和短暂的,但城市系统的失衡必须控制在城市本身所具备的生态自净能力范围以内,只有这样才能保证城市的可持续发展,如不然则会对经济和社会构成很大的威胁。

## 一、城市化的资源环境效应

资源要素是城市发展所需的重要因素,一个城市所拥有的资源总量在某种程度上决定了该城市的发展规模,而资源的分布状况对区域空间的拓展方向也能产生一定的引导作用。所以,城市区域空间发展的速度及方式应与该城市的生态环境协调起来,以实现对短缺资源的集约化利用。

### (一)城市化对资源环境造成的正面效应

正面效应主要体现在城市化进程中,人类对资源环境的集约化利用和污染集中化治理等积极方面。从一定程度上来讲,城市化就是一种集约化的发展方式,城市之所以得以兴起和发展,根本在于其本身所具有的集聚效应和规模效应。所以,实现规模化经济,既提高了资源配置效率,同时也降低了人类社会的发展成本。城市化进程能从一定程度上对提高资源利用率和污染的治理效果有积极的促进作用。虽然城市化发展难免会对周边的自然资源进行占有甚至大肆消耗,但是如果能从区域发展的背景去思考问题,相信很容易得出这样的结论,即城市化这种集约化发展模式,相对于分散发展模式而言,它的经济规模所需消耗的资源相对要少些。城市化进程中,通过与生俱来的集聚效应和规模效应,它能做到更合理、更高效地调配资源,大力提高资源利用率,最终利于缓解资源的稀缺性;另外,在人类生产中,还可以改进生产管理理念和生产的技术手段,达到实现资源循环使用和污染集中治理的目的,最终能节约污染治理成本,增强人工净化的能力,以缓解经济发展对生态环境施加的压力。

城市化过程中所出现的这一系列正面效应,对经济发展与资源环境的协调发展有积极作用。城市化中,人类可以采取一系列的积极手段对资源消耗和污染排放总量进行适当控制,从而改善和增强资源环境的生态服务功能,比如环保资金投入和清洁技术的推广运用等。因为如果要对污染进行有效防治和进行生态建设需要大量投入和尖端技术,所以它只能依靠经济技术的大力发展才能得以最终解决。等到城市化进展到一定的阶段,城市本身具备了强大的环保综合能力,而且具备一定规模的环保投资,环境污染就能得到集中治理,这样便能实现城市经济效益、社会效益与资源环境效益在城市化进程中的高效统一。

### (二)城市化对资源环境造成的负面效应

在城市化发展的过程中,不管是城市化人口的急剧增加、空间的迅速扩张,还是人们经济和生活水平的大幅度提升,都在不同程度上表明了城市对资源需求的大量增长,这就表示要加大对土地、水、能源、矿产等自然资源的开发利用力度,除此之外还要扩大资源使用规模,因此导致人类对自然资源过度掠夺和损耗。与此同时,因人类大量的生产活动需要向环境中排放更多的废弃物,会直接导致生态环境的进一步恶化,致使自然环境本身能向人类提供的生态服务减少。我们通常将这一过程中人类对自然资源的大肆利用和污染物的排放所造成的资源环境容量和承载力下降称为资源环境消耗。城市化过程中对资源要素的利用和损耗具有不可逆性,同时对环境要素的损害也具有累积性。城市化发展水平往往与其对资源环境的索取和对资源环境施加的压力成正比。但因为资源环境的容量有限,人类对资源环境的无止境消耗以及生态环境的不断恶化,严重降低了资源环境要素的支撑力和人类居住环境的舒适度以及投资环境的竞争力,反而在一定程度上阻碍了城市化的进程。这就能解释为什么城市化水平不会无限制提高,而且在城市化后期还可能出现"逆城市化"现象。

## 二、生态环境建设的理论基础

生态环境建设是以生态学原理、可持续发展理论及生态经济学理论为基础,应用系统科学、环境科学等多学科手段辨识、模拟和设计复合生态系统内的各种生态关系,确定资源开发和利用的适宜度,探讨改善系统结构与功能的生态对策,促进人与环境协调、持续发展的规划过程。

### (一)可持续发展理论

1987年,联合国世界环境与发展世界委员会在《我们共同的未来》一书中将"可持续发展"定义为:"既满足当代人的需求,又不对后代满足其需要的能力构成危害的发展。"1992年,联合国环境与发展大会通过的《21世纪议程》中明确指出,可持续发展是改变单纯的经济增长、忽略生态环境保护的传统发展模式,由资源型经济过渡到技术型经济,综合考虑经济、社会、资源、生态和环境效益。可持续发展是一个综合性很强的概念,它渗透到了自然科学和社会科学的诸多领域。其基本内涵如下:

（1）可持续发展不否定经济增长，尤其是不发达国家的经济增长，但需要重新审视如何推动和实现经济增长。

（2）可持续发展要求以自然资源为基础，同环境承载力相协调。

（3）可持续发展以提高生活质量为目标，同社会进步相适应。

（4）可持续发展承认并要求社会体现出自然资源的价值，这种价值不仅体现在对经济系统的支撑的服务价值上，也体现在对生命支撑系统的存在价值。

（5）可持续发展的实施以适宜的政策和法律体系为条件，强调"综合决策"和"公众参与"。

可持续发展本质上是要实现人与自然、人与人之间的协调与和谐，在资源永续利用和环境得以保护的前提下实现经济与社会的可持续发展。可持续发展是一种关于人类社会长期发展的模式，它不是一般意义上的一个发展进程在时间上的连续运行，而是特别强调环境和资源的长期承载能力对发展进程的重要性以及发展对改善生活质量的重要性。

《中国21世纪议程》把可持续发展作为中国发展的基本理念，强调要通过生态建设实现因地制宜的持续发展。作为生态建设的重要内容之一，生态规划必须以可持续发展理论为指导，促进区域资源利用、环境保护与经济增长的良性循环。

### （二）社会-经济-自然复合生态系统理论

可持续发展问题的实质是以人为主体的生命与其环境相互关系的协调发展。包括物质代谢关系，能量转换关系，信息反馈关系，以及结构、功能和过程的关系。这里的环境包括人的栖息劳作环境（包括地理环境、生物环境、构筑设施环境）、区域生态环境（包括原材料供给的源、产品和废弃物消纳的汇及缓冲调节的库）及社会文化环境（包括体制、组织、文化、技术等）。20世纪80年代初，马世骏、王如松在总结了以整体、协同、循环、自生为核心的生态控制论原理的基础上，提出了复合生态系统的理论和时、空、量、构、序的生态关联及调控方法，指出人类社会是一类以人的行为为主导、自然环境为依托、资源流动为命脉、社会体制为经络的社会-经济-自然复合生态系统。

**1. 社会-经济-自然复合生态系统的组成**

社会-经济-自然复合生态系统是由自然亚系统、经济亚系统和社会亚系统组成。社会-经济-自然复合生态系统的自然亚系统有土（土壤、土地和景观）、金（矿物质和营养物）、火（能和光，大气和气候）、水（水资源和水环境）、木（植物、动物和微生物）等五行相生相克的基本关系组成，为生物地球化学循环过程和以太阳能为基础的能量转换过程所主导。社会-经济-自然复合生态系统的经济亚系统由生产者、流通者、消费者、还原者和调控者等五类功能实体间相反相成的基本关系耦合而成，由商品流和价值流所主导。社会-经济-自然复合生态系统的社会亚系统由社会的科学、政治和文化等三类功能实体间相反相成的基本关系所组成，由体制网和信息流所主导。三个亚系统间通过生态流、生态场在一定的时空尺度上耦合，形成一定的生态格局和生态秩序。

**2. 社会-经济-自然复合生态系统的动力学机制**

社会-经济-自然复合生态系统的动力学机制来源于自然和社会两种作用力。自然作用力的主要来源是太阳能或由太阳能转化而来的各种形式的能量,能量流经系统的结果导致各种物理、化学、生物过程和自然变迁。社会作用力有三:经济杠杆——资金;社会杠杆——权法、体制;文化杠杆——人类精神。三者相辅相成,构成社会系统的原动力。自然作用力和社会作用力的耦合导致不同层次复合生态系统特殊的运动规律。

能源、资金、权法、精神的合理耦合和系统搭配是社会-经济-自然复合生态系统持续演替的关键,偏废其中任一方面都可能导致灾难性的后果。虽然灾变本身也是社会-经济-自然复合生态系统负反馈调节机制的一种,其结果必然促进人更明智地理解系统,调整管理策略,但其代价是巨大的。

### 3. 社会-经济-自然复合生态系统的控制论原理

社会-经济-自然复合生态系统生态系统控制论原理包括如下方面:

(1) 拓适原理。

任一地区或部门的发展都有其特定的生态位,由主导系统发展的利导因子和抑制系统发展的限制因子组成。成功的发展必须善于拓展资源生态位和调整需求生态位,以改造和适应环境。只开拓不适应,缺乏发展的稳度和柔度;只适应不开拓,缺乏发展的速度和力度。

(2) 竞争共生。

系统的资源承载力、环境容纳量在一定时空范围内是恒定的,但其分布是不均匀的。差异导致竞争,竞争促进资源的高效利用。持续竞争的结果导致生态位分异。分异导致共生,共生促进系统的稳定发展。复合生态系统中的竞争作用是提高资源利用效率,增强系统自生活力,实现持续发展的必要条件。

(3) 乘补原理。

当系统整体功能失调时,系统中某些组分会乘机膨胀成为主导组分,使系统畸变;而有些成分能自动补偿或替代系统的原有功能,使整体功能趋于稳定。系统调控中要特别注意这种相乘相补作用,但是系统的补偿和调控能力有一定限度,超过限度会使系统崩溃。

(4) 循环原理。

系统中一切产品最终都要变成废弃物,系统中任一"废弃物"必然是对生物圈中某一生态过程有用的"原料"或缓冲剂;人类一切行为最终都要反馈到作用者本身;物质循环再生或信息的反馈调节是复合生态系统可持续发展的根本动因。

(5) 反馈原理。

城市复合生态系统的发展受两种反馈机制所控制,一是作用和反作用彼此促进、放大的正反馈,导致系统的无止境增长或衰退;另一种是作用和反作用彼此抑制、相互抵消的负反馈,它是系统维持在稳态或亚稳态附近。正反馈导致发展,负反馈维持稳定。一般地,在系统发展的初期正反馈占优势,在晚期则负反馈占优势;可持续发展的系统中正、负反馈机制互相平衡。

(6) 多样性、主导性原理。

系统必须有优势种和拳头产品为主导,才会有发展的实力;必须有多元化的结构和多样化的产品为基础,才能分散风险,增强稳定性。主导性和多样性的合理匹配,是实现城市生态系统可持续发展的前提。

(7)最小风险原理。

系统发展的风险和机会是均衡的,高的机会往往伴随大的风险。强的生命系统要善于抓住一切适宜的机会,利用一切可以利用甚至可抗性、危害性的力量为系统服务,变害为利;善于利用中庸思想和半好对策避开风险、减缓危机、化险为夷。

以上所述可归纳为三类原则:一是有效资源及可利用的生态位的竞争或效率原则;二是人与自然之间、不同人类活动之间以及个体与整体间的共生或公平性原则;三是通过循环再生与自组织行为维持系统结构、功能和过程稳定性的自生与生命力原则。

(三)生态经济学理论

生态经济学是一门从经济学的角度来研究由经济系统和生态系统复合而成的生态经济系统的结构和运动规律的科学。它主要研究由生态系统和经济系统相互结合所形成的复合系统——生态经济系统各因素间相互联系、相互制约、相互转化的运动规律。

**1. 生态经济系统的结构**

所谓系统结构是指系统内部各组成要素之间的有机联系与相互作用方式。系统要素按照一定的次序排列和组合成为一定的结构。生态经济系统结构是指生态经济系统内部的人口、环境、资源、物资、资金、科技等要素在空间或时间上,以社会需求为动力,通过投入产出链渠道相互联系、相互作用所构成的有序、立体、网络关系。

生态经济系统的结构大致可划分为以下三个方面:

(1)生态经济系统的经济结构。

经济系统和生态系统组成成分的各种形态、各种性质的生命和非生命、劳动力和技术、产品和价值在一定时间和空间中的比例和平衡关系。

(2)生态经济系统的数量关系结构。

生态经济系统中的组成元素之间存在着一定的数量比例关系。

(3)生态经济系统中元素间相互作用的形式与结构。

生态经济系统内元素间相互作用的形式非常复杂,从而带来复杂的形态和数量结构。

**2. 生态经济学的基本原则**

(1)经济效益与生态效益的共生性、统一性和相互转化原则。

生态效益是经济效益的基础,是保证经济效益的重要条件。在社会生产中,把提高经济效益与生态效益结合起来,实现经济效益和生态效益的统一,就能使二者相得益彰,既促进经济发展,又可在经济高速发展中保护生态环境,达到提高生态效益的目的,即实现生态与经济相互促进、协调发展。

(2)对生态资源按照生态价值实行不同的利用和保护原则。

对可再生的生物资源,实行增殖资源、永续利用的原则;对可循环利用的资源,实行充分利用的原则,并且针对不同的自然资源实行不同的利用和保护对策;对不可再生资源,要坚持节约利用和综合利用的原则。

(3)生态经济系统结构最优化原则。

由经济系统的经济结构和生态系统的生态结构复合而成的结构即为生态经济系统结构。合理的经济结构表现在它能促进经济系统内的经济物质、经济能量的合理循环与流动,获得最大的经济效益。合理的生态结构表现在它能促进生态系统内的自然物质和自然能量的合理循环和流动,生产出较多的有机和无机物质,获得最大的生态效益。合理的生态经济系统结构,就是合理的经济系统结构与合理的生态结构的有机结合,它能同步提高生态效益和经济效益,即生态经济效益。生态经济系统结构的最优化就是要求实行生产力系统结构与生态系统结构的最佳结合,实行生态系统关系结构与经济系统结构的最佳结合。

## 第三节 黑龙江省资源型城市生态环境可持续发展效率评价

生态环境可持续发展是当今世界的热门话题,但生态环境可持续发展不是空洞的口号,而应转变为具体的实现机制和实现模式,生态环境可持续发展就是一种可持续发展的实现机制。科学构建生态环境可持续发展效率评估指标体系,将有助于我们从提升可持续发展能力入手,寻求环境、资源和产业的合理配置,推动社会生态环境的可持续发展。

### 一、生态环境可持续发展效率评价指标体系的构建

建立完整的生态环境可持续发展效率评价指标体系,对某一区域的生态环境发展现状进行总体评估,定量评价各资源型城市生态环境发展的总体水平,监测和揭示各资源型城市生态环境中矛盾和问题产生的原因,指导各资源型城市生态环境政策的制定,是研究资源型城市生态环境可持续发展的一个重要命题。资源型城市生态环境可持续发展效率指标体系可以描述和反映某一时间点上或时期内黑龙江省各资源型城市经济、环境、资源、社会等各方面持续发展的现实状况、变化趋势及速率;综合测度各资源型城市生态环境可持续发展整体的各部分之间的协调性、和谐性,从而在整体上反映可持续发展状况。

(一)评价指标体系的构建原则

**1. 可行性原则**

生态环境可持续发展效率评价的指标数据应该易于获取,且数据清晰明确。部分指标数据对生态环境可持续发展意义重大,但往往需要必要的计算,其计算公式不宜过于烦琐,且计算所需数据也应来自以上数据资料。因此,评价指标要数据科学、计算清晰、方法明确、内涵确切、解释力强,以保证指标设置的可行性。

**2. 可比性原则**

生态环境可持续发展效率评价往往需要进行横向和纵向、时间和空间的排序分析,为了使评价结果可进行比较分析,选择的指标应该普遍适用。因此,生态环境可持续发

展效率指标在各个地区、各个时间序列要尽量保持一致,形成必要的可比性。

**3. 全面性原则**

生态环境可持续发展效率评价指标体系是一个多维度、多指标、多变量的综合体系,指标体系要全面,以真实、客观地反映各资源型城市生态环境发展的各影响因素。因此,评价指标要涉及影响其生态环境可持续发展效率的各方面因素,以保证指标设置的全面性。

**4. 有效性原则**

生态环境可持续发展效率评价指标必须有效地阐释各资源型城市生态环境发展情况,以保证评价结果的效度和信度,进而为生态环境可持续发展提供可供借鉴的决策信息。在生态环境可持续发展效率评价指标体系中,各指标变量要能够明确地反映各维度的内涵,各维度设置要能够清晰地阐释各资源型城市生态环境发展情况,以保证评价指标设置的有效性。

**5. 定量与定性相结合的原则**

生态环境可持续发展效率是一个抽象化的概念,需要科学的定量指标与合理的定性指标支撑评价指标体系。生态环境可持续发展效率评价体系包括全定量指标、定量指标和定性指标结合的维度。定量指标与定性指标的有机互补构成了生态环境可持续发展效率评价体系。在评价分析过程中,定性指标数据可通过专家意见法、问题调研法等进行搜集,并通过一定的统计数据进行赋值和量化处理,使其能够科学合理地反映定性指标的性质和内涵。因此,在生态环境可持续发展效率评价指标体系中,要坚持定量指标与定性指标结合的原则,以保证评价指标体系的系统性和完整性。

## (二)生态环境可持续发展效率指标体系的构建

生态环境可持续发展效率指标体系,是指构成指标的各个要素及它们之间的逻辑组合关系和表达形式。只有将这些分散选取的具体指标进行科学的建构,才能将它们排列组合成完整合理的综合体系,从而才能真实地描述和评价生态环境可持续发展的状态和水平。结合黑龙江省自身的发展特点和实际情况,借鉴目前学术界的主流观点,本研究拟定出生态环境可持续发展效率的主要指标,构建出生态环境可持续发展效率的评价指标体系。本研究所构建的评价指标体系是一个三级评价指标体系,包括以下内容:

**1. 资源类指标**

资源是人类赖以生存和发展的重要物质基础,生态经济发展模式要求建立可持续的资源支持系统以及可持续的资源利用方式。本书选取最具代表性的指标——万元地区生产总值能耗和劳动力就业人数作为资源投入指标。万元地区生产总值能耗表示在一定时期内,一个国家或地区每生产一个单位的国内生产总值所消耗的能源,是能源消费总量与国内生产总值之比。而能源消费总量是指一定时期内,一个国家或地区各行业和居民生活消费的各种能源的总和,具体包括原煤和原油及其制品、天然气、电力。该指标是反映能源消费水平和节能降耗状况的主要指标,可以衡量一国或一个地区的资源使用效率,且数据公开易获得,所以选择万元地区生产总值能耗作为能源资源类指标。劳动力就业人数反映的是人力资源的投入情况。因此选择万元地区生产总值能耗和劳动力就业人数指标作为生态环境可持续发展效率状态评价的重要尺度,这两个指标既符合联合国世界环境与发展委员会(WCED)提出的可持续发展理论的主张,即经济的发展不能以消耗不可再生资源和破坏我们生存的生态系统作为代价,同时也能反映黑龙江省作为资源大省的能耗状况。

**2. 环境类指标**

生态环境和经济发展之间的矛盾是可以调和的,这也是发展生态经济的目的所在。生态环境与经济的协调发展是可持续发展的一个重要方面,区域环境状况的好坏在很大程度上取决于经济的发展是否合理,同时经济的发展也为环境的治理提供了必要的物质基础。在评价生态可持续发展时采用的环境影响因素有广义和狭义之分,广义的环境影响包括生态退化和生态失衡,而狭义的环境影响仅包括生态退化的概念。本书在借鉴国内外环境影响的文献基础上,将生态可持续发展的环境影响评价界定为狭义的因素,选择最有代表性的废水排放量、废气排放量以及固体废弃物(简称"三废")排放量等指标作为环境类指标。其中,废水指标中包括了废水排放量和化学需要量排放量;废气排放量包括了工业废气排放量和$SO_2$排放量;固体废弃物(简称"固废")排放量包括了烟尘排放量和工业固体废弃物产生量,基本上囊括了终端废弃物的排放。而且数据比较齐全,基本上能近似地表示自然作为排放池的3个不同的功能。

**3. 经济类指标**

关于经济类指标,在选择时务必要看是否能够反映该地区的经济发展水平,根据国内外绝大多数学者研究的文献可知,他们几乎将产出指标无一例外地定为地区生产总值。地区生产总值作为产出指标具有很大的优越性,因为该经济指标数据权威,统计资料非常齐全,并且可以分解为各个地区的增加值,数据非常容易获得,而且地区生产总值可以消除经济波动所带来的价格影响。因此,本书也将地区生产总值作为模型的经济产出指标。

综上所述,本书将资源消耗与环境污染等指标作为投入指标来处理,将经济价值指标地区生产总值作为产出指标。同时考虑到数据的可获得性和科学性,具体选择了以下一些指标来监测黑龙江省的生态环境可持续发展情况,如表3.1所示。

表3.1 生态环境可持续发展效率体系

| 指标类型 | 指标类别 | 具体指标 | 单位 |
| --- | --- | --- | --- |
| 投入指标 | 资源类 | 万元地区生产总值能耗 | 吨标准煤/万元 |
| | | 劳动力就业人数 | 人 |
| | 环境类 | 废气 | 吨 |
| | | 废水 | 万吨 |
| | | 固废 | 吨 |
| 产出指标 | 经济类 | 地区生产总值 | 亿元 |

## 二、数据包络分析方法

数据包络分析方法(Data Envelopment Analysis, DEA)是运筹学、管理科学与数理经济学交叉研究的一个新领域。它是根据多项投入指标和多项产出指标,利用线性规划的方法,对具有可比性的同类型单位进行相对有效性评价的一种数量分析方法。DEA 方法及其模型自 1978 年由美国著名运筹学家 Charnes 和 Cooper 提出以来,已广泛应用于不同行业及部门,并且在处理多指标投入和多指标产出方面,体现了其得天独厚的优势。DEA 是一个线性规划模型,表示为产出对投入的比率。通过对一个特定单位的效率和一组提供相同服务的类似单位的绩效的比较,它试图使服务单位的效率最大化。建立 DEA 线形规划模型有如下步骤。

(一) 定义变量

设 $E_k(k=1,2,\cdots,K)$ 为第 $k$ 个单位的效率比率,这里 $K$ 代表评估单位的总数。

设 $u_j(j=1,2,\cdots,M)$ 为第 $j$ 种产出的系数,这里 $M$ 代表所考虑的产出种类的总数。变量 $u_j$ 用来衡量产出价值降低一个单位所带来的相对的效率下降。

设 $v_i(i=1,2,\cdots,N)$ 为第 $i$ 种投入的系数,这里 $N$ 代表所考虑的投入种类的总数。变量 $v_i$ 用来衡量投入价值降低一个单位带来的相对的效率下降。

设 $O_{jk}$ 为一定时期内由第 $k$ 个服务单位所创造的第 $j$ 种产出的观察到的单位的数量。

设 $I_{ik}$ 为一定时期内由第 $k$ 个服务单位所使用的第 $i$ 种投入的实际的单位的数量。

(二) 目标函数

目标是找出一组伴随每种产出的系数 $u$ 和一组伴随每种投入的系数 $v$,从而给被评估的服务单位最高的可能效率。

$$\max E_e = \frac{u_1 O_{1e} + u_2 O_{2e} + \cdots + u_M O_{Me}}{v_1 I_{1e} + v_2 I_{2e} + \cdots + v_N I_{Ne}} \tag{3.1}$$

式中,$e$ 是被评估单位的代码。这个函数满足这样一个约束条件,当同一组投入和产出的系数($u_j$ 和 $v_i$)用于所有其他对比服务单位时,没有一个服务单位将超过 100% 的效率或超过 1.0 的比率。

(三) 约束条件

$$\frac{u_1 O_{1k} + u_2 O_{2k} + \cdots + u_M O_{Mk}}{v_1 I_{1k} + v_2 I_{2k} + \cdots + v_N I_{Nk}} \leq 1.0$$
$$k = 1,2,\cdots,K \tag{3.2}$$

式中所有系数值都是正的且非零。

为了用标准线性规划软件求解这个有分数的线性规划,需要进行变形。要注意,目标函数和所有约束条件都是比率而不是线性函数。通过把所评估单位的投入人为地调整为总和 1.0,这样式 3.1 的目标函数可以重新表述为

$$\max E_e = u_1 O_{1e} + u_2 O_{2e} + \cdots + u_M O_{Me} \tag{3.3}$$

满足以下约束条件

$$v_1 I_{1e} + v_2 I_{2e} + \cdots + v_N I_{Ne} = 1$$

对于服务单位,式 3.2 的约束条件可类似转化为

$$u_1 O_{1k} + u_2 O_{2k} + \cdots + u_M O_{Mk} - (v_1 I_{1k} + v_2 I_{2k} + \cdots + v_N I_{Nk}) \leq 0$$
$$k = 1,2,\cdots,K \tag{3.4}$$

式中,$u_j \geq 0$ $j = 1,2,\cdots,M$;$v_i \geq 0$ $i = 1,2,\cdots,N$

关于服务单位的样本数量问题是由在分析中比较所挑选的投入和产出变量的数量所决定的。下列关系式把分析中所使用的服务单位数量 $K$ 和所考虑的投入种类数 $N$ 与产出种类数 $M$ 联系起来,它是基于实证发现和 DEA 实践的经验。

在进行 DEA 分析时,通常有 $n$ 个决策单元 $DMU_i$,$i \in n$;每个决策单元 $DMU_i$ 有投入指标 $m$ 项、产出指标 $t$ 项,形成投入矩阵 $X = (X_{1i}, X_{2i}, \cdots, X_{mn})^T$、产出矩阵 $Y = (Y_{1i}, Y_{2i}, \cdots, Y_{tn})^T$,以形成投入($X$) - 产出($Y$)矩阵(表 3.2)。

表 3.2 投入($X$) - 产出($Y$)矩阵

|  | $DMU_1$ | $DMU_2$ | $\cdots$ | $DMU_i$ | $\cdots$ | $DMU_n$ |
|---|---|---|---|---|---|---|
| 投入 1 | $X_{11}$ | $X_{12}$ | $\cdots$ | $X_{1i}$ | $\cdots$ | $X_{1n}$ |
| 投入 2 | $X_{21}$ | $X_{22}$ | $\cdots$ | $X_{2i}$ | $\cdots$ | $X_{2n}$ |
| $\vdots$ | $\vdots$ | $\vdots$ | $\vdots$ | $\vdots$ | $\vdots$ | $\vdots$ |
| 投入 $m$ | $X_{m1}$ | $X_{m2}$ | $\cdots$ | $X_{mi}$ | $\cdots$ | $X_{mn}$ |
| 产出 1 | $Y_{11}$ | $Y_{12}$ | $\cdots$ | $Y_{1i}$ | $\cdots$ | $Y_{1n}$ |
| 产出 2 | $Y_{21}$ | $Y_{22}$ | $\cdots$ | $Y_{2i}$ | $\cdots$ | $Y_{2n}$ |
| $\vdots$ | $\vdots$ | $\vdots$ | $\vdots$ | $\vdots$ | $\vdots$ | $\vdots$ |
| 产出 $t$ | $Y_{t1}$ | $Y_{t2}$ | $\cdots$ | $Y_{ti}$ | $\cdots$ | $Y_{tn}$ |

以上 $X$ - $Y$ 矩阵也可简记为:多指标投入矩阵 $X^T = [X_1, X_2, \cdots, X_n]$,多指标产出矩阵 $Y^T = [Y_1, Y_2, \cdots, Y_n]$;投入矩阵的权向量为 $V^T = [V_1, V_2, \cdots, V_m]$,产出矩阵的权向量为 $U^T = [U_1, U_2, \cdots, U_t]$。

此时,$DMU_i$ 的总投入 $I_i = V_1 X_{1i} + V_2 X_{2i} + \cdots + V_m X_{mi} = X^T V^T$,总产出 $O_i = U_1 Y_{1i} + U_2 Y_{2i} + \cdots + U_t Y_{ti} = Y^T U^T$,$DMU_i$ 的效率评价指数 $E_i$ 为

$$E_i = \frac{O_i}{I_i} = \frac{Y^1 U^1}{X^1 V^1} \tag{3.5}$$

在通常情况下,我们运用 $C^2R$ 模型解决效率评价的最大化问题,即

$$C^2R = \begin{cases} \min \theta - \varepsilon \left( \sum_{r=1}^{t} S_r^+ + \sum_{i=1}^{m} S_i^- \right) \\ \sum_{j=1}^{n} \lambda_j X_{ij} + S_i^- - \theta X_{ij} = 0 \\ \sum_{j=1}^{n} \lambda_j Y_{rj} + S_r^+ = Y_{rj} \\ \lambda_j \geq 0 \quad j = 1,2,\cdots,n \\ S_i^- \geq 0 \quad S_r^+ \geq 0 \end{cases} \tag{3.6}$$

其中,$n$ 为决策单元的个数,评价指标体系有投入指标 $m$ 项、产出指标 $t$ 项;$X_{ij}$ 表示第 $j$ 个决策单元对第 $i$ 种投入指标的投入量,$Y_{rj}$ 表示第 $j$ 个决策单元对第 $r$ 种产出指标的产出量;$\varepsilon$

表示非阿基米德无穷小量;$S^+$ 与 $S^-$ 为松弛变量。

在对 $C^2R$ 模型的结果进行分析时有：

(1) 通常情况下，当 $\theta = 1$，且松弛变量 $S^+ = S^- = 0$ 时，决策单元 $DMU_i$ 的 DEA 有效。

(2) 当 $\theta < 1$，或松弛变量 $S^+ \neq 0, S^- \neq 0$ 时，决策单元 $DMU_i$ 的 DEA 无效，或规模无效、技术无效。

(3) 若 DMU 的 DEA 无效，可以通过相对有效平面上的投影来改进非 DEA 有效的 DMU，即在不增加投入 $I_i$ 的前提下，使产出 $O_i$ 增加；或在不减少产出 $O_i$ 的前提下，减少原来的投入 $I_i$。

## 三、黑龙江省资源型城市生态环境可持续发展效率的实证研究

运用科学合理的评价方法对黑龙江省生态环境可持续发展效率进行具体的评价，是实现黑龙江省经济可持续发展的一个重要步骤。本小节在全要素视角下运用 DEA 和 MH 的模型和方法对黑龙江省 9 个主要资源型城市的生态环境可持续发展效率分别进行分析，目的是要了解不同区域经济发展的环境质量、环境发展水平及主要制约因素，了解其节能减排的潜力，明确其发展方向和重点，为管理当局的决策提供相应的参考依据，为黑龙江省经济实现可持续发展提供理论参考。

（一）样本数据选取

限于统计数据资料的可得性以及统计数据口径的一致性、全面性和连续性，样本地区选取黑龙江省的 9 个地级资源型城市，本研究所有数据均来源于 2015—2019 年《黑龙江统计年鉴》。

现将经过平减整理后的黑龙江省 9 个地级资源型城市的地区生产总值、废水、废气、固废、单位地区生产总值能耗和就业人数等指标的平均数汇总整理成表 3.3。

表 3.3　2014—2018 年黑龙江省 9 个地级资源型城市各项投入产出数据的统计

| 数据 | 地区生产总值/亿元 | 废水/吨 | 废气/万吨 | 固废/吨 | 单位地区生产总值能耗/(吨标准煤·万元$^{-1}$) | 就业人数/人 |
| --- | --- | --- | --- | --- | --- | --- |
| 平均值 | 733.00 | 16 856.13 | 5 735.72 | 21 822.51 | 0.66 | 471 030.76 |
| 中间值 | 433.30 | 16 245.90 | 5 589.90 | 18 151.00 | 0.55 | 427 542.00 |
| 标准值 | 887.13 | 8 978.17 | 3 830.61 | 14 921.65 | 0.53 | 228 648.01 |
| 最大值 | 4 077.50 | 40 522.00 | 15 856.10 | 69 001.60 | 2.07 | 1 070 796.00 |
| 最小值 | 122.80 | 3 154.30 | 25.90 | 1 996.10 | 0.10 | 157 350.00 |
| 最大/最小 | 33.20 | 12.85 | 612.20 | 34.57 | 21.31 | 6.40 |

从表 3.7 中初步可以得出下述结论。

**1. 各资源型城市经济发展水平差距很大**

2014—2018 年，黑龙江省 5 年的地区生产总值平均值的统计标准值差距达 887.13 亿元，高于其平均值 733.00 亿元，甚至约是其中间值 433.30 亿元的 2.05 倍；其中最大值

为 4 077.50 亿元(大庆市),而最小值仅为 122.80 亿元(大兴安岭地区),前者约是后者的 33.2 倍,表明黑龙江省内的 9 个地级资源型城市的经济发展极为不平衡。

**2. 全省各市地的经济活动对环境造成的影响差异较大**

工业废水排放总量、工业废气排放总量和工业固体废弃物产生总量等 3 个环境影响指标的标准值分别为 8 978.17 万吨、3 830.61 吨和 14 921.65 吨,它们的最大值和最小值之比分别高达 12.85、612.2 和 34.57。

**3. 各市地经济生产活动的生态效率并非等同,而且基于不同的单个环境影响指标的生态效率差异较大**

分别用工业废水排放总量、工业废气排放总量和工业固体废弃物产生总量作为环境影响指标时,各市地的平均生态效率分别为 0.04 亿元/万吨、0.13 亿元/吨和 0.03 亿元/吨,标准值分别为 0.1 亿元/万吨、0.23 亿元/吨和 0.06 亿元/吨。仅用单个环境影响指标来测度生态效率具有很大的片面性,从而难以通过简单加总来得到一个综合各种环境影响指标的生态效率值,而基于 DEA 的环境绩效测度思路正好能够解决这些问题。

### (二)基于 DEA-CCR 的生态环境可持续发展效率分析

基于 DEA-CCR 模型下求得的结果是在基于 CRS 条件下,运用投入导向的 DEA 模型所计算的技术效率,所代表的是在当前给定产出的情况下每个 DMU 使用最小投入获得该同等产出的能力,也就是说将现有投入资源所能压缩到的最优投入水平。若经过 DEA-CCR 求得的某个 DMU 的技术效率值等于 1,代表该 DMU 位于有效生产前沿面上,处于技术有效状态,表示该 DMU 以有效率的方式生产。基于 DEA-CCR 模型下求得的技术有效率是这样一种状态:当投入不再增加时,产出也就无法增加;若技术效率值小于 1,代表该 DMU 脱离有效生产前沿面上,因而可以通过在保持产出水平不变的情况下,减少相关的各项投入指标来进行优化,可称之为技术无效率,存在着技术效率的损失。

将历年收集到的黑龙江省 9 个地级资源型城市的地区生产总值、劳动力就业人数、万元地区生产总值能耗和各种环境影响的数据代入到基于投入导向的 DEA-CCR 模型后,算得的黑龙江省 9 个地级资源型城市每年的生态效率值汇总形成表 3.4。

**表 3.4 基于 DEA-CCR 的黑龙江省 9 个地级资源型城市生态环境可持续发展效率结果**

| 地区 | 2014 年 | 2015 年 | 2016 年 | 2017 年 | 2018 年 | 平均值 |
|---|---|---|---|---|---|---|
| 鸡西市 | 0.376 | 0.368 | 0.61 | 0.799 | 0.474 | 0.525 |
| 鹤岗市 | 0.249 | 0.263 | 0.236 | 0.236 | 0.335 | 0.264 |
| 双鸭山市 | 0.372 | 0.52 | 0.412 | 0.462 | 0.391 | 0.431 |
| 七台河市 | 0.221 | 0.285 | 0.304 | 0.482 | 0.394 | 0.337 |
| 大庆市 | 1 | 1 | 1 | 1 | 1 | 1 |
| 黑河市 | 0.448 | 0.427 | 0.651 | 0.753 | 0.943 | 0.644 |
| 牡丹江市 | 0.662 | 1 | 1 | 1 | 1 | 0.932 |
| 伊春市 | 0.181 | 0.194 | 0.252 | 0.258 | 0.299 | 0.237 |
| 大兴安岭地区 | 0.200 | 0.212 | 0.445 | 0.423 | 1 | 0.456 |

通过表 3.4 可以看出：

(1)5 年来，生态环境可持续发展效率水平均值为 1 的地区只有大庆市，即它的生态环境可持续发展效率水平达到了有效生产前沿面状态，为生态环境可持续发展效率有效地区，占全部样本的 11.11%。

(2)生态效率水平均值低于 1 的地区有鸡西市、鹤岗市、双鸭山市、伊春市、七台河市、黑河市、牡丹江市和大兴安岭地区等 8 个市（地区），这些地区处于生态环境可持续发展效率无效状态，占全部样本的 88.89%。

(3)生态环境可持续发展效率有效地区和无效地区之间的差距较大，是非有效和低效率生产前沿地区的存在导致，生态环境可持续发展效率无效地区的均值仅为 0.355，未达到生态环境可持续发展效率有效地区技术效率值的一半。

(4)在生态环境可持续发展效率无效地区中，牡丹江市的生态业绩相对最好，其 5 年来的平均生态效率为 0.932，而其他地区大大脱离有效生产前沿面，鹤岗市、双鸭山市、伊春市、七台河市和大兴安岭地区等资源型城市的平均生态效率水平都在 0.5 以下，显示出极低的生态效率水平。除上述外，未提到的森工型资源型城市——黑河市为 0.644、煤炭型资源型城市——鸡西市为 0.525。可见，改善资源型城市的生态效率水平是提升黑龙江省整体生态效率的重点所在。

## 第四节　黑龙江省资源型城市生态环境可持续发展分析

### 一、黑龙江省资源型城市生态环境可持续发展的思路

资源型城市生态环境可持续发展是集经济、社会、自然于一体的综合生态系统，它以自然环境为发展基础，以经济发展为实现条件，以社会进步为目标。生态城市这个综合性系统要想做到结构和功能的优化，生产要素流（如信息流、资金流、物流、人流）的畅通，生态子系统的调节良好，就必须做到经济发展、社会进步和自然保护 3 个方面的高低和谐统一。

在世界经济全球化、国家宏观经济转变增长方式和可持续发展深入民心的大前提下，黑龙江省资源型城市生态环境可持续发展面临着新的发展契机和压力。推进黑龙江省资源型城市生态环境可持续发展，改良黑龙江省资源型城市发展空间，为老百姓生活和经济社会进步提供更佳的环境，使黑龙江省资源型城市城镇化发展提高到区域经济一体化和国际化的更高层面，提升地区可持续发展的整体水平已然成为目前时代的需求。

（一）黑龙江省资源型城市生态环境可持续发展的指导思想

以生态城市构建和经济社会均衡发展为核心，全方位推动现代化、信息化和可持续化路程；以环境保护为基石，构建健康安全的环境维持系统；倡导工业荣市，构建综合竞争力很强的可持续产业经济体系；突出地区自然景观的特色，全面展开景观保护和建设；以生态文化为主脉，共同发展物质文明与精神文明；依托环渤海地理优势，整体提升黑龙江省资源型城市的可持续发展能力，完成经济发达、环境安全、社会进步的和谐目标。

## (二)黑龙江省资源型城市生态环境可持续发展的建设目标

**1. 建立可持续的经济发展体系**

由原有的粗放型转型到综合型、特色型及技术型结合的高效产业发展体系,提升知识和科技等要素在经济转型中的作用,强化不同地区间的横向协作,建立具有较强区域竞争力的可持续经济发展体系。

**2. 完善可持续的社会进步体系**

严格监控城市人口增长总量,维持区域适当的人口密度,提高人口质量;引导居民生活方式向健康和文明升华,向节俭、环保过渡;构建全面的社会保障体系及社区服务体系,完善以人为本、人地皆美的社会进步体系。

**3. 构建可持续的资源利用体系**

以科技进步为核心,加强清洁生产,积极提升资源的配置及利用效率,突出生态资产的稳定增长与正向积聚,为下一代的生存和发展提供良好条件。

**4. 培育可持续的生态保护环境**

强化生态环境污染的治理力度,整体提升生态环境质量,做到自然山水资源的开发与保护并存,以自然山水为基石,构建层次多、功能强、复合型的生态结构系统,凸显地区生态景观特色。

**5. 健全可持续的城市服务功能**

大力促进城市基础设施建设,提高城市基础设施承载水平,突破基础设施的缺陷,构建满足社会、经济发展和人们生活必需的、安全稳固的区域基础设施物流网络,积极实现基础设施的地区服务功能,做到区域内物流、人流、信息流等多种生态流的顺畅。

**6. 转变升级可持续的管理体制**

由传统的管理体制向可持续的科学的生态城市管理体制加速转变升级。细致挖掘、充分体现传统文化背景,提倡城市文化与人文精神,突显地区文化深度。

## 二、黑龙江省资源型城市生态环境可持续发展的选择

### (一)构建以循环经济为核心的生态经济体系

基于黑龙江省自身特色与发展优势,以生态经济理念为指导思想,全面推进黑龙江省资源型城市的城市化、现代化和信息化进程。

**1. 清洁生产**

注重技术改革与制度改革相统一、外部合作与内部协作相统一、社会整合与结构优化相统一、生态优化与经济主导相统一的行动原则,尽快调整和完善产业结构,用高科技改造传统产业、用高科技武装新兴产业,提高清洁生产技艺。

**2. 生态农业建设**

城市、平原、山区等不同地区农业发展的地区基础条件都具有其比较优势,也就要求其发展的特色各有差异,如都市农业或生态农业;依据生态特点和现实基础,应加快农业产业结构的升级优化,以信息化带动农业,进一步发挥科技在农业发展中的作用,努力改

善农民生活质量,加速农业产业化和现代化进程。争取把黑龙江省建设成为未来无公害农产品、绿色农产品及有机农产品相融合的都市农业典型区。

**3. 休闲养生旅游产业**

(1) 观光旅游。

打造一年四季观光旅游。夏季组织"走进清凉世界,沐浴森林氧吧"旅游。春季领略冰消雪融的景观,苍莽群山、挺拔红松及春芽吐绿、繁花似锦;秋季小兴安岭"王花山"观赏节;冬季观林海雪原,赏林海雾凇,体验狩猎、滑雪等特色旅游项目。

(2) 专项旅游。

开展狩猎旅游,狩猎是一个非常典型的高端的专项旅游产品。玉泉国际狩猎场是我国比较好的狩猎旅游区。开展森林探险和森林体验旅游,是适应大众需求市场和普通旅游市场需求的、各个收入层次的人都能参加的旅游项目。开展夏季漂流项目,让人在清凉世界和郁郁葱葱的大森林里感受自然风光。

(3) 度假旅游。

开发与旅游相关的绿色健康食品、旅游纪念品等。培植森林旅游企业,如以伊春市旅游为中心、龙头、枢纽的包括住宿、餐饮、购物、娱乐等为一体的旅游产业和旅游经济产业体系。

(4) 农业观光游。

农业观光园是农业高速发展和城乡一体化发展的需要。进入 21 世纪,伴随着人类生产、生活方式的变化及乡村城市化和城乡一体化的深入,农业已从传统的生产形式逐步转向景观、生态、健康、医疗、教育、观光、休闲、度假等方向。农业观光园是旅游事业朝向生态旅游发展的产物,是旅游业发展创新的一种新形式。它开辟了新的旅游景点,满足了人们对旅游的新追求。长期居住在现代化高密度、高层建筑区,整天为污染的城市空气和呆板且无情趣的城市景观所困扰的现代市民,为了缓解紧张工作带来的精神压力和抑郁,提高身体素质和生活质量,多选择外出旅游放松一下自己。但各大主要景点一则是距城市较远,多为高地,不方便带老人或孩子;二则是人员爆满,影响清静放松的情趣;三则是门票也相对较高,使人望而却步。因此,他们(尤其是老人和孩子)多转向选择能亲近和感受的田园风景区。故此,农业观光园就成了一个新的旅游热点。

**(二) 构建强化良性循环的生态环境体系**

着重实施污染物防治与生态保护缺一不可,切实保护重点区域和重点领域的自然环境,显著提高抗灾减灾水平,持续提升全市社会经济发展的环境保障能力,以塑造良好的自然环境。

环境整治重点一定要突出市区整体环境质量的提高和各种垃圾的无害化处理。而且还应加速建设污水处理厂,大力提高污水进管率;调整和优化能源结构,提升清洁能源在一次能源中的比重。同时,全面监控污染物排放情况,深入排污权交易,注重协调好区域(流域)上下游关系。重点保护居民饮用水源,注重治理生活和农业面源污染,监控城市扬尘和汽车尾气污染,综合防治噪声,加强对固体废弃物的监管,完善回收利用与交换系统,加速促进资源化、减量化、无害化。

### (三)全面实施环境影响评估制度

《环境影响评价法》规定,对土地利用、区域、流域和海域开发建设规划以及工、农业等专项规划要展开环境影响评估。此外,项目的建设也需要通过环境影响评估后才能动工建设。从资源枯竭型向可持续发展型城市转变的过程中,肯定会涉及很多的项目规划和建设,因此,在此进程中一定要做好环境影响评估的工作,对所有新建项目确保要认真履行环境影响评估和"三同时"制度。其目的在于:

(1)确保新项目规划和建设不会对已经很脆弱的环境带来更大的危害,避免经济的片面增长。

(2)有利于在向生态城市转型过程中,降低决策成本,提高决策效率。

(3)有助于提高居民的经济生活水平,也可为居民创造更舒适的生活环境。

(4)向生态城市转型的总体规划一定要最先通过环境影响鉴定,只有这样,规划才会最大可能地达到预想效果。

## 第五节 黑龙江省资源型城市生态环境可持续发展的保障措施

### 一、企业层面

建设生态企业是发展循环经济的基础,引导企业加快技术改造步伐,积极推行清洁生产,加强环境管理,使污染防治逐步由末端治理为主向生产全过程控制转变,实施"绿色决策、绿色管理、绿色产品",实现企业经营绿色化。

#### (一)建立绿色技术体系

绿色技术体系包括用于消除污染物的环境工程技术,包括用以进行废弃物再利用的资源化技术,更包括生产过程无废少废、生产绿色产品清洁生产技术。关键在于积极采用清洁生产技术、采用无害或低害新工艺、新技术,大力降低原材料和能源的消耗,实现少投入、高产出、低污染,尽可能把对环境污染物的排放消除在企业生产过程之中。同时,在当今社会,加强对垃圾的分类处理,是废弃物资源化技术的关键。

#### (二)建立绿色营销体系

绿色营销体系是指企业在经营战略制定、市场细分与目标市场选择、产品生产、定价、分销、促销过程中,注重自身利益与社会整体利益的协调统一,在此前提下开展有利于企业获利的一系列经营活动。通过使用"环保标签""绿色标志"督促企业在生产过程中,尽量节约材料消费,保护资源;在产品流通过程,确保产品的安全使用、卫生和方便,以利于人们的身心健康和生活品质提升;引导绿色消费,培养人们的绿色意识,优化人们的生存环境。

## 二、公众层面

从公众层面讲,需要树立同环境相协调的价值观和消费观,尽可能选择有利于环境的绿色生活方式和绿色消费方式,推动市场向循环经济方向转变。消费在经济中占有重要的地位,产品或服务只有在被最终消费后才能真正实现其价值。

# 第四章 黑龙江省资源型城市实施创新驱动发展研究

## 第一节 创新驱动发展研究概述

### 一、研究背景

党的十八大明确指出"要实施创新驱动发展战略,强调科技创新是提高社会生产力和综合国力的战略支撑,必须摆在国家发展全局的核心位置"。创新驱动成为我国经济、社会及生态文明和谐发展的主要引擎。党的十八届五中全会把创新作为五大发展理念之首,提出创新是发展的第一驱动力。2016年5月19日,中共中央、国务院印发了《国家创新驱动发展战略纲要》,从顶层设计角度对我们国家今后一个时期实施好创新驱动发展战略进行系统谋划和全面部署。2020年10月29日,党的十九届五中全会明确提出要坚持创新在我国现代化建设全局中的核心地位,对推动创新发展做出重大部署,并擘画了2035年进入创新型国家前列的远景目标。无论是总结过往发展经验还是为"十四五"时期乃至更长远阶段谋篇布局,"创新"都是贯穿其中的鲜明主线。

黑龙江省资源型城市为国家经济建设和社会稳定与进步做出了重大贡献。但是,随着改革进程的不断加快和市场经济的不断发展,随着经济转型和结构调整的不断深入,资源型城市和传统老工业基地固有的深层次矛盾不断暴露,并和现阶段问题相互交织,共同制约和阻碍了整体经济的发展,不同程度地面临着煤炭资源枯竭或大量关井的局面,可持续发展面临重大挑战。

探索黑龙江省资源型城市创新驱动发展新动力,是加快资源型城市转型的现实之需,也是加快推进国家创新驱动发展的关键所在。

研究资源型城市的创新驱动发展机理,可以构建较为完善的创新驱动发展体系研究框架。这些理论研究成果对于完善创新驱动发展体系,形成内生增长动力,推动资源型城市转型,提高区域和国家竞争能力具有重要的理论指导意义和重大现实意义;也为黑龙江省政府、各资源型城市以及相关企业等推动产业结构优化和转型升级提供了理论依据,从而为"十四五"期间黑龙江省资源型城市可持续发展提供具有操作意义的应对策略。

### 二、研究意义

黑龙江省作为资源大省,是我国资源型城市最多的省份,全省共有11个典型的资源型城市。资源型城市在全省经济和工业中占有重要地位,一度在经济建设中发挥重要作用,但随着矿产资源的日趋枯竭,许多资源型城市面临着产业转型、再就业压力巨大、生态环境改善和城市空间重组等一系列问题。

(一)实施创新驱动发展可以转变经济增长方式

实施创新驱动发展可以规避资源的衰败带来的危机。资源型城市实施创新发展就是坚持产业的"双轮驱动",在资源产业方面有序开发、大力发展精深加工,在非资源产业方面围绕自然资源、产业基础、沿边开放和循环经济重点发展替代产业,使其获得可持续发展的机会。

科技创新具有较强的乘数效应。实施创新驱动发展,不仅可以通过科技的渗透作用提高各生产要素的贡献率,将其直接转化为现实生产力,提高生产力水平,还可以有力推动经济发展方式转变,对降低资源能源消耗、改善生态环境也具有重要意义。

(二)实施创新驱动发展可以提升城市的竞争力

资源型城市实施创新发展可以有效地增加城市经济发展的资本投入和科技投入,改善产业经济结构;有利于培养各类人才,促进人才的合理流动和城市一体化建设;可以优化资源配置,改善人居环境,促进城市经济的协调发展,这些都是提高城市竞争力的有效途径。

(三)为其他资源型城市提供可借鉴的模式

虽然不同资源型城市具有一定的差异性,但它们却具有相当大的共性,任何一个资源型城市,要长期地可持续地生存发展下去,就都必须进行产业结构的优化,进行经济结构调整,实现城市转型。因此,研究黑龙江省资源型城市创新驱动发展问题对其他资源型城市具有广泛的借鉴意义,可以为资源型城市的建设和发展提供宝贵的经验,使其不走或少走弯路。

## 三、国内外研究概况

(一)国外研究概况

熊彼特最早提出了创新理论,1912年他的《经济发展理论》一书中首次提出创新理论的基本观点,指出创新是经济发展的动力,而技术创新和制度创新是创新的核心部分。

20世纪60年代,新技术革命迅猛发展。美国经济学家罗斯托将"创新"的概念发展为"技术创新",技术创新在创新活动的地位日益重要。1982年著名学者弗里曼在《工业创新经济学(修订本)》中明确指出"技术创新就是指新产品、新过程、新系统和新服务的首次商业性转化"。

以索罗、弗里曼等为代表的技术创新学派形成,他们主张技术创新驱动经济发展,指出技术水平不断提高可以克服资本累积的报酬递减,经济能实现可持续增长,并从技术的创新、模仿、推广、转移、技术创新与市场结构之间的关系等方面对技术创新进行了深入研究。

而以诺斯、拉坦等为代表的制度创新学派,主张制度创新驱动经济发展,该学派把创新与制度结合起来,认为制度创新是使创新者获得追加利益的现存制度安排的一种变革。他们指出,制度创新决定科技创新,好的制度选择会促进技术创新,不好的制度设计将扼制技术创新或阻碍创新效率的提高。

Oloreux 把区域创新体系分为 5 类:区域发展潜力、区域一体化水平、社会凝聚力、技术转移的管制模式和区域障碍。Joseph 认为区域创新体系具有 6 个主要功能:政策设计、研发实施、资金筹集、教育培训、技术中介、发扬企业家精神。

(二)国内研究动态

自我国提出要加快建设创新型国家以来,创新驱动发展越来越受到国内学者的重视。

胡婷婷、文道贵提出经济发展依附于科技创新获得收益,科技创新对经济发展的拉动效应非常强,对于经济增长的贡献率非常高。洪银兴认为要从增加创新投入、体制创新、创新环境营造等多方面着手进行。而且需要政府的参与以及干涉,要求各个体系密切配合,进而实现对资源的有效分配。

肖文圣认为,创新是驱动经济发展的手段,其中硬创新是根本,软创新是保障。

刘建华以中国经济转型为视角,论证了单边投资驱动的不可延续,要依靠投资与创新互动推动经济的结构性变化与转型。王瑞将创新能力概括为创新支撑、文化创新、服务创新、技术创新和知识创新 5 个方面。

吴军提炼出创新驱动的 6 个维度。乔章凤深入研究了政府主导的科技创新带动产业创新、企业主导的工业创新带动城市发展的混合式创新、市场主导的开放式创新 3 种不同模式,并提出创新型城市建设的路径选择。

李旭桦采集我国 213 个城市 10 年间的面板数据对城市创新能力的成长动力与驱动作用进行了分析。

综上所述,国内对创新驱动发展体系构成要素及其作用机理缺乏系统研究,对各种创新主体之间的协同、各种创新功能的集成、各种创新要素的配置、各种创新机制的联动研究较少,暂时未能在创新路径的选择模式上有所突破。另外学者们大都从全国视角研究,具有针对性地提出区域创新政策的文章不多,特别是针对黑龙江省的创新驱动研究相对较少。黑龙江省在区位上具有一定的特殊性,之前的发展主要依赖较丰富的自然资源,但目前经济形势要求其经济增长方式必须从要素驱动转向创新驱动,因而深入研究黑龙江省资源型城市创新驱动发展具有重要的现实意义。

## 第二节 创新驱动发展相关理论

创新是一个民族进步的灵魂,是一个国家兴旺发达的不竭动力,也是中华民族最深沉的民族禀赋。在激烈的国际竞争中,唯创新者进,唯创新者强,唯创新者胜。

### 一、创新驱动内涵

著名管理学家迈克尔·波特最早提出创新驱动的理论,运用钻石理论作为研究工具,用竞争现象分析经济发展,提出国家经济发展过程中出现的4个阶段:第一个阶段是生产要素驱动,靠自然资源、劳动力等投入来拉动经济增长;第二阶段是投资驱动,通过加大投资力度继续维持经济的高速增长;第三个阶段是创新驱动,前两个阶段靠传统要素拉动经济的方式在某个时期达到一个稳态,经济在数量上就会不再增长,要想继续保持增长的态势就需要转变方式,通过科技创新、管理创新、制度创新等创新驱动增长方式,形成新的技术红利、管理红利;第四个阶段是财富驱动阶段。这4个阶段前后推进,相互影响,前3个阶段是国家竞争优势的主要来源,产生经济繁荣,而第四个阶段却是可能开始衰退的转折点。

创新驱动是指利用科技、管理、制度等创新要素对现有的资源、劳动力等传统生产要素重新组合,对旧的生产方式、经营方式、管理方式、销售模式进行改造革新,提高生产要素的产出率,依靠科学技术的创新实现集约增长进而带动经济增长的方式。经济增长方式由传统的要素驱动转向创新驱动发展,其经济发展的动力结构也随着发生改变,摆脱以往仅仅靠资源高投入、高消耗换取的经济增长,依靠创新的驱动力,向提高全要素生产率进而提高经济增长率的经济增长方式转变。

创新驱动改变要素驱动主要体现在两方面:一是可以促进各要素的重新融合和优化组合,提高要素的利用率,促进产业升级,增大回报率或者减少污染;二是通过技术革新产生新的产业形式,推动经济转型。

原科技部部长万钢曾指出,创新驱动发展大概有4个方面:第一,要提高要素的生产率,来解决质量和效益的问题;第二,通过生产要素的新组合,来突破资源和环境的制约;第三,通过关键技术,特别是原始创新能力的提升,来突破自主可控的问题;第四,动员全社会的创新创业的活力,通过全社会的积极性来实现新的发展。

创新驱动的实质是科技创新,而科技创新的源头,一是来自大学和科学院的科学新发现所产生的原创性创新成果;二是引进先进技术,能消化吸收并进行创新。同时,创新驱动经济发展是针对全社会而言的,不只是企业的新发明转化为新技术,更重要的是全社会推广和扩散(洪银兴)。创新驱动的内容是以产业创新形成新型产业体系,以科技创新形成完备的技术创新体系,以产品创新形成新市场和经济增长点,以制度创新为经济发展方式提供保障,以战略创新形成协同创新体系(任保年)。我国创新驱动重点应是自主创新,可以是原始创新、集成创新,也或者是引进消化吸收创新(张晓第)。创新驱动内容围绕科技创新和国家创新的制度展开,通过科教兴国和人才强国,为创新型经济提供创新人才。

## 二、创新驱动特征

### 1. 内生性

内因是事物发展的决定性因素,占据主导地位,源源不断的内生动力才是创新可长可久的根基。创新促使各种资源要素形成最佳的组合形式。

### 2. 创新性

创新驱动的增长方式依靠知识、技术、人力和激励创新制度等无形要素对旧的生产方式、经营方式、管理方式、销售模式进行改造革新,实现要素的重新组合,使科学技术成果在生产和商业上得以广泛应用进而提高生产效率,这是创新的发展方式。

### 3. 可持续性

创新驱动,更多依赖创新型人才、先进的科学技术、先进的管理模式、高效的制度等方式,具有效率高、附加值高等特点。创新驱动不仅重视数量的增长,更追求经济增长的质量,是在不破坏资源、不牺牲环境质量的前提下增加社会财富,既可以有效解决发展中的结构性问题,加快产业转型升级步伐,也可以从根源上解决生态环境问题,实现经济社会的可持续发展,打造和谐美丽的生态新中国。

## 三、创新驱动要素

### (一)科技创新是创新驱动的核心

科技创新是推动经济增长的根本动力,技术的不断革新可以提高劳动生产率,进而促进经济增长。如果创新出现,企业由此获得比以前更多的利润,依靠技术的高回报就会引得其他企业纷纷效仿进而产生创新的集聚,形成投资的高潮,形成市场的繁荣景象,进而推动经济增长的脚步不断前进。经济再增长,必然引发再创新,进而带来更多的利润。要想解决资源型城市产业结构单一的问题,实现产业结构多元化以及主导产业的接续替代发展,必须依靠技术进步。技术创新是实现资源型城市产业结构调整的最重要的发展路径。

### (二)制度创新是创新驱动的保障

体制的创新是经济增长的基本保障,经济增长过程中要有一个结构完善的经济体制,建立起公平竞争、效率与公平的制度环境,确保经济增长过程中每一个企业的合法权益。制度创新具有激励作用,使经济主体的外部性行为内部化。制度创新也可以通过对造成环境污染的违规违法行为进行惩罚,抑制资源浪费、污染环境和破坏生态的行为。制度创新还可以减少创新的风险。通过制度的激励作用,可使社会大众对企业进行有效监督,使企业真正做到按规定生产,最终达到提升经济增长质量、提高社会福利的目的。资源型城市的产业发展离不开制度创新,其一方面保证资源产业的平稳发展,另一方面促进接替产业的培养和成长,是产业升级的重要动力。

### (三)协同创新是创新驱动的机制

协同创新是指通过合作开发引入区域经济系统,共享新的要素或要素的新组合方式,共享创新成果,使系统具有新的功能。技术创新和制度创新在推动资源型城市产业演化的过程中表现为协同关系,产业的培育和成长离不开技术与制度的协同创新。

### (四)产业创新是创新驱动的载体

科技创新带来的是产业革命,以科技创新为先导的产业转型升级,是现代世界科技发展的必然结果。一方面,正在兴起的新科技催生出一系列新兴产业,比如新材料产业、新能源产业、生物技术产业、环保产业等,它们采用最新科技成果,其技术含量更高,附加值更高,也更为绿色,本身具有更好的发展前景和更丰厚的收益。另一方面,产业创新还包括传统产业的创新。实际上每个阶段的产业结构中都是传统产业占较大比重。在资源有限的条件下,传统产业的发展也需要创新驱动:一是采用最新科技,与信息化深度融合;二是向节能环保的绿色产业转型;三是进入新兴产业的产业链条。

**四、我国创新驱动战略**

2016年5月,我国出台了《国家创新驱动发展战略纲要》,明确了三步走总体目标,按照"坚持双轮驱动、构建一个体系、推动六大转变"进行布局,构建新的发展动力系统。双轮驱动就是科技创新和体制机制创新两个轮子相互协调、持续发力。一个体系就是建设国家创新体系。六大转变则是发展方式从以规模扩张为主导的粗放式增长向以质量效益为主导的可持续发展转变;发展要素从传统要素主导发展向创新要素主导发展转变;产业分工从价值链中低端向价值链中高端转变;创新能力从"跟踪、并行、领跑"并存、"跟踪"为主向"并行""领跑"为主转变;资源配置从以研发环节为主向产业链、创新链、资金链统筹配置转变;创新群体从以科技人员的小众为主向小众与大众创新创业互动转变。

## 第三节 黑龙江省资源型城市科技创新现状

### 一、黑龙江省科技创新整体情况

科研机构也是区域新知识、新技术的重要创造者和区域创新系统的重要主体。黑龙江省拥有丰富的科研机构资源。如表4.1所示,黑龙江省有科学研究与开发机构226个,研究人员总数在不断减少;经费支出2015年出现下降,2016年有所回升,其中政府资金稳步下降,但企业资金有一定增加。企业是区域产学研创新系统的主体,企业的科技资源投入、研发活动的开展以及创新发展水平不仅关系到企业自身的生存与发展,更直接影响着区域经济与创新发展水平的提高。科技产出及成果是衡量创新驱动发展的重要指标,成果产出数量明显增加,无论是科技论文数还是发明专利授权数都有所上升。

表4.1 黑龙江省科学研究与开发机构基本情况

| 指标 | 2012年 | 2013年 | 2014年 | 2015年 | 2016年 |
| --- | --- | --- | --- | --- | --- |
| 机构基本情况 | | | | | |
| 机构数/个 | 226 | 226 | 226 | 226 | 226 |
| 研究与试验发展(R&D)投入情况 | — | — | — | — | — |
| R&D人员/人 | 7 677 | 7 710 | 7 739 | 7 663 | 7 429 |
| R&D经费内部支出/万元 | 144 408 | 150 448 | 161 622 | 139 353 | 142 700 |
| 政府资金 | 116 722 | 117 118 | 113 682 | 107 780 | 94 445 |
| 企业资金 | 9 851 | 16 263 | 7 719 | 7 056 | 8 287 |
| 科技产出及成果情况 | | | | | |
| 发表科技论文/篇 | 3 781 | 3 835 | 3 791 | 3 543 | 3 687 |

续表4.1

| 指标 | 2012 年 | 2013 年 | 2014 年 | 2015 年 | 2016 年 |
| --- | --- | --- | --- | --- | --- |
| #国外发表 | 275 | 356 | 512 | 427 | 736 |
| 出版科技著作/种 | 129 | 127 | 103 | 139 | 71 |
| 专利申请受理数/件 | 688 | 578 | 521 | 624 | 789 |
| #发明专利 | — | 290 | 235 | 303 | 357 |
| 专利申请授权数/件 | 448 | 363 | 378 | 412 | 557 |
| #发明专利 | — | 153 | 117 | 134 | 170 |

资料来源:2013—2017 年《黑龙江统计年鉴》

大学是新知识、新技术的创造者,具有知识研究、技术创新、人才培养等方面的优势,是区域重要的创新主体。如表4.2所示,黑龙江省有高等院校数量逐年增加,研究与试验发展机构也有所增加,但科研人数出现波动。R&D 经费内部支出与项目经费是衡量 R&D 活动经费的重要资金投入指标。经费支出 2014 年出现下降,2015 年之后有所回升,2016 年显著增加,并且政府资金和企业资金都有一定增加,说明政府和企业都更加重视科技投入,积极实施创新发展。科技产出及成果情况,无论是国外发表论文数、出版科技著作数还是发明专利数都显著增加。

表 4.2 黑龙江省高等学校科技活动情况

| 指标 | 2012 年 | 2013 年 | 2014 年 | 2015 年 | 2016 年 |
| --- | --- | --- | --- | --- | --- |
| 高等学校基本情况 | | | | | |
| 学校数/个 | 90 | 93 | 83 | 121 | 135 |
| #理工农医 | 54 | 54 | 46 | 56 | 56 |
| #人文社科 | 36 | 39 | 37 | 65 | 79 |
| 研究与试验发展(R&D)机构/个 | 304 | 288 | 267 | 305 | 329 |
| R&D 投入情况 | | | | | |
| R&D 人员全时当量/人年 | 15 175 | 15 267 | 14 076 | 14 787 | 14 211 |
| R&D 经费内部支出/万元 | 312 084 | 363 449 | 340 561 | 380 956 | 449 414 |
| 政府资金 | 200 274 | 209 214 | 170 908 | 212 066 | 244 137 |
| 企业资金 | 106 822 | 148 880 | 166 922 | 166 070 | 195 097 |
| 科技产出及成果情况 | | | | | |
| 发表科技论文/篇 | 37 450 | 35 282 | 37 358 | 38 123 | 36 133 |
| #国外发表 | 11 071 | 10 810 | 12 669 | 14 050 | 14 502 |
| 出版科技著作/种 | 1 419 | 1 344 | 829 | 892 | 1 142 |
| 专利申请受理数/件 | 7 054 | 6 998 | 6 497 | 8 974 | 7 679 |
| #发明专利 | — | 3 868 | 3 974 | 4 763 | 3 878 |
| 专利申请授权数/件 | 4 084 | 4 724 | 3 920 | 6 130 | 5 924 |
| #发明专利 | — | 1 483 | 1 576 | 2 559 | 2 714 |

资料来源:2013—2017 年《黑龙江统计年鉴》

企业是区域产学研创新的主体,企业的科技资源投入、研发活动的开展以及创新发展水平不仅关系到企业自身的生存与发展,更直接影响着区域经济与创新发展水平的提高。如表4.3所示,黑龙江省规模以上工业企业R&D数在不断下降,R&D人员数也在减少,R&D经费内部支出呈现波动趋势,R&D经费内部支出与主营业务收入之比只有1%左右。这说明规模以上工业企业发展的重心依旧注重于生产,忽视对企业技术开发和创新能力提高的投入。

表4.3 黑龙江省大中型工业企业科技活动基本情况

| 指标 | 2012年 | 2013年 | 2014年 | 2015年 | 2016年 |
| --- | --- | --- | --- | --- | --- |
| 企业基本情况 | | | | | |
| 企业数/个 | 635 | 638 | 628 | 592 | 563 |
| 有R&D活动企业数/个 | 144 | 111 | 123 | 121 | 119 |
| R&D活动情况 | | | | | |
| R&D人员全时当量/人年 | 33 592 | 30 447 | 34 223 | 28 140 | 27 668 |
| R&D经费内部支出/万元 | 856 410 | 640 270 | 883 407 | 787 353 | 793 594 |
| R&D经费内部支出与主营业务收入之比/% | 1.00 | 0.75 | 1.02 | 1.10 | 1.20 |
| R&D项目数/项 | 3 853 | 3 329 | 3 720 | 2 501 | 2 104 |
| R&D项目经费内部支出/万元 | 642 154 | 560 149 | 686 289 | 718 018 | 722 200 |
| 企业办R&D机构情况 | | | | | |
| 机构数/个 | 154 | 113 | 125 | 125 | 103 |
| 机构人员数/人 | 16 224 | 18 891 | 21 094 | 21 226 | 19 123 |
| 机构经费支出/万元 | 373 370 | 274 680 | 304 454 | 333 829 | 244 868 |
| 新产品开发及生产情况 | | | | | |
| 新产品开发项目数/个 | 2 865 | 2 315 | 2 909 | 2 082 | 1 738 |
| 新产品开发经费支出/万元 | 704 050 | 456 729 | 761 810 | 637 566 | 605 928 |
| 新产品销售收入/万元 | 5 190 962 | 4 892 842 | 4 809 460 | 4 629 396 | 4 357 110 |
| #新产品出口 | 526 974 | 381 943 | 267 354 | 343 999 | 704 133 |

资料来源:2013—2017年《黑龙江统计年鉴》

如表4.4所示,黑龙江省科技活动的各项财力投入在波动中呈上升趋势,总体而言,黑龙江省科技活动财力投入差别较大,且各部门资金投入增长幅度有限。黑龙江省科技财力投入是制约科技活动产出效用的重要因素之一。

表 4.4　黑龙江省科技活动各项财力投入　　　　　　　　　　单位:万元

| 项目 | 2012 年 | 2013 年 | 2014 年 | 2015 年 | 2016 年 |
| --- | --- | --- | --- | --- | --- |
| R&D 经费内部支出 | 1 459 588 | 1 557 630 | 1 613 000 | 1 577 000 | 1 632 000 |
| 科研活动经费内部支出 | 2 472 718 | 2 509 817 | 2 591 365 | 2 781 397 | 2 562 274 |
| 政府部门资金 | 22 355 | 27 560 | 25 890 | 27 738 | 29 634 |
| 金融机构贷款 | 116 000 | 127 400 | 157 950 | 135 913 | 137 977 |

资料来源:2013—2017 年《黑龙江统计年鉴》

## 二、黑龙江省各资源型城市科技创新情况

如表 4.5 所示,鸡西市高新技术产业增加值从 2014 年开始出现增速放缓的情况,2016 年开始回升,2017 年高新技术产业增加值为 28.1 亿元,增速 31.3%。R&D 经费支出 2016 年出现显著下降,从 2015 年的 1.6 亿下降为 2016 年的 0.3 亿元。R&D/GDP 以及 R&D 人员也都出现锐减。地方财政科技拨款出现一定幅度的波动,整体呈现下降趋势。截至 2017 年,鸡西市有独立科研院所 5 个,其中省属 1 个、重点实验室 3 个、工程技术研究中心 10 个、民营示范区 3 个、科技企业孵化器 6 个、生产力促进中心 4 个、高新技术企业 11 个。

表 4.5　鸡西市科技工作主要数据

| 指标 | 单位 | 2013 年 | 2014 年 | 2015 年 | 2016 年 | 2017 年 |
| --- | --- | --- | --- | --- | --- | --- |
| 高新技术产业增加值 | 亿元 | 32.15 | 21.5 | 17.4 | 21.4 | 28.1 |
| 增速 | % | 17.8 | −33.1 | −19.1 | 23.2 | 31.3 |
| R&D 经费支出 | 亿元 | 0.9 | 1.1 | 1.6 | 0.3 | 0.27 |
| R&D/GDP | % | 0.16 | 0.2 | 0.31 | 0.06 | 0.05 |
| R&D 人员 | 万人年 | 0.1 | 0.1 | 0.1 | 0.07 | 0.003 |
| 地方财政科技拨款 | 万元 | 8 917 | 7 198 | 7 650 | 5 142 | 6 681 |
| 获省级科技奖励项目 | 项 | 2 | 4 | 1 | — | 2 |
| 独立科研院所 | 个 | 5 | 5 | 5 | 5 | 5 |
| 省属 | 个 | 1 | 1 | 1 | 1 | 1 |
| 重点实验室 | 个 | 1 | 2 | 2 | 2 | 3 |
| 工程技术研究中心 | 个 | 5 | 9 | 9 | 9 | 10 |
| 民营示范区 | 个 | 3 | 3 | 3 | 3 | 3 |
| 科技企业孵化器 | 个 | 1 | 1 | 3 | 5 | 6 |
| 生产力促进中心 | 个 | 4 | 4 | 4 | 4 | 4 |
| 高新技术企业 | 个 | 6 | 5 | 8 | 10 | 11 |

资料来源:2014—2018 年黑龙江省科学技术厅《科技统计手册》

如表 4.6 所示,鹤岗市高新技术产业增加值 2016 年出现锐减的情况,2017 年有所回升,2017 年高新技术产业增加值为 5.5 亿元,增速 14.9%。R&D 经费支出 2016 年出现下降,2017 年有所回升。R&D/GDP 出现一定波动,但幅度不大。而 R&D 人员和地方财

政科技拨款一直呈现减少态势。截至2017年,鹤岗市有独立科研院所5个,其中省属1个、工程技术研究中心4个、火炬特色产业基地1个、科技企业孵化器1个、生产力促进中心4个、高新技术企业7个。

表4.6 鹤岗市科技工作主要数据

| 指标 | 单位 | 2013年 | 2014年 | 2015年 | 2016年 | 2017年 |
| --- | --- | --- | --- | --- | --- | --- |
| 高新技术产业增加值 | 亿元 | 11.56 | 11.7 | 11.9 | 4.8 | 5.5 |
| 增速 | % | 28.2 | 1.2 | 2.6 | −59.9 | 14.9 |
| R&D经费支出 | 亿元 | 0.7 | 0.6 | 0.5 | 0.32 | 0.4 |
| R&D/GDP | % | 0.2 | 0.23 | 0.19 | 0.11 | 0.14 |
| R&D人员 | 万人年 | 0.03 | 0.03 | 0.02 | 0.02 | 0.01 |
| 地方财政科技拨款 | 万元 | 9 053 | 5 061 | 3 787 | 3 458 | 2 427 |
| 获省级科技奖励项目 | 项 | 1 | — | — | 1 | — |
| 独立科研院所 | 个 | 5 | 5 | 5 | 5 | 5 |
| 省属 | 个 | 1 | 1 | 1 | 1 | 1 |
| 工程技术研究中心 | 个 | 4 | 4 | 4 | 4 | 4 |
| 火炬特色产业基地 | 个 | 1 | 1 | 1 | 1 | 1 |
| 科技企业孵化器 | 个 | 1 | 1 | 1 | 1 | 1 |
| 生产力促进中心 | 个 | 4 | 4 | 4 | 4 | 4 |
| 高新技术企业 | 个 | 9 | 7 | 8 | 8 | 7 |

资料来源:2014—2018年黑龙江省科学技术厅《科技统计手册》

如表4.7所示,双鸭山市高新技术产业增加值从2015年开始出现增速放缓的情况,2016年开始回升,2017年高新技术产业增加值为13.5亿元,增速105.1%。R&D经费支出一直保持上升态势,2017年高达2.2亿元。R&D/GDP呈现上升态势,2017年占比0.47%。而R&D人员和地方财政科技拨款则一直呈现减少态势。截至2017年,双鸭山市有独立科研院所4个,其中省属1个、工程技术研究中心2个、民营示范区1个、科技企业孵化器3个、生产力促进中心5个、高新技术企业5个。

表4.7 双鸭山市科技工作主要数据

| 指标 | 单位 | 2013年 | 2014年 | 2015年 | 2016年 | 2017年 |
| --- | --- | --- | --- | --- | --- | --- |
| 高新技术产业增加值 | 亿元 | 27.1 | 10.3 | 6.4 | 6.6 | 13.5 |
| 增速 | % | −21.4 | −61.9 | −41.8 | 2.8 | 105.1 |
| R&D经费支出 | 亿元 | 0.5 | 0.5 | 0.5 | 0.8 | 2.2 |
| R&D/GDP | % | 0.09 | 0.11 | 0.12 | 0.18 | 0.47 |
| R&D人员 | 万人年 | 0.06 | 0.05 | 0.03 | 0.02 | 0.02 |
| 地方财政科技拨款 | 万元 | 5 995 | 6 013 | 3 718 | 1 289 | 1 007 |
| 获省级科技奖励项目 | 项 | — | 2 | 1 | — | — |

续表4.7

| 指标 | 单位 | 2013年 | 2014年 | 2015年 | 2016年 | 2017年 |
| --- | --- | --- | --- | --- | --- | --- |
| 独立科研院所 | 个 | 4 | 4 | 4 | 4 | 4 |
| 省属 | 个 | 1 | 1 | 1 | 1 | 1 |
| 工程技术研究中心 | 个 | 2 | 2 | 2 | 2 | 2 |
| 民营示范区 | 个 | 1 | 1 | 1 | 1 | 1 |
| 科技企业孵化器 | 个 | — | 1 | 1 | 3 | 3 |
| 生产力促进中心 | 个 | 5 | 5 | 5 | 5 | 5 |
| 高新技术企业 | 个 | 10 | 9 | 7 | 7 | 5 |

资料来源:2014—2018年黑龙江省科学技术厅《科技统计手册》

如表4.8所示,大庆市高新技术产业增加值一直呈现上升态势,2017年高新技术产业增加值为777.6亿元;高新技术产业增加值增速2014年出现锐减,2016年又出现下降,2017年有所回升,达到10.5%。R&D经费支出出现波动,但幅度不大,2017年高达22.29亿元。R&D/GDP呈现上升态势,2017年占比0.83%。而R&D人员和地方财政科技拨款则一直呈现减少态势。截至2017年,大庆市有独立科研院所7个,其中省属3个、重点实验室4个、工程技术研究中心32个、技术创新服务平台4个、中试基地3个、高新技术开发区1个、民营示范区2个、国家级大学科技园1个、火炬特色产业基地5个、科技企业孵化器30个、生产力促进中心9个、高新技术企业150个。

表4.8 大庆市科技工作主要数据

| 指标 | 单位 | 2013年 | 2014年 | 2015年 | 2016年 | 2017年 |
| --- | --- | --- | --- | --- | --- | --- |
| 高新技术产业增加值 | 亿元 | 620.8 | 655.4 | 698.3 | 703.7 | 777.6 |
| 增速 | % | 22.5 | 5.6 | 6.5 | 0.8 | 10.5 |
| R&D经费支出 | 亿元 | 27.3 | 30.4 | 22.6 | 19.5 | 22.29 |
| R&D/GDP | % | 0.65 | 0.75 | 0.76 | 0.75 | 0.83 |
| R&D人员 | 万人年 | 1.2 | 1.4 | 1.1 | 1.2 | 0.7 |
| 地方财政科技拨款 | 万元 | 30 059 | 11 698 | 11 623 | 12 134 | 4 971 |
| 获省级科技奖励项目 | 项 | 31 | 21 | 23 | 25 | 6 |
| 独立科研院所 | 个 | 7 | 7 | 7 | 7 | 7 |
| 省属 | 个 | 3 | 3 | 3 | 3 | 3 |
| 重点实验室 | 个 | 4 | 4 | 4 | 4 | 4 |
| 工程技术研究中心 | 个 | 17 | 24 | 24 | 24 | 32 |
| 技术创新服务平台 | 个 | 4 | 4 | 4 | 4 | 4 |
| 中试基地 | 个 | 3 | 3 | 3 | 3 | 3 |
| 高新技术开发区 | 个 | 1 | 1 | 1 | 1 | 1 |

续表4.8

| 指标 | 单位 | 2013 年 | 2014 年 | 2015 年 | 2016 年 | 2017 年 |
| --- | --- | --- | --- | --- | --- | --- |
| 民营示范区 | 个 | 2 | 2 | 2 | 2 | 2 |
| 国家级大学科技园 | 个 | 1 | 1 | 1 | 1 | 1 |
| 火炬特色产业基地 | 个 | 5 | 5 | 5 | 5 | 5 |
| 科技企业孵化器 | 个 | 5 | 9 | 22 | 30 | 30 |
| 生产力促进中心 | 个 | 9 | 9 | 9 | 9 | 9 |
| 高新技术企业 | 个 | 125 | 128 | 132 | 134 | 150 |

资料来源：2014—2018 年黑龙江省科学技术厅《科技统计手册》

如表4.9所示，伊春市高新技术产业增加值从2015年开始出现增速放缓的情况，2016年开始回升，2017年高新技术产业增加值为12.2亿元；高新技术产业增加值增速2014年出现锐减，2016年有所回升，2017年增速高达87.3%。R&D经费支出和R&D/GDP 2015年下降，2016年有所回升，2017年R&D经费支出达到2.47亿元，R&D/GDP高达0.93%。R&D人员从2015年开始呈现减少态势，2017年有所回升。地方财政科技拨款则一直呈现减少态势。截至2017年，伊春市有独立科研院所5个，其中省属2个、工程技术研究中心6、技术创新服务平台1个、中试基地2个、科技企业孵化器3个、高新技术企业4个。

表4.9 伊春市科技工作主要数据

| 指标 | 单位 | 2013 年 | 2014 年 | 2015 年 | 2016 年 | 2017 年 |
| --- | --- | --- | --- | --- | --- | --- |
| 高新技术产业增加值 | 亿元 | 12.3 | 6.8 | 5.9 | 6.5 | 12.2 |
| 增速 | % | 17.1 | −44.8 | −9.2 | 9.7 | 87.3 |
| R&D 经费支出 | 亿元 | 1.7 | 1.2 | 0.5 | 0.8 | 2.47 |
| R&D/GDP | % | 0.60 | 0.46 | 0.20 | 0.32 | 0.93 |
| R&D 人员 | 万人年 | 0.05 | 0.05 | 0.03 | 0.03 | 0.04 |
| 地方财政科技拨款 | 万元 | 5 452 | 4 182 | 4 047 | 2 629 | 2 618 |
| 获省级科技奖励项目 | 项 | 1 | 2 | 2 | 5 | — |
| 独立科研院所 | 个 | 5 | 5 | 5 | 5 | 5 |
| 省属 | 个 | 2 | 2 | 2 | 2 | 2 |
| 工程技术研究中心 | 个 | 4 | 6 | 6 | 6 | 6 |
| 技术创新服务平台 | 个 | 1 | 1 | 1 | 1 | 1 |
| 中试基地 | 个 | 2 | 2 | 2 | 2 | 2 |
| 科技企业孵化器 | 个 | 2 | 2 | 2 | 3 | 3 |
| 生产力促进中心 | 个 | 3 | 3 | 3 | 3 | — |
| 高新技术企业 | 个 | 5 | 5 | 4 | 4 | 4 |

资料来源：2014—2018 年黑龙江省科学技术厅《科技统计手册》

如表4.10所示,七台河市高新技术产业增加值从2015年开始出现增速放缓的情况,2016年开始回升,2017年高新技术产业增加值为10.4亿元;高新技术产业增加值增速2013年出现锐减,2016年有所回升,2017年增速为-7.7%。R&D经费支出和R&D/GDP 2015年下降,2016年显著回升,2017年回落,2017年R&D经费支出达到0.71亿元,R&D/GDP为0.31%。R&D人员从2013年开始出现波动。地方财政科技拨款则一直呈现减少态势,2017年显著增加。截至2017年,七台河市有独立科研院所1个,其中工程技术研究中心2个、高新技术开发区1个、民营示范区1个、科技企业孵化器2个、生产力促进中心5个、高新技术企业11个。

表4.10 七台河市科技工作主要数据

| 指标 | 单位 | 2013年 | 2014年 | 2015年 | 2016年 | 2017年 |
| --- | --- | --- | --- | --- | --- | --- |
| 高新技术产业增加值 | 亿元 | 14.3 | 8.9 | 7.3 | 11.3 | 10.4 |
| 增速 | % | -13.4 | -37.7 | -17.3 | 54.9 | -7.7 |
| R&D经费支出 | 亿元 | 1.00 | 1.00 | 0.70 | 2.55 | 0.71 |
| R&D/GDP | % | 0.40 | 0.45 | 0.33 | 1.10 | 0.31 |
| R&D人员 | 万人年 | 0.02 | 0.04 | 0.03 | 0.02 | 0.03 |
| 地方财政科技拨款 | 万元 | 1 513 | 2 160 | 1 415 | 753 | 3 204 |
| 获省级科技奖励项目 | 项 | 1 | 1 | — | 1 | — |
| 独立科研院所 | 个 | 1 | 1 | 1 | 1 | 1 |
| 工程技术研究中心 | 个 | — | 2 | 2 | 2 | 2 |
| 高新技术开发区 | 个 | — | — | — | — | 1 |
| 民营示范区 | 个 | 1 | 1 | 1 | 1 | 1 |
| 科技企业孵化器 | 个 | 1 | 2 | 1 | 2 | 2 |
| 生产力促进中心 | 个 | 5 | 5 | 5 | 5 | 5 |
| 高新技术企业 | 个 | 3 | 4 | 5 | 5 | 11 |

资料来源:2014—2018年黑龙江省科学技术厅《科技统计手册》

如表4.11所示,牡丹江市高新技术产业增加值一直呈现上升态势,2017年高新技术产业增加值为117.3亿元;高新技术产业增加值增速2014年出现锐减,2015年显著回升,2016年下降,2017年有所回升,2017年增速为13.8%。R&D经费支出和R&D/GDP出现波动,但幅度不大,2017年R&D经费支出达到1.74亿元,R&D/GDP仅为0.12%。R&D人员变化不大。地方财政科技拨款2014年开始呈减少态势,2017年显著增加。截至2017年,牡丹江市有独立科研院所13个,其中省属7个、重点实验室8个、工程技术研究中心23个、技术创新服务平台2个、中试基地9个、高新技术开发区1个、民营示范区1个、火炬特色产业基地2个、科技企业孵化器25个、生产力促进中心11个、高新技术企业28个。

表 4.11 牡丹江市科技工作主要数据

| 指标 | 单位 | 2013 年 | 2014 年 | 2015 年 | 2016 年 | 2017 年 |
|---|---|---|---|---|---|---|
| 高新技术产业增加值 | 亿元 | 74.8 | 82.6 | 98.4 | 103.1 | 117.3 |
| 增速 | % | 35.6 | 10.4 | 15.8 | 4.8 | 13.8 |
| R&D 经费支出 | 亿元 | 1.7 | 1.8 | 1.8 | 1.57 | 1.74 |
| R&D/GDP | % | 0.14 | 0.15 | 0.15 | 0.11 | 0.12 |
| R&D 人员 | 万人年 | 0.1 | 0.1 | 0.1 | 0.1 | 0.1 |
| 地方财政科技拨款 | 万元 | 22 533 | 13 980 | 12 524 | 6 267 | 10 470 |
| 获省级科技奖励项目 | 项 | 5 | 9 | 7 | 9 | 5 |
| 独立科研院所 | 个 | 13 | 13 | 13 | 13 | 13 |
| 省属 | 个 | 7 | 7 | 7 | 7 | 7 |
| 重点实验室 | 个 | 4 | 4 | 4 | 4 | 8 |
| 工程技术研究中心 | 个 | 9 | 17 | 17 | 23 | 23 |
| 技术创新服务平台 | 个 | 2 | 2 | 2 | 2 | 2 |
| 中试基地 | 个 | 9 | 9 | 9 | 9 | 9 |
| 高新技术开发区 | 个 | 1 | 1 | 1 | 1 | 1 |
| 民营示范区 | 个 | 1 | 1 | 1 | 1 | 1 |
| 火炬特色产业基地 | 个 | 2 | 2 | 2 | 2 | 2 |
| 科技企业孵化器 | 个 | 2 | 2 | 10 | 21 | 25 |
| 生产力促进中心 | 个 | 11 | 11 | 11 | 11 | 11 |
| 高新技术企业 | 个 | 20 | 18 | 25 | 26 | 28 |

资料来源：2014—2018 年黑龙江省科学技术厅《科技统计手册》

如表 4.12 所示，黑河市高新技术产业增加值 2016 年有所下降，2017 年高新技术产业增加值为 1.9 亿元；高新技术产业增加值增速 2015 年下降，2016 年锐减，2017 年有所回升，2017 年增速为 34.2%。R&D 经费支出基本呈现上升态势，R&D/GDP 呈现波动，整体呈下降态势，2017 年 R&D/GDP 仅为 0.06%。R&D 人员整体呈下降态势。地方财政科技拨款 2016 年开始呈现减少态势。截至 2017 年，黑河市有独立科研院所 10 个，其中省属 4 个、技术创新服务平台 1 个、中试基地 1 个、民营示范区 1 个、火炬特色产业基地 1 个、科技企业孵化器 2 个、生产力促进中心 7 个、高新技术企业 1 个。

表 4.12 黑河市科技工作主要数据

| 指标 | 单位 | 2013 年 | 2014 年 | 2015 年 | 2016 年 | 2017 年 |
| --- | --- | --- | --- | --- | --- | --- |
| 高新技术产业增加值 | 亿元 | 2.5 | 2.8 | 3.1 | 1.4 | 1.9 |
| 增速 | % | 90.8 | 12 | 10.7 | −55.9 | 34.2 |
| R&D 经费支出 | 亿元 | 0.3 | 0.3 | 0.2 | 0.22 | 0.31 |
| R&D/GDP | % | 0.09 | 0.07 | 0.04 | 0.04 | 0.06 |
| R&D 人员 | 万人年 | 0.04 | 0.03 | 0.02 | 0.02 | 0.02 |
| 地方财政科技拨款 | 万元 | 11 473 | 8 189 | 11 406 | 6 426 | 5 345 |
| 获省级科技奖励项目 | 项 | 1 | — | 2 | 1 | 1 |
| 独立科研院所 | 个 | 11 | 11 | 10 | 10 | 10 |
| 省属 | 个 | 5 | 5 | 4 | 4 | 4 |
| 技术创新服务平台 | 个 | 1 | 1 | 1 | 1 | 1 |
| 中试基地 | 个 | 1 | 1 | 1 | 1 | 1 |
| 民营示范区 | 个 | 1 | 1 | 1 | 1 | 1 |
| 火炬特色产业基地 | 个 | 1 | 1 | 1 | 1 | 1 |
| 科技企业孵化器 | 个 | 2 | 3 | 1 | 2 | 2 |
| 生产力促进中心 | 个 | 7 | 7 | 7 | 7 | 7 |
| 高新技术企业 | 个 | 3 | 3 | 3 | 2 | 1 |

资料来源:2014—2018 年黑龙江省科学技术厅《科技统计手册》

如表 4.13 所示,大兴安岭地区高新技术产业增加值 2015 年有所下降,2016 年开始回升,2017 高新技术产业增加值为 2.2 亿元;高新技术产业增加值增速 2014 年下降,2016 年有所回升,2017 年增速为 23.0%。R&D 经费支出一直呈现下降态势,R&D/GDP 整体呈下降态势,2017 年 R&D/GDP 仅为 0.06%。R&D 人员整体呈下降态势。地方财政科技拨款 2016 年开始呈现减少态势,2017 年有所提升。截至 2017 年,大兴安岭地区有独立科研院所 1 个,其中工程技术研究中心 4 个、中试基地 2 个、火炬特色产业基地 1 个、科技企业孵化器 3 个、生产力促进中心 5 个、高新技术企业 3 个。

表 4.13 大兴安岭地区科技工作主要数据

| 指标 | 单位 | 2013 年 | 2014 年 | 2015 年 | 2016 年 | 2017 年 |
| --- | --- | --- | --- | --- | --- | --- |
| 高新技术产业增加值 | 亿元 | 2.8 | 2.4 | 1.6 | 1.8 | 2.2 |
| 增速 | % | 20.4 | −15.2 | −35.0 | 16.9 | 23.0 |
| R&D 经费支出 | 亿元 | 0.20 | 0.20 | 0.20 | 0.14 | 0.09 |
| R&D/GDP | % | 0.16 | 0.13 | 0.15 | 0.09 | 0.06 |
| R&D 人员 | 万人年 | 0.03 | 0.03 | 0.02 | 0.01 | 0.01 |
| 地方财政科技拨款 | 万元 | 2 065 | 1 280 | 1 497 | 818 | 2 187 |

续表4.13

| 指标 | 单位 | 2013年 | 2014年 | 2015年 | 2016年 | 2017年 |
| --- | --- | --- | --- | --- | --- | --- |
| 获省级科技奖励项目 | 项 | — | — | 1 | — | — |
| 独立科研院所 | 个 | 1 | 1 | 1 | 1 | 1 |
| 工程技术研究中心 | 个 | 3 | 4 | 4 | 4 | 4 |
| 中试基地 | 个 | 2 | 2 | 2 | 2 | 2 |
| 火炬特色产业基地 | 个 | 1 | 1 | 1 | 1 | 1 |
| 科技企业孵化器 | 个 | — | 0 | 2 | 2 | 3 |
| 生产力促进中心 | 个 | 5 | 5 | 5 | 5 | 5 |
| 高新技术企业 | 个 | 1 | 2 | 2 | 3 | 3 |

资料来源:2014—2018年黑龙江省科学技术厅《科技统计手册》

## 第四节 黑龙江省资源型城市创新驱动发展情况分析

### 一、优势

#### (一)环境资源优势

**1. 生态条件**

森林面积3亿多亩,森林覆盖率45.7%,森林面积和森林覆盖率居全国前列;可利用草原面积6 500万亩,产草量居全国第八位;湿地面积884万公顷,居全国首位;境内水系发达,有兴凯湖、镜泊湖、五大连池三大湖泊以及黑龙江、松花江、乌苏里江、绥芬河四大水系,并分布有牡丹江、穆棱河、梧桐河等众多河流和向阳山、龙头桥、桃山等大型水库,水资源保障程度高。天然的"大森林,大草原,大湿地,大界江,大耕地"为农业生产和发展旅游提供了有力的资源保障。

**2. 土地资源**

黑龙江省现有耕地2亿多亩,占全国的1/9,全省农业人口人均耕地面积13亩左右,是全国平均水平的近10倍,耕地面积和人均占有量均居全国首位。黑龙江地处世界三大黑土带之一,黑土面积占全国黑土面积的67%,黑土微量元素和有机质含量是一般黄土的10倍,有很强的竞争优势。

**3. 矿产资源富集**

全省累计探明煤炭保有储量219.8亿吨,92%分布在鸡西、鹤岗、双鸭山、七台河等地,各时代含煤盆地98个,面积14万平方千米;煤炭品种齐全,品质优良,多属低硫低磷煤,有褐、长焰、弱黏、气、肥、焦、瘦、贫、无烟等十几个品种,具有发展电力、煤化工、冶金、建材原料、生物工程等产业的优势,勃利煤田所产的优质主焦煤,具有独特的优势,已被国家确定为稀缺煤种,实行保护性开采。瘦煤、无烟煤为短缺煤种,占总储量不足1%,后备资源量中褐煤储量比较大。有石墨、硅线石、石灰石等 20 多种矿产资源,其中石墨矿的储量占到了国内储量的近 70%,石墨矿储量和品位均居亚洲首位。成立了中国石墨产业发展联盟,使得宝贵的石墨资源形成新的重要生产能力。

**4. 物产资源丰富**

黑龙江省崇山峻岭中,昼夜温差大,雨量充沛,得天独厚的自然环境造就了林中、林缘和低温草地上的种类繁多的野生动、植物,野生资源十分丰富。黑龙江是国家重要的商品粮基地和绿色食品生产基地,拥有亿亩生态高标准农田建设,粮食播种面积、总产量、商品量、调出量、绿色食品种植面积均居全国第一,是维护国家粮食安全的"压舱石"。黑龙江还是畜牧业大省,是全国最大的荷斯坦奶牛生产基地,也是全国唯一的种和牛和安格斯高端肉牛群体生产基地,已成为有机米、肉、奶、菜的采购中心。

### (二) 产业基础优势

黑龙江省是新中国重化工业的摇篮,一批"国之重器"曾挺起共和国的脊梁。工业基础雄厚,有大庆油田、哈尔滨飞机制造集团、哈尔滨医药集团等一批大型企业,拥有一批骨干和专业技术人员队伍,石油化工、发电设备、重型机械设备、农机设备、机床和飞机制造都具有较高的水平。

东部煤化工产业区已被国家煤化工产业中长期发展规划列为全国七大煤化工产业区之一,以能源、煤化工产业为主导的产业集群正在逐步形成。

绿色食品产业集聚效应明显,具有突出的带动能力和竞争能力,初步形成了七大绿色食品加工产业集群:一是大豆精深加工业,以九三粮油、哈高科大豆公司等企业为龙头;二是玉米加工业,以中粮生化能源肇东公司、龙凤玉米公司、大庆展华、环宇格林开发公司等为龙头;三是土豆精淀粉加工业,以北大荒薯业、大兴安岭丽雪为龙头;四是乳品加工业,有以完达山、飞鹤、龙丹等乳制品企业为龙头的一批全国名牌产品;五是绿色稻谷和有机米加工业,以哈尔滨、鹤岗、绥化、佳木斯、牡丹江、鸡西等水稻主产区为龙头;六是肉制品加工业,以双汇北大荒肉业、大庄园肉业等企业为龙头;七是山特产品加工业,以黑龙江黑森绿色食品(集团)有限公司为龙头。七大绿色食品加工产业集群为绿色食品的未来发展提供了产业基础保证。

### (三) 区位条件优势

黑龙江省是我国东北部地区重要的铁路交通枢纽,交通物流发达,已形成国内外水、陆、空立体交通网,为生产运输提供了良好的交通条件。铁路四通八达,营业里程 6 782 千米,属于全国铁路密度较高地区。松花江、黑龙江、乌苏里江在此汇合及陆海联运、江海联运使全省东部成为水运最发达的区域,绥芬河铁路口岸扩能改造加速推进,经哈尔滨、牡丹江、绥芬河至俄罗斯符拉迪沃斯托克的陆海联运通道具备通畅能力。同三公路、绥满公路、鹤大公路等均是黑龙江省骨架公路,公路总里程 16.7 万千米,其中高速公路 4 512 千米。共有 11 个机场,居东北地区首位,共同形成了黑龙江省的空中交通网;哈尔滨机场已经扩建成东北亚地区的重要航空港,开通了哈尔滨至美国、俄罗斯和韩国航线。以上便捷、通畅、高效、安全的综合交通运输体系,对黑龙江省建设发展起到支撑保障作用。

黑龙江省位于东北亚区域腹地,北部和东部与俄罗斯相邻,边境线长3 045千米,拥有25个国家一级口岸,是亚洲与太平洋地区陆路通往俄罗斯和欧洲大陆的重要通道,是我国沿边开放的重要窗口。通过江海、陆路运输,可以连接蒙古、日本、韩国、朝鲜和其他东南亚国家,既可以大力发展对俄贸易,又可以通过太平洋的"大陆桥"走向世界,这都为对外贸易发展提供了广阔的空间。

中俄两国政府共同推动俄罗斯远东开发和我国东北振兴协调互动,为黑龙江省东部地区利用俄远东资源和能源创造了难得机遇。对俄开发合作空间广阔,潜力巨大。在"一带一路"倡议中,在中蒙俄经济走廊中都占据着重要地位。黑龙江省着重推动对俄合作,从传统的边贸领域向全俄罗斯境内转变,进一步推动对俄合作由经贸向全方位合作转变。优越的区域优势,有利于促进生产要素流动,合理开发利用资源,实现资源互补,引导区域内产业的分工、转移和调整,建立区域多赢的协调与合作机制。

(四)科技创新优势

黑龙江省有哈尔滨工业大学、哈尔滨工程大学等高校80所,为全省经济社会发展提供了坚强有力的人才支撑和智力支持。

近年来,黑龙江省以前所未有的重视程度、政策密度和推进力度,加速释放龙江科技创新资源潜力,努力形成科技创新创业蓬勃发展的新局面。从2015年开始,黑龙江省实施千户科技型企业3年行动计划,通过梳理成果、成立公司、进入孵化、借力资本市场发展、推动企业上市5个环节抓好落实。2017年黑龙江省累计签约转化高新技术成果451项,签约额6.61亿元;新注册成立科技企业3 997家,同比增长54.74%;新增一定规模科技企业(主营业务收入500万元以上)738家,同比增长44.71%;新增科技企业孵化器18家,新增在孵科技企业1 058家;组织投融资对接活动44次,有72个高新技术项目签约7.89亿元;有17家科技企业上市(或挂牌),其中新三板挂牌科技企业16家;新吸纳就业人员14 922人,其中本科以上学历4 069人、博士70人、硕士228人。科技创新已成为黑龙江省产业升级和经济发展转型的新动能。

科研成果转化率是创新发展的重要指标。黑龙江省的有效专利数逐年增多,高技术产业的产值也在逐年上升。2016年黑龙江省技术市场成交合同数达3 733件,技术市场成交额达175.51亿元,可见黑龙江省的创新能力水平正在不断提高。

## 二、机遇

(一)政策机遇难得

国家近年出台"振兴东北经济"政策,而黑龙江省是我国最早且重要的能源基地。黑龙江省要贯彻创新发展理念,深化改革开放,优化发展环境,激发创新活力,闯出一条新形势下创新发展的新路。

2015年黑龙江省针对科技成果产出多而高新技术产业化水平低的问题,明确提出向高新技术成果产业化要增量,先后出台《黑龙江省科学技术进步条例》《黑龙江省"互联网

+"科技创新行动计划》等高含金量的政策文件,启动实施了千户科技型企业三年行动计划,通过梳理成果、成立公司、进行孵化、借力资本市场发展、推动企业上市5个环节工作,着力推动大众创业、万众创新。

为了解决黑龙江省人才队伍流失和创新人才不足等突出问题,黑龙江省政府对外发布了《黑龙江省"头雁"行动方案》,采取"团队+平台+项目组织"方式开展,旨在充分发挥"头雁"效应,给予平台、资金、政策支持。由"头雁"牵头组织创新团队,依托创新平台,选择创新项目,开展创新研究,培养创新人才,产出创新成果,服务创新发展。把黑龙江省教育科技资源优势更好地转化为经济社会发展优势,留住人才、吸引人才,让更多优秀人才在黑龙江省聚集,推动黑龙江省创新发展。

(二)市场空间巨大

在工业化、城市化进程加快,居民消费结构不断升级和国际制造业大量向我国转移等因素的共同推动下,我国能源和化工产品以及生物制品、原材料和农产品等需求持续增长,为黑龙江省发展建设提供了巨大的市场空间。

## 三、挑战

近年来,黑龙江省区域创新能力虽有所提高,但与老工业基地振兴和现代农业建设的需要仍然不相适应。创新动力不足、创新能力落后的问题已明显制约了黑龙江经济社会的发展。如表4.14所示,2016年黑龙江省创新能力居全国第22位。在创新体系结构方面,知识创造、知识获取、企业创新、创新环境和创新绩效指标分别位列第16位、17位、27位、18位和28位。其中知识创造和创新环境分别比上年上升1位和10位,主要体现在发明专利申请受理数(不含企业)增长率、每万名研发人员发明专利申请受理数、规模以上工业企业研发经费内部支出额中平均获得金融机构贷款额、居民消费水平增长率、电话用户数增长率等指标的提升;知识获取排名保持不变;企业创新和创新绩效分别下降3位和2位,主要体现在规模以上工业企业有效发明专利数量及其增长率、规模以上工业企业每万名研发人员平均发明专利申请数、地区生产总值增长率等指标的下降。

整体来看,黑龙江省的知识创造、知识获取能力较强,位居全国中游,创新环境也得到明显改善,尤其是市场环境和金融环境指标提升幅度较大。但企业创新和创新绩效位于中下游,是创新体系中的短板。

表4.14 2016年黑龙江省创新能力综合指标

| 指标名称 | 2016年综合指标 | | 2016年分项指标排名 | | |
| --- | --- | --- | --- | --- | --- |
| | 指标值 | 排名 | 实力 | 效率 | 潜力 |
| 综合值 | 21.16 | 22 | 19 | 17 | 26 |
| 知识创造综合指标 | 22.94 | 16 | 15 | 5 | 29 |
| 1.研究开发投入综合指标 | 11.82 | 26 | 17 | 14 | 30 |
| 2.专利综合指标 | 28.76 | 15 | 18 | 8 | 20 |
| 3.科研论文综合指标 | 33.53 | 8 | 12 | 4 | 30 |

续表4.14

| 指标名称 | 2016年综合指标 | | 2016年分项指标排名 | | |
|---|---|---|---|---|---|
| | 指标值 | 排名 | 实力 | 效率 | 潜力 |
| 知识获取综合指标 | 18.93 | 17 | 19 | 10 | 25 |
| 1. 科技合作综合指标 | 40.45 | 4 | 12 | 1 | 11 |
| 2. 技术转移综合指标 | 8.36 | 26 | 25 | 15 | 28 |
| 3. 外资企业投资综合指标 | 10.72 | 23 | 21 | 21 | 19 |
| 企业创新综合指标 | 17.43 | 27 | 22 | 22 | 25 |
| 1. 企业研究开发投入综合指标 | 24.18 | 18 | 20 | 15 | 27 |
| 2. 设计能力综合指标 | 15.91 | 24 | 22 | 24 | 20 |
| 3. 技术提升能力综合指标 | 16.7 | 26 | 24 | 25 | 7 |
| 4. 新产品销售收入综合指标 | 10.33 | 28 | 24 | 28 | 26 |
| 创新环境综合指标 | 22.09 | 18 | 17 | 20 | 11 |
| 1. 创新基础设施综合指标 | 17.36 | 23 | 16 | 22 | 8 |
| 2. 市场环境综合指标 | 32.81 | 8 | 16 | 13 | 3 |
| 3. 劳动者素质综合指标 | 23.18 | 29 | 16 | 19 | 29 |
| 4. 金融环境综合指标 | 20.18 | 10 | 17 | 8 | 5 |
| 5. 创业水平综合指标 | 16.93 | 26 | 21 | 27 | 17 |
| 创新绩效综合指标 | 24.99 | 28 | 24 | 23 | 28 |
| 1. 宏观经济综合指标 | 17.3 | 29 | 20 | 20 | 30 |
| 2. 产业结构综合指标 | 14.36 | 23 | 20 | 19 | 23 |
| 3. 产业国际竞争力综合指标 | 6.38 | 29 | 27 | 28 | 14 |
| 4. 就业综合指标 | 15.47 | 31 | 31 | 23 | 26 |
| 5. 可持续发展与环保综合指标 | 71.45 | 10 | 13 | 16 | 7 |

资料来源：中国科技统计网

## 第五节 黑龙江省资源型城市创新驱动发展水平评价

### 一、创新驱动发展水平评价指标体系的构建

建立完整的创新驱动发展水平评价指标体系，对黑龙江省资源型城市的创新驱动发展现状进行总体评估，定量评价各资源型城市创新驱动发展的总体水平，监测和揭示各资源型城市创新驱动发展中的存在的问题及成因，是研究资源型城市创新驱动发展的一个重要命题。资源型城市创新驱动发展水平指标体系可以描述和反映某一时间点上或时期内黑龙江省各个资源型城市经济、环境、资源、社会等各方面创新驱动发展的现实状

况、变化趋势及速率;综合测度各资源型城市创新驱动发展整体的各部分之间的协调性、和谐性,从而在整体上反映创新驱动发展状况。

### (一)评价指标体系的构建原则

**1. 可行性原则**

创新驱动发展水平评价的指标数据应该易于获取,且数据清晰明确。部分指标数据对创新驱动发展意义重大,但往往需要必要的计算,其计算公式不宜过于烦琐,且计算所需数据也应来自以上数据资料。因此,评价指标要数据科学、计算清晰、方法明确、内涵确切、解释力强,以保证指标设置的可行性。

**2. 可比性原则**

创新驱动发展水平评价往往需要进行横向和纵向、时间和空间的排序分析,为了使评价结果可进行比较分析,选择的指标应该普遍适用。因此,创新驱动发展水平指标在各个地区、各个时间序列要尽量保持一致,形成必要的可比性。

**3. 全面性原则**

创新驱动发展水平评价指标体系是一个多维度、多指标、多变量的综合体系,指标体系要全面,以真实、客观地反映各资源型城市创新发展的各影响因素。因此,评价指标要涉及影响其创新驱动发展水平的各方面因素,以保证指标设置的全面性。

**4. 有效性原则**

创新驱动发展水平评价指标必须有效地阐释各资源型城市发展情况,以保证评价结果的效度和信度,进而为创新驱动发展提供可供借鉴的决策信息。在创新驱动发展水平评价指标体系中,各指标变量要能够明确地反映各维度的内涵,各维度设置要能够清晰地阐释各资源型城市创新驱动发展情况,以保证评价指标设置的有效性。

**5. 定量与定性相结合的原则**

创新驱动发展水平是一个抽象化的概念,需要科学的定量指标与合理的定性指标支撑评价指标体系。创新驱动发展水平评价体系包括全定量指标、定量指标和定性指标结合的维度。定量指标与定性指标的有机互补构成了创新驱动发展水平评价体系。在评价分析过程中,定性指标数据可通过专家意见法、问题调研法等进行搜集,并通过一定的统计数据进行赋值和量化处理,使其能够科学合理地反映定性指标的性质和内涵。因此,在创新驱动发展水平评价指标体系中,要坚持定量指标与定性指标结合的原则,以保证评价指标体系的系统性和完整性。

### (二)评价指标体系的构建

创新驱动发展水平指标体系,是指构成指标的各个要素及它们之间的逻辑组合关系和表达形式。只有将这些分散选取的具体指标进行科学的建构,才能将它们排列组合成完整合理的综合体系,从而才能真实地描述和评价创新驱动发展的状态和水平。结合黑龙江省自身的发展特点和实际情况,借鉴目前学术界的主流观点,本研究拟定出创新驱动发展水平的主要指标,构建出创新驱动发展水平的评价指标体系,如表 4.15 所示。

表 4.15　资源型城市创新驱动发展水平评价指标体系

| 一级指标 | 二级指标 |
| --- | --- |
| 创新环境 | 地区生产总值 |
|  | 人均地区生产总值 |
|  | 独立科研院所 |
|  | 国家级大学科技园 |
|  | 火炬特色产业基地 |
|  | 科技企业孵化器 |
| 创新投入 | R&D 经费支出 |
|  | R&D/GDP |
|  | R&D 人员 |
|  | 地方财政科技拨款 |
| 创新产出 | 发明专利申请数 |
|  | 发明专利授权数 |
|  | 技术市场成交额 |
|  | 高技术企业数 |
|  | 高技术产业新产品销售收入 |
|  | 高新技术产业增加值增速 |
| 创新绩效 | 城镇居民人均可支配收入 |
|  | 城镇登记失业率 |
|  | 出口额 |
|  | 生产总值能耗 |
|  | 废水排放量 |
|  | 烟尘排放量 |

**1. 创新环境指标**

创新发展离不开良好的外部环境和必要的物质技术条件,它包括以下指标。

(1)经济发展水平。

(2)科研物质条件,包括与科学研究或技术服务活动物质装备有关的建设与更新。

(3)政府、企业和社会公众对科技创新与创新活动的积极性、认可和支持。

**2. 创新投入指标**

创新发展的原动力是科技活动投入,它包括以下指标。

(1)科技活动人力投入水平。

(2)科技活动财力支持水平。

**3. 创新产出指标**

创新发展最为直接的体现之一为科技活动产出,它包括以下指标。

(1) 科技活动产出水平,即实用技术的产出水平。
(2) 技术成果的市场化程度。

### 4. 创新绩效指标

创新发展的最终目标是促进经济社会发展,它包括以下指标。
(1) 促进经济发展方式转变的能力。
(2) 促进环境改善的力度。

据此建立的创新评价指标体系由创新环境、创新投入、创新产出、创新绩效4个一级指标(要素指数)和22个二级指标组成。

### 1. 创新环境指标

(1) 地区生产总值。

地区生产总值是对地区经济在核算期内所有常住单位生产的最终产品总量的度量,是显示地区经济状况的一个重要指标。

(2) 人均地区生产总值。

人均地区生产总值是地区国民生产总值除以人口总数所得出的商,即指分摊到每个国民份上的国民生产总值的平均值,一般用来衡量或表示一个地区的经济发展程度。

(3) 独立科研院所。

独立科研院所是长期有组织地从事研究与开发活动的机构,是衡量一个地区科研活动的指标。

(4) 国家级大学科技园。

国家级大学科技园是以具有较强科研实力的大学为依托,将大学的综合智力资源优势与其他社会优势资源相结合,为高等学校科技成果转化、高新技术企业孵化、创新创业人才培养结合提供支撑的平台和服务的机构,是衡量产学研结合的重要指标。

(5) 火炬特色产业基地。

火炬特色产业基地是指在一定地域范围内,针对国家鼓励发展的细分产业领域,通过政府组织引导、各方优势资源汇聚、营造良好创新创业环境,形成的具有区域特色和产业特色、对当地经济和社会发展具有显著支撑和带动作用的产业集聚区,是衡量产业集聚发展的重要指标。

(6) 科技企业孵化器。

科技企业孵化器是以促进科技成果转化、培养高新技术企业和企业家为宗旨的科技创业服务载体,是科技创新环境的重要体现。

### 2. 创新投入指标

(1) R&D 经费支出。

R&D 经费支出是开展 R&D 活动的实际支出。R&D 经费指全社会研究与试验的发展经费。R&D 经费支出指统计年度内全社会实际用于基础研究、应用研究和试验发展的经费支出。包括实际用于研究与试验发展活动的人员劳务费、原材料费、固定资产购建费、管理费及其他费用支出。

(2) R&D/GDP。

R&D/GDP 指 R&D 经费支出与 GDP 之比,是衡量国家或地区科技投入强度最为重要、最为综合的指标。

(3) R&D 人员。

R&D 人员是科技创新最为重要的人力资源之一。万人 R&D 人员是反映科技创新人力资源水平的主要指标。

(4) 地方财政科技拨款。

地方财政科技拨款是衡量地方政府科技投入力度的重要指标。

### 3. 创新产出指标

(1) 发明专利申请数。

专利的数量是反映一国或一地区科技活动质量的重要指标,发明专利的申请数量又是其中更为重要的指标。测度发明专利水平的指标可分为发明专利授权数和发明专利拥有量。发明专利申请数反映的是一定时期(通常为一年)发明专利产生的数量。

(2) 发明专利授权数。

发明专利授权数反映的是在某一时间点上发明专利的存量。

(3) 技术市场成交额。

技术市场成交额指的是各地区在技术市场上为购买技术成果所支出的费用。

(4) 高技术企业数。

高技术企业数是属于高新技术产业的企业数,反映的是高新技术产业的发展状况,也是反映产业结构优化的重要指标。

(5) 新产品销售收入。

新产品销售收入是按国家统计局规模以上工业企业科技活动统计指标中新产品的定义统计的销售收入,与主营业务收入比较可以反映我国工业企业采用新技术原理、新设计构思研制、生产的全新产品,或在结构、材质、工艺等某一方面比原有产品有明显改进,从而显著提高了产品性能或扩大了使用功能的产品对主营业务收入的影响。

(6) 高新技术产业增加值增速。

高新技术产业增加值增速是统计上反映附加价值水平的重要指标。

### 4. 创新绩效指标

(1) 城镇居民人均可支配收入。

城镇居民人均可支配收入是指反映居民家庭全部现金收入能用于安排家庭日常生活的那部分收入。它是家庭总收入扣除交纳的所得税、个人交纳的社会保障费后的能够自由支配的收入,反映的是居民的实际生活水平。

(2) 城镇登记失业率。

城镇登记失业率是指在报告期末城镇登记失业人数占期末城镇从业人员总数与期末实有城镇登记失业人数之和的比重,是评价一个国家或地区就业状况的主要指标。

(3) 出口额。

出口额可以反映一国或一地区的国际竞争力。

(4)生产总值能耗。

生产总值能耗表示在一定时期内,一个国家或地区每生产一个单位的国内生产总值所消耗的能源,反映能源消费水平和节能降耗状况的主要指标,可以衡量一国或一个地区的资源使用水平。

(5)废水排放量。

废水排放量是反映水源质量和污水减排水平的重要指标。

(6)烟尘排放量。

烟尘排放量是反映空气质量和废气减排水平的重要指标。

## 二、网络层次分析法

网络层次分析法(ANP)是美国匹兹堡大学的 Saaty 教授于 1996 年提出的一种适应非独立的递阶层次结构的决策方法。它是在层次分析法(Analytic Hierarchy Process,AHP)的基础上发展而形成的一种新的实用决策方法。

AHP 作为一种决策过程,它提供了一种表示决策因素测度的基本方法。这种方法采用相对标度的形式,并充分利用了人的经验和判断力。在递阶层次结构下,它根据所规定的相对标度—比例标度,依靠决策者的判断,对同一层次有关元素的相对重要性进行两两比较,并按层次从上到下合成方案对于决策目标的测度。这种递阶层次结构虽然给处理系统问题带来了方便,同时也限制了它在复杂决策问题中的应用。在许多实际问题中,各层次内部元素往往是相互依赖的,低层元素对高层元素亦有支配作用,即存在反馈。此时系统的结构更类似于网络结构。网络分析法正是适应这种需要,由 AHP 延伸发展得到的系统决策方法。

ANP 首先将系统元素划分为两大部分:第一部分称为控制层,包括问题总目标及决策准则,如图 4.1 所示。所有的决策准则均被认为是彼此独立的,且只受目标元素支配。控制因素中可以没有决策准则,但至少有一个目标。控制层中每个准则的权重均可用 AHP 方法获得。第二部分为网络层,它是由所有受控制层支配的元素组所组成的,其内部是互相影响的网络结构,它是由所有受控制层支配的元素组成的,元素之间互相依存、互相支配,元素和层次间内部不独立,递阶层次结构中的每个准则支配的不是一个简单的内部独立的元素,而是一个互相依存、反馈的网络结构。

网络分析法的特点是在层次分析法的基础上,考虑到了各因素或相邻层次之间的相互影响,利用"超矩阵"对各相互作用并影响的因素进行综合分析得出其混合权重。而 ANP 模型并不要求像 AHP 模型那样有严格的层次关系,各决策层或相同层次之间都存在相互作用,用双箭头表示层次间的相互作用关系。若是同一层中的相互作用就用双循环箭头表示。箭头所指向的因素影响着箭尾的决策因素。基于这一特点,ANP 越来越受到决策者的青睐,成为企业在对许多复杂问题进行决策的有效工具。ANP 中各因素的相对重要性指标的确定与 AHP 基本相同。

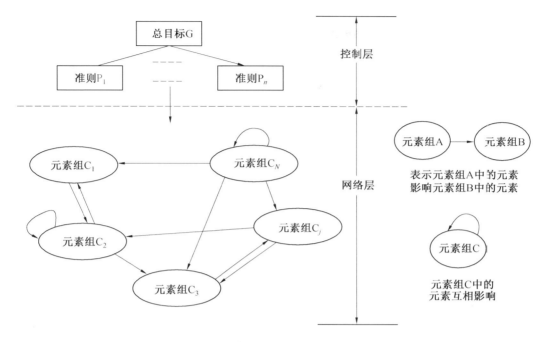

图 4.1 网络层次分析的典型结构模型

## 三、黑龙江省资源型城市创新驱动发展水平的实证研究

运用科学合理的评价方法对黑龙江省创新驱动发展水平进行具体的评价,是实现黑龙江省经济可持续发展的一个重要步骤。明确其创新发展方向和重点,为管理当局的决策提供相应的参考依据,为黑龙江省经济实现可持续发展提供理论参考。

(1)采用网络层次分析法(ANP)对指标体系中各个指标进行权重分配赋值。选取10位此领域的专家利用 ANP 进行赋值运算,完成测评表。由于这一计算原理和过程比较复杂,人工计算难度很大,所以借助超级决策软件(Super Decision)进行计算,从而确定指标体系的指标权重。

(2)根据上述构建评价体系,Super Decision 构造的 ANP 结构图如图 4.2 所示。

(3)根据 Super Decision 设计的创新驱动发展水平评价体系网络结构图,由专家对元素组及元素之间的相对重要性进行两两比较,直到完成所有元素组和元素之间的比较评估,最后得到稳定可靠的指标权重分配,如表 4.16 所示。

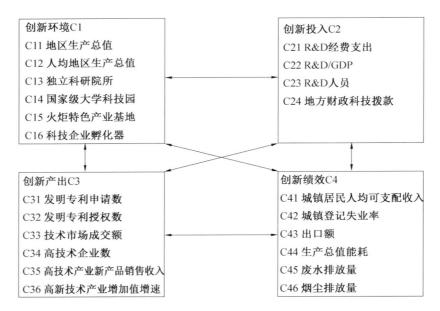

图 4.2 ANP 结构图

表 4.16 资源型城市创新驱动发展水平评价体系指标权重

| 一级指标 | 二级指标 | 权重 |
| --- | --- | --- |
| C1 创新环境 | 地区生产总值 | 0.073 622 |
| （0.380 965） | 人均地区生产总值 | 0.073 812 |
| | 独立科研院所 | 0.049 728 |
| | 国家级大学科技园 | 0.058 755 |
| | 火炬特色产业基地 | 0.062 717 |
| | 科技企业孵化器 | 0.059 746 |
| C2 创新投入 | R&D 经费支出 | 0.061 657 |
| （0.329 464） | R&D/GDP | 0.131 526 |
| | R&D 人员 | 0.063 876 |
| | 地方财政科技拨款 | 0.053 083 |
| C3 创新产出 | 发明专利申请数 | 0.041 586 |
| （0.163 452） | 发明专利授权数 | 0.042 586 |
| | 技术市场成交额 | 0.035 586 |
| | 高技术企业数 | 0.031 939 |
| | 高技术产业新产品销售收入 | 0.035 423 |
| | 高新技术产业增加值增速 | 0.037 477 |
| C4 创新绩效 | 城镇居民人均可支配收入 | 0.021 064 |

续表4.16

| 一级指标 | 二级指标 | 权重 |
| --- | --- | --- |
| (0.117 439) | 城镇登记失业率 | 0.015 048 |
| | 出口额 | 0.013 052 |
| | 生产总值能耗 | 0.015 447 |
| | 废水排放量 | 0.012 636 |
| | 烟尘排放量 | 0.009 639 |

现以2017年资源型城市名单中黑龙江省的11个资源型城市为评价对象。其中,尚志市和五大连池市是县级市,各项指标难以获取,因而选取9个行政区作为分析对象,包括鸡西市、鹤岗市、双鸭山市、七台河市、大庆市、黑河市、牡丹江市、伊春市和大兴安岭地区。

对资源型城市创新驱动发展水平进行评价时,专家以100得分相加进而得出资源型城市创新驱动发展水平的总体分数。然后以此方法分别对这9个市(地区)的创新驱动发展水平进行评估,最终可得到得分及最终排名,如表4.17所示。

表4.17 黑龙江省资源型城市创新驱动发展水平评价

| 城市名称 | 综合得分 | 排名 |
| --- | --- | --- |
| 大庆市 | 89.49 | 1 |
| 牡丹江市 | 86.3 | 2 |
| 鸡西市 | 85.26 | 3 |
| 七台河市 | 84.1 | 4 |
| 鹤岗市 | 82.87 | 5 |
| 黑河市 | 82.12 | 6 |
| 双鸭山市 | 80.3 | 7 |
| 伊春市 | 79.3 | 8 |
| 大兴安岭地区 | 79.21 | 9 |

根据评价结果可知,大庆市、牡丹江市及鸡西市在综合评价中排名前三,显而易见,按发展阶段分类属于资源型城市发展过程的成熟阶段,其创新环境、投入、产出和创新绩效各项建设水平都比较成熟,因而其创新驱动发展水平也较高。而鹤岗市、七台河市、双鸭山市、伊春市及大兴安岭地区已经步入资源型城市发展的衰退期,这些地市近年来资源消耗严重、经济发展缓慢、科技投入不足、环境治理水平逐渐下降,其创新驱动发展水平较低。

# 第六节　黑龙江省资源型城市创新驱动发展框架

## 一、黑龙江省资源型城市创新驱动发展思路

### (一)实现资源型城市的统筹协调与分类发展

资源型城市按照可持续发展的能力和资源状况可以划分为:成长型、成熟型、衰退型和再生型城市。成长型城市指的是资源开发处于上升阶段,资源保障潜力大,经济社会发展后劲足,是我国能源资源的供给和后备基地。成熟型城市指的是资源开发处于稳定阶段,资源保障能力强,经济社会发展水平较高,是现阶段我国能源资源安全保障的核心区。衰退型城市资源趋于枯竭,经济发展滞后,民生问题突出,生态环境压力大,是加快转变经济发展方式的重点难点地区。再生型城市基本摆脱了资源依赖,经济社会开始步入良性发展轨道,是资源型城市转变经济发展方式的先行区。黑龙江省11个资源型城市属于成熟型的有:黑河市、大庆市、鸡西市、牡丹江市、尚志市;属于衰退型的有伊春市、鹤岗市、双鸭山市、七台河市、大兴安岭地区、五大连池市。没有成长型也没有再生型资源型城市。这5个成熟型资源型城市是国家对其可持续发展能力和资源保障能力的肯定。对于这5个资源型城市需要进一步延长产业链,加快培育一批资源深加工企业和产业集群,积极推进产业结构升级,尽快形成若干支柱型替代产业。对于6个衰退型城市来说,需要着力破除城市内二元结构,千方百计促进失业矿工再就业,积极推进棚户区改造,加快废弃矿坑、沉陷区的综合治理。

### (二)提升资源型城市的资源保障能力

《全国资源型城市可持续发展规划(2013—2020)》中提出,要提高成熟型和成长型城市资源保障能力,推进衰退城市接替资源找矿。黑龙江省需要创新地质找矿机制,加快推进矿产资源勘查开发利用的步伐。首先,要加强基础地质工作和矿产远景调查;其次,支持枯竭型城市矿山企业开发利用区外、境外资源,为本地区资源深加工产业寻找原料后备基地,可以与辽宁、吉林、内蒙古开展优势合作,实现资源互补和共同开发;最后,提高矿产资源保护和综合利用水平,提高矿产资源回采率、选矿回收率和废弃物综合利用率。

### (三)促进产业的多元化、长链化和集群化发展

《全国资源型城市可持续发展规划(2013—2020)》中提出资源型城市要通过优化发展资源深加工产业、培养壮大优势替代产业、发展吸纳就业能力强的产业、大力发展特色服务业、合理引导产业集聚发展等方式构建多元化产业体系。根据《全国资源型城市可持续发展规划(2013—2020)》的指导思想,黑龙江省资源型城市促进产业的多元化、长链化和集群化发展势在必行。黑龙江省资源型城市需要重点发展的产业长链化项目有大庆的石油炼化一体化、东部煤炭城市的煤电一体化、伊春和大兴安岭地区的木材深加工化;需要发展的特色服务业项目主要有五大连池休闲旅游服务业、伊春和大兴安岭地区

的北国风光特色旅游业;需要重点培育的接续替代产业集群有:鸡西市石墨精深加工产业集群、大兴安岭地区蓝莓开发产业集群、伊春市木制工艺品产业集群、大庆市石油石化装备制造产业集群、鸡西市煤炭资源综合利用产业集群、大庆市文化创意产业集群等。

(四)保障绿色生态与可持续发展

《全国资源型城市可持续发展规划(2013—2020)》中提出,要将绿色矿业理念贯穿于资源开发利用全过程,坚持开采方式科学化、资源利用高效化、企业管理规范化、生产工艺环保化、矿山环境生态化的基本要求,促进资源合理利用、节能减排、生态环境保护和矿地和谐,实现资源开发的经济效益、生态效益和社会效益协调统一。具体来说,黑龙江省可以拟定绿色矿山建设发展规划,开展绿色矿山示范试点矿山建设,建立完善的绿色矿山标准体系和管理制度,充分运用经济、行政等多种手段形成配套绿色矿山建设的激励政策。比如说,可以通过制定法规,确定黑龙江省资源型城市需要重点建设的工程,包括矿山地质环境恢复治理工程、矿区周边地区生态环境改善工程、矿区土地复垦工程等。

(五)切实保障和改善民生

《全国资源型城市可持续发展规划(2013—2020)》中提出要积极促进资源型城市就业和再就业、加快棚户区改造、加强社会保障和医疗卫生服务、营造安全和谐的生产生活环境。对于黑龙江省来说,首先需要积极建立以养老保险、失业保险、医疗保险和城镇最低生活保障等为主要内容的社会保障体系。其次要直接增加低收入产业工人群体的现金收入,缓解其生活困境。再次要修复城市基础设施,加快棚户区改造,改善群众生活条件。以鹤岗市为例,鹤岗市区人口70万,住在棚户区和沉陷区、CO泄露区、低洼易涝区、河道区的居民有近10万户30万人,几乎占了市区人口的一半,这就需要从地方财政、社会各界多渠道筹措资金,加大投入力度,尽快改善民众生活条件。最后要积极探索有利于就业的政策,通过采取发展劳动密集型产业尤其是第三产业,扶持中小企业、发展非公有制经济和采取灵活就业的方式,增加就业岗位。

## 二、黑龙江省资源型城市创新驱动发展路径

基于创新驱动发展对城市的发展提出的新要求,城市不应继续走以前既定的发展老路,而是应该从制度、产业结构、科学技术和人才队伍等方面结合创新驱动发展策略,促进资源型城市经济创新发展。

(一)文化创新

文化创新是指营造良好的创新文化氛围,并进行主动的理念灌输和宣传。良好的创新文化氛围有利于激发创新活力,它是资源型城市创新驱动发展的内生动力,是支撑创新驱动发展的基础。黑龙江省资源型城市应当加强创新文化建设,总体上讲,要培养与创新驱动相适应的创新型文化,建立生态文明、节能减排、低碳文化、可持续发展等文化制度,以制度建设培育创新文化。在文化创新中要充分发挥政府的主导地位,建立科技创新相关的机制、制度,为培育创新文化提供充分的发展空间。在文化创新中还要充分发挥企业的主体作用,培育各具特色的企业创新文化,激发人员的创新思维。

## (二) 制度创新

制度创新是指制度安排的变化,其目的在于获得更多的利益。制度在经济增长过程中需要不断调整和变化,制度的变迁使生产力得到提高,生产交易成本降低,而经济增长的绩效得到总体提升。

作为资源型城市,需要建立和完善资源管理制度。一是根据实际情况合理确定资源的开采量,从源头上做好资源开发规划。二是加快完善资源开发补偿机制,根据"谁开发谁保护、谁受益谁补偿"的原则,企业按政府规定交纳资源税与补偿费,把补偿费纳入财政预算进行单独专门的管理,加快落实补偿资金,将这些一起用于矿产资源的保护和管理等,确保其用于生态保护补偿。三是建立政企联动机制,政府及时收集信息了解市场供求状况和资源稀缺程度,并告知相关企业及时调整生产策略,提高资源配置效率。四是政府加大扶持优秀的非资源型产业:一方面政府可以加大政策倾斜和资金注入,帮助资源型城市逐步寻找可以完全替代或部分替代的新兴产业并促成新的产业群体建设,带动城市产业的新发展;另一方面,政府还可以积极开展推介会、座谈会,吸引国内外投资创办新企业或改造老旧企业,利用多种投资形式培育和发展潜在的优势产业。

## (三) 技术创新

技术创新是区域经济增长的根本动力,也是改变黑龙江省资源型城市经济发展缓慢现象的重要途径。一是大力采用新技术、新工艺、新装备,提升产业的技术含量,大力开发附加值高、科技含量高的系列产品。二是加强产学研结合,鼓励企业与大专院校、科研单位建立广泛的合作关系,帮助企业尽快提升技术水平。三是广泛开展国际合作和交流,把自主研发与引进消化吸收再创新相结合,要组织引导技术人员深入绿色食品领域,学习和引进国际技术标准,提高技术创新能力,防止盲目的低水平重复建设。同时,鼓励科研院所与高校要积极地将科研成果转化成经济效益。

## (四) 产业创新

产业创新不仅是实现黑龙江省资源型城市经济增长方式转变、经济可持续发展的重要路径,而且还可为黑龙江省资源型城市的振兴和再工业化创造条件。根据实际情况,对于传统产业实行改造升级,大力发展新兴产业,大力发展清洁生产的循环产业,加快生态农业建设,发展绿色食品产业,积极开拓旅游休闲养生产业。

## (五) 人才队伍创新

人才是发展的核心,创新人才对区域经济发展具有内生性的作用,因而黑龙江省资源型城市需要搭建各种平台促进创新人才发挥才能。

东北地区振兴必须依靠科技进步,而高技术人才就成为中坚力量。要充分发挥东北地区高等院校集中、科研基础良好的优势,以人才培养项目为载体,为黑龙江省资源型城市创新发展大力培养中青年科学带头人和学术骨干。要不断提高高校科技创新能力。鼓励高校与企业共建实验室、研究开发中心等研究机构。

企业发展的关键在人才,特别是经营管理人才。要充分运用市场机制和政策杠杆,发挥组织调配优势,把优秀企业经营管理人才优先配置到优势企业和国有企业中去,形成"以人兴企,以企聚才"的良性循环。要充分利用资源,大力引进人才。黑龙江省资源型城市要在培养人才的基础上,从国内或海外引进人才同样是必需的,这就需要黑龙江省资源型城市制定良好的人才政策,采取持股、技术入股、提高薪酬等方法和创办实验室、博士后流动站等研究基地吸引各类人才来东北地区创新创业、施展才华。

### 三、黑龙江省资源型城市创新驱动发展步骤

创新驱动发展策略的实施是一个由浅及深的长期而系统的工程。根据黑龙江省资源型城市实施创新驱动发展策略的顺序和层次,将策略实施分为前端驱动、中端驱动、后端驱动三步走(图4.3),这三个步骤的目的和任务不同,但相互作用、相互影响,共同推动黑龙江省资源型城市创新驱动发展目标的实现。

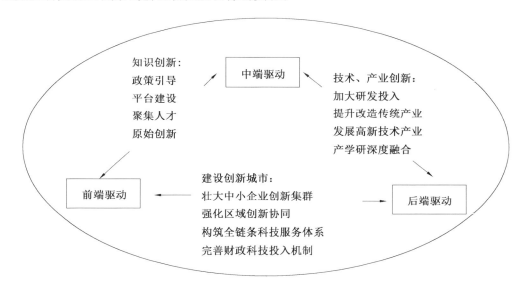

图4.3 创新驱动发展策略实施步骤

#### (一)前端驱动

前端驱动的主要任务是创造条件、为实施创新驱动发展做充足准备,做好政策引导、平台建设、聚集人才和原始创新。

政府的首要工作就是加大对于创新驱动的政策引导,多为企业营造良好的创新生态系统、提供优质的创新创业服务,形成有效的创新激励,构建研发与转化平台,提供良好的创新外部条件。

高校和科研院所要吸引集聚创新人才,加大对创新人才和创业团队的支持力度,强化基础研究和原始创新,增强重点学科的基础探究,把握未来科技发展的趋势。

企业要明确自身的创新主体地位,积极开展创新活动,多主体共同为城市的创新发展提供良好的基础条件,实现知识创新。

## （二）中端驱动

在这一时期实施创新驱动发展策略已经具备了政策、人才、平台、创新成果等基础条件，需要企业、高校和科研院所不断加大科技创新投入，创造出更多创新产出，进行技术创新；需要传统产业进行升级改造，大力发展高新技术产业和新兴产业，推动产业结构调整和经济发展方式的转变；进一步深化产学研融合，构建技术创新联盟，提高科技成果转化率；优化创新创业氛围，激发创业热情，实现城市创新发展生态的进一步提升，以知识创新带动技术创新、产业创新。

## （三）后端驱动

在实施前两个步骤后，创新驱动发展的格局已经形成，后端驱动需要通过知识、技术、产业同步创新，壮大产业创新集群，强化区域创新协同，高效配置创新资源，形成一个创新的有机整体。与此同时，构筑全链条科技服务体系、完善财政科技投入机制，推动创新链、产业链、服务链、资金链的有效衔接，形成推进科技创新发展的强大合力，建设创新型城市。

# 第七节 黑龙江省资源型城市创新驱动发展具体措施

## 一、高校和科研机构

作为创新的人才支撑，切实发挥高校和科研机构的作用，构建一支规模宏大、结构合理、素质优良的创新人才队伍尤为重要。

### （一）培养人才

人才是创新的主体，要培育大量创新人才，必须加大教育投入力度。一方面，积极开展企业科技创新骨干人才的培训工作，通过派出挂职、参与其他地区技术创新活动等，培育一批具有创新精神和创新能力的实践型科技人才。另一方面，加大对黑龙江省高校、科研机构中的青年人才培养力度，通过学习进修、与国外或省外高校、科研机构开展联合科研等方式，为黑龙江省高等院校、科研机构，培育一支基础扎实、眼界开阔、经验丰富并具有创新意识和能力的科技人才队伍。

### （二）留住人才

**1. 完善人才评价机制**

摒弃以往唯学历、资历、项目、论文、获奖的职称评定条件，建立以科研能力和创新成果等为导向的科技人才评价标准。在重点产业、重点领域发展过程中贡献突出的专业技术人才，可破格晋升职称和职业资格等级。

**2. 完善科技人员流动机制**

允许、鼓励专业技术人员离岗创业，促进专业技术人员合理有序流动。建立企业与高等学校、科研院所联合聘用人才机制，允许和鼓励兼职兼薪，加快学术成果的企业转化效率。建设全省人才服务平台和人才资源库，实现信息互联互通、平台共建共享。

### 3. 完善创新人才激励机制

建立分配激励机制,与岗位职责、工作业绩、实际贡献直接挂钩,最大限度激发专业技术人才创新创业的激情和活力。实行专业技术人才创办企业的税收减免优惠,所缴纳的税收金额等同于纵向项目经费。鼓励企事业单位通过股权期权激励、科技成果作价入股、优先购买股份等方式奖励有突出贡献的科技人才。

## (三) 引进人才

制定更具吸引力的引进人才措施,在买房、落户、子女教育、医疗、社会福利等方面提供一系列优惠措施,引进培养一批科技领军人物,建立集聚高端人才的长效机制,满足黑龙江省可持续发展的人才需求。

## 二、企业层面

强化企业创新驱动方面的主体性地位,切实发挥企业主体作用,增强企业自主创新能力。建立技术中心是获得核心技术能力的一个重要途径,有内部自我培育和协作开发两种方式。建立技术中心是提升企业创新能力的关键环节和重要内容,也是企业自我发展、提高竞争力的内在需求和参与市场竞争的必然选择。

# 第五章　黑龙江省资源型城市绿色食品产业发展

要谋划好"十四五"时期发展,胸怀两个大局,认清新形势,着力推进全面振兴、全方位振兴,努力走出一条质量更高、效益更好、结构更优、优势充分释放的振兴发展新路,开启社会主义现代化建设新征程。

加快推进农业现代化是解决"三农"问题的首要任务。国家一系列支持农业发展的中央一号文件的颁布,为我国农业发展创造了良好的强农、惠农条件,农业现代化发展迎来了前所未有的良好发展局面。绿色食品产业是现代化农业的重要组成部分,2020年中央一号文件明确指出,加强绿色食品、有机农产品和地理标志农产品认证和管理,增加优质绿色农产品供给。黑龙江省作为农业大省,在整个绿色食品产业中具有举足轻重的作用,是我国绿色食品产业的重要基地之一。

黑龙江省资源型城市作为基础能源和重要原材料的供应基地为黑龙江省乃至整个国家的经济发展做出了重要贡献。但是,经过多年的开采,资源耗竭已经成为必然的趋势,发展接续替代产业已经成为资源型城市发展的当务之急。而依托得天独厚的自然资源,发展绿色食品产业成为黑龙江省各资源型城市转型的首选。立足资源优势打造各具特色的生产、加工、物流、营销、服务等农业全产业链,加快建设各类产业园区基地,重点培育家庭农场、农民专业合作社等新型农业经营主体,继续调整优化农业结构,并依托农业农村资源大力发展第二、第三产业,创造更多就业创业机会,实现黑龙江省各资源型城市经济可持续发展。

## 第一节　绿色食品产业相关概念

随着我国经济的快速发展,人民生活水平不断提高,人们已不仅仅满足于吃饱,更要吃好、吃得安全、吃出健康,有利于人们健康的无污染、安全、优质营养的绿色食品已成为时尚,越来越受到人们的青睐。特别是近年面对频发的食品安全事件,消费者对食品的质量与安全给予了高度的关注,安全、健康、保健的消费观念日益深入人心,绿色食品正好满足消费者对多样化、精细化、安全营养食品的要求,因此发展绿色食品产业的空间和潜力巨大。

## 一、绿色食品

"绿色食品"是指遵循可持续发展原则,按照特定生产方式生产,经专门机构认证,许可使用绿色食品标志的无污染的安全、优质、营养类食品。目前,绿色食品分为 AA 级和 A 级两个级别。

AA 级绿色食品系指在生态环境质量符合规定标准的产地,按绿色食品的生产操作规程生产、加工;生产过程中禁止使用任何化学合成肥料、化学农药及化学合成食品添加剂;生产过程中允许限量、限时间、限定方法使用限定品种的化学合成物质;产品中各种化学合成农药及合成食品添加剂均不得检出;允许限定使用的化学合成物质的残留量仅为国家或国际标准的 1/2,其他禁止使用的化学物质残留不得检出;产品质量及包装经检测、检查符合特定标准,并经绿色食品检查管理机构认定、许可,使用 AA 级绿色食品标志的产品。

A 级绿色食品系指在生态环境质量符合规定标准的产地,生产过程中允许限量使用限定的化学合成物质,按特定的生产操作规程生产、加工,产品质量及包装经检测、检查符合特定标准,并经绿色食品审查管理机构认定、许可,使用 A 级绿色食品标志的产品。

## 二、绿色食品产业

根据对绿色食品的理解,绿色食品产业是以可持续发展为指导原则,把标准化、产业化贯穿在"从农田到餐桌"的整个产业链条中,是以绿色食品生产、加工为主线的生态、安全、营养、优质、高效、高产的现代农业产业。它是生态农业、绿色食品生产等农业发展模式的总结、拓展和提升,是一种促进农业可持续发展、提高食品安全水平、环境友好的新型农业发展模式,是绿色农业经济的重要内容和基础。绿色食品产业涵盖的范围比较广泛:绿色食品农业,包括种植业、渔业、畜牧业等;绿色食品加工制造业,主要指农产品、畜产品、水产品加工企业。

# 第二节 黑龙江省资源型城市绿色食品产业发展现状

## 一、黑龙江省绿色食品产业发展现状

我国于 1990 年开始发展绿色食品,黑龙江省绿色食品的发展则始于 20 世纪 90 年代中期。2000 年黑龙江省政府出台了《黑龙江省 2000—2010 年绿色食品发展规划》,坚持"打绿色牌、走特色路",全省绿色食品发展速度加快,由无到有、由小到大,建立并推广了绿色食品生产和管理体系,取得了积极的成效。截至 2012 年末,全省国家级绿色食品标准化生产基地,面积 5 390 万亩,占全国的 1/2;全省绿色食品种植认证面积 6 720 万亩,超过全国认证总面积的 1/4;绿色食品总产量 3 150 万吨,占全国的 1/5;绿色食品总产值 1 330 亿元,占全国的 1/6。全省共拥有 33 个中国驰名商标、20 个中华老字号和 80 个中国地理标志产品。绿色、有机、无公害和农产品地理标志产品认证数量达到

10 807 个,占全国的 1/8。绿色食品专营网点 2 100 多个,遍及全国各地。产品远销欧洲、美国、日本和东南亚等 45 个国家和地区。2012 年,绿色食品省外销售额达到 470 亿元,占全国绿色食品销售额的 1/7。绿色食品国家抽检合格率多年稳定在 99% 以上,龙江米、龙江奶、龙江肉、龙江油成为家喻户晓的优质安全农产品代名词。

2016 年黑龙江省政府颁布《黑龙江省绿色食品产业发展规划》(2016—2020 年),绿色食品产业由大到强,黑龙江省绿色食品产业在资源、品牌、基地、市场等方面的优势日益明显。

截至 2018 年,全省绿色食品原料标准化生产基地 157 个,面积达 6 375.1 万亩,产量 2 994.8 万吨,有机食品认证面积 600 万亩,绿色、有机食品认证面积发展到 7 600 万亩,占全省总播种面积的 1/3 以上。全省绿色食品生产企业达到 1 025 家,在 23 家国家级农业产业化龙头企业中有 12 家是省级绿色食品龙头企业,112 家省级农业产业化龙头企业中有 63 家是绿色食品企业。有效使用绿色食品标示数量认证产品 2 700 个,有效使用有机食品标示产品 523 个,农产品地理标志登记数量 120 个,完成绿色、有机食品实物总量 4 140 万吨,绿色食品总产值达 2 525 亿元。

### (一)总体情况

表 5.1 选取企业总数、产品总数、实物总量、年销售额、产地监测面积 5 个指标来考察和评价 2000 年到 2018 年黑龙江省绿色食品产业主要发展情况。

通过分析表 5.1 可知,从 2000 年到 2018 年,黑龙江省绿色食品产业的企业总数从 195 家增加到 1 025 家,增加 830 家,增长了 4 倍多,年均增长 9.66%;产品总数从 165 个增加到 2 700 个,增加了 2 535 个,增长了 15 倍多,年均增长 16.80%;实物总量从 280 万吨增加到 4 148 万吨,增加 3 868 万吨,增长了近 14 倍,年均增长 16.15%;年销售额从 72.3 亿元增加到 2 525 亿元,增加 2 452.7 亿元,增长了近 34 倍,年均增长 21.82%;产地监测面积从 750 万亩增加到 8 046.7 万亩,增加 7 296.7 万亩,增长了近 10 倍,年均增长 14.09%。2018 年全国产地环境监测面积为 15 700 万亩,黑龙江省约占全国总数的 51.2%,位居第一。五项指标都呈现出快速增长的发展趋势。可见,黑龙江省绿色食品产业具有良好的发展态势,也反映出绿色食品的市场需求日益增长。

表 5.1 黑龙江省绿色食品产业主要发展指标

| 年份 | 企业总数/个 | 产品总数/个 | 实物总量/万吨 | 年销售额/亿元 | 产地监测面积/万亩 |
| --- | --- | --- | --- | --- | --- |
| 2000 | 195 | 165 | 280 | 72.3 | 750 |
| 2005 | 344 | 797 | 1 500 | 400 | 3 490 |
| 年均增长率/% | 11.97 | 36.96 | 39.89 | 40.78 | 35.98 |
| 2010 | 521 | 1 067 | 3 440 | 750 | 6 134.49 |
| 年均增长率/% | 10.31 | 20.5 | 28.5 | 26.35 | 23.39 |
| 2014 | 597 | 1 459 | 3 750 | 2 330 | 7 209 |

续表5.1

| 年份 | 企业总数/个 | 产品总数/个 | 实物总量/万吨 | 年销售额/亿元 | 产地监测面积/万亩 |
|---|---|---|---|---|---|
| 年均增长率/% | 8.31 | 16.85 | 20.36 | 28.15 | 17.50 |
| 2018 | 1 025 | 2 700 | 4 148 | 2 525 | 8 046.7 |
| 年均增长率/% | 9.66 | 16.80 | 16.15 | 21.82 | 14.09 |

资料来源:绿色食品统计年报

## (二)绿色食品企业发展情况

黑龙江省绿色食品企业也逐渐走向规模经济,其产品的品种结构逐渐得以优化和提升。2012年,全省规模以上食品加工企业实现增加值543亿元,从2002年到2012年10年年均增长25.5%;食品产业实现主营业务收入2 953亿元,10年年均增长28.4%;全省规模以上食品加工企业已有1 139户,排名前10位的企业主营业务收入占全部企业的比重达到22.1%。

如表5.2所示,从2009年到2013年,黑龙江省国家级龙头企业数数从22家增加到46家,增加24家,增长了109.1%;产品数从129个增加到161个,增加32个,增长了24.8%。省级龙头企业数从84家增加到113家,增加29家,增长了109.1%;产品数249个增加到275个,增加26个,增长了10.4%。农民专业合作组织数从91家增加到102家,增加11家,增长了12.1%;产品数从142个增加到280个,增加138个,增长了97.2%。

表5.2 2009—2013年黑龙江省绿色食品企业发展情况

| 年份 | 国家级龙头企业 | | 省级龙头企业 | | 农民专业合作组织 | |
|---|---|---|---|---|---|---|
| | 企业/家 | 产品/个 | 企业/家 | 产品/个 | 企业/家 | 产品/个 |
| 2009 | 22 | 129 | 84 | 249 | 91 | 142 |
| 2010 | 19 | 124 | 74 | 263 | 7 | 13 |
| 2012 | 32 | 161 | 88 | 275 | 29 | 65 |
| 2013 | 46 | 161 | 113 | 275 | 102 | 280 |

资料来源:绿色食品统计年报

如表5.3所示,2013年289个国家级龙头企业中黑龙江省有46家,占15.9%;产品数161个,占全国1 103个产品总数的14.6%,国家级龙头企业数和产品数排名均列全国首位。省级龙头企业有113家,占全国1 307家省级龙头企业总数的8.6%;产品数275个,占全国3 891个产品总数的7.1%;省级龙头企业数在全国排名第二,略低于安徽,产品数排名第三,仅次于安徽和江西。农民专业合作组织102家,占全国1 417家农民专业合作组织总数的7.2%;产品数280个,占全国3 044个产品总数的9.2%;农民专业合作组织数在全国排名第四,低于河北、山东和浙江;产品数全国排名第三,仅次于河北和山东。

表 5.3 2013 年部分省（区）绿色食品企业发展情况

| 省（区） | 国家级龙头企业 | | 省级龙头企业 | | 农民专业合作组织 | |
|---|---|---|---|---|---|---|
| | 企业数/家 | 产品数/个 | 企业数/家 | 产品数/个 | 企业数/家 | 产品数/个 |
| 内蒙古自治区 | 10 | 44 | 33 | 108 | 22 | 34 |
| 辽宁省 | 7 | 23 | 18 | 40 | 91 | 132 |
| 吉林省 | 4 | 10 | 52 | 85 | 1 | 1 |
| 河北省 | 9 | 33 | 47 | 188 | 215 | 708 |
| 黑龙江省 | 46 | 161 | 113 | 275 | 102 | 280 |
| 浙江省 | 16 | 45 | 67 | 160 | 180 | 211 |
| 安徽省 | 16 | 87 | 152 | 495 | 78 | 199 |
| 江西省 | 13 | 42 | 81 | 297 | 11 | 15 |
| 山东省 | 37 | 103 | 82 | 209 | 183 | 494 |
| 全国合计 | 289 | 1 103 | 1 307 | 3 891 | 1 417 | 3 044 |
| 占比/% | 15.9 | 14.6 | 8.6 | 7.1 | 7.2 | 9.2 |
| 全国排名 | 1 | 1 | 2 | 3 | 4 | 3 |

资料来源：绿色食品统计年报（2013）

绿色食品龙头企业所发挥的功效逐渐加强，如九三油脂有限责任公司、飞鹤乳业、北大荒集团、完达山乳业、哈尔滨啤酒集团和黑龙江摇篮乳业股份有限公司等多个具有影响力的国内知名品牌系列。如表 5.4 所示，在"中国 500 最具价值品牌"的排名中，黑龙江省绿色食品价值和位次都有显著提高。自 2004 年该榜创立之时，"北大荒""完达山"已连续 17 年上榜。"北大荒"的品牌价值从 2008 年的 45.3 亿元，上升到 2018 年的 682.75 亿元，位次从 160 提升到 54，成为领跑中国农业的第一品牌；"完达山"的品牌价值在 2008 年排名 309 位，2018 年上升到 141 位；"九三"的品牌价值在 2009 年首次上榜，排名 420 位，2018 年上升到 158 位，品牌价值已增值 22 倍。

表 5.4 黑龙江绿色食品龙头企业在全国五百强中的品牌价值及位次　　　　亿元

| 品牌 | 价值与位次 | 2008 | 2009 | 2012 | 2014 | 2016 | 2018 |
|---|---|---|---|---|---|---|---|
| 北大荒 | 价值 | 45.3 | 103.4 | 365.36 | 462.42 | 562.91 | 682.75 |
| | 位次 | 160 | 65 | 38 | 42 | 46 | 54 |
| 完达山 | 价值 | 22.43 | 35.0 | 97.86 | 145.36 | 240.72 | 328.69 |
| | 位次 | 309 | 234 | 156 | 131 | 132 | 141 |
| 九三 | 价值 | — | 14.3 | 31.63 | 34.63 | 206.58 | 317.98 |
| | 位次 | — | 420 | 382 | 431 | 173 | 158 |

续表5.4

| 品牌 | 价值与位次 | 2008 | 2009 | 2012 | 2014 | 2016 | 2018 |
|---|---|---|---|---|---|---|---|
| 飞鹤 | 价值 | — | — | — | — | — | 199.72 |
| | 位次 | — | — | — | — | — | 239 |
| 哈啤 | 价值 | — | 31.1 | 58.75 | — | — | — |
| | 位次 | — | 269 | 271 | — | — | — |
| 摇篮 | 价值 | — | 14.2 | 22.07 | — | — | — |
| | 位次 | — | 425 | 451 | — | — | — |

资料来源：世界品牌实验室（WBL）"中国500最具价值品牌"排行榜

（三）标准化生产基地建设情况

黑龙江省绿色安全食品产业发展迅速，绿色食品原料标准化生产基地建设规模不断扩大。

由表5.5可以看出，2009—2018年黑龙江省绿色食品原料标准化生产基地的数量、规模、产量都呈上升趋势，年均增长率分别为2.38%、3.68%、5.92%。

截至2018年末，黑龙江省绿色食品原料标准化生产基地157个，全国占比23.1%；认证面积为6 375.1万亩，全国占比38.9%；全年生产总量2 994.8万吨，全国占比28.1%。也就是说，全国近1/4的绿色食品原料标准化生产基地在黑龙江省，而这些基地的总面积超过全国总数的1/3，产量超过全国总数的1/4。基地数量认证面积、认证数量、产量远远高于其他省份，在全国一直位居首位。

表5.5 黑龙江省绿色食品原料标准化生产基地建设情况

| 年份 | 基地数量/个 | 规模/万亩 | 产量/万吨 |
|---|---|---|---|
| 2009 | 127 | 4 606.4 | 1 784.4 |
| 2013 | 143 | 5 538.5 | 2 476.3 |
| 2014 | 157 | 6 594.3 | 3 090.9 |
| 2015 | 168 | 7 002.3 | 3 361.1 |
| 2016 | 170 | 7 002.3 | 3 530.1 |
| 2017 | 158 | 6 398.8 | 3 034.1 |
| 2018 | 157 | 6 375.1 | 2 994.8 |
| 年均增长率/% | 2.38 | 3.68 | 5.92 |

资料来源：绿色食品统计年报（2009—2018）

综上，黑龙江省绿色食品具有规模大、基数大的特点，近年一直保持快速增长，硕果累累。绿色食品基地面积、产品总量、经济总量、国家级龙头企业数、"三品"标志认证数量、"三品"抽检合格率等六项发展主要评价指标已连续十多年居全国之首。绿色食品已成为黑龙江省"十大重点产业"中成长性最好、发展潜力最大的产业，黑龙江省也已成为绿色食品的生产大省。

但需要注意的是,虽然黑龙江省绿色食品原料标准化生产基地各项数值和比例始终位于全国第一,却呈现出了下降的趋势:如图5.1所示,2017年黑龙江省绿色食品原料标准化生产基地个数、规模和产量开始出现下滑,基地数158个,同比下降7.1%;规模6 398.8万亩,同比下降8.61%;产量3 034.1万吨,同比下降14.1%。而从全国绿色基地数量占比来看,如表5.6所示,基地数量从2013年占比28%,2018年下降为23.1%;认证面积2013年占比42.8%,2018年下降为38.9%;全年生产总量2013年占比31.5%,2018年下降为28.1%。

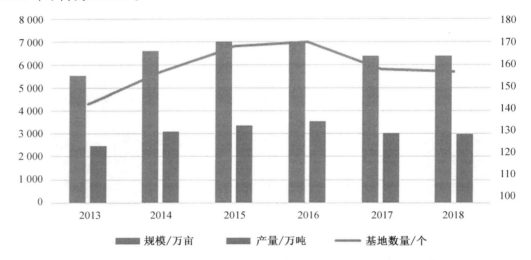

图5.1 2013—2018年黑龙江省绿色食品原料标准化生产基地数值

表5.6 全国部分省(区)绿色食品原料标准化生产基地建设情况

| 省(区) | 基地数量/个 | | 规模/万亩 | | 产量/万吨 | |
| --- | --- | --- | --- | --- | --- | --- |
| | 2013年 | 2018年 | 2013年 | 2018年 | 2013年 | 2018年 |
| 内蒙古自治区 | 32 | 46 | 1 277.7 | 1 672.5 | 807.6 | 1 079.4 |
| 辽宁省 | 9 | 19 | 133.2 | 350.4 | 79.6 | 189.5 |
| 吉林省 | 17 | 23 | 271.4 | 371.4 | 176.0 | 232.1 |
| 黑龙江省 | 143 | 157 | 5 538.5 | 6 375.1 | 2 476.3 | 2 994.8 |
| 江苏省 | 45 | 48 | 1 735.9 | 1 789.9 | 1 148.1 | 1 227.7 |
| 安徽省 | 31 | 45 | 518.1 | 841.1 | 242.3 | 392.9 |
| 福建省 | 12 | 16 | 142.6 | 148.8 | 103.5 | 90.7 |
| 江西省 | 23 | 44 | 408.5 | 833.2 | 328.0 | 544.1 |
| 山东省 | 11 | 24 | 180.6 | 344.3 | 171.4 | 365.5 |
| 湖北省 | 13 | 21 | 174.3 | 288.1 | 146.9 | 320.0 |
| 湖南省 | 40 | 41 | 567.3 | 592.6 | 486.5 | 551.2 |

续表5.6

| 省(区) | 基地数量/个 | | 规模/万亩 | | 产量/万吨 | |
|---|---|---|---|---|---|---|
| | 2013年 | 2018年 | 2013年 | 2018年 | 2013年 | 2018年 |
| 四川省 | 42 | 61 | 659.6 | 902.9 | 669.7 | 865.2 |
| 新疆维吾尔自治区 | 38 | 54 | 643.0 | 817.4 | 480.3 | 841.2 |
| 全国总计 | 511 | 680 | 12 952.2 | 16 397.0 | 7 867.2 | 10 652.3 |
| 占比/% | 28 | 23.1 | 42.8 | 38.9 | 31.5 | 28.1 |
| 全国排名 | 1 | 1 | 1 | 1 | 1 | 1 |

资料来源:绿色食品统计年报

与此同时,黑龙江省绿色食品产业发展的主要指标年增长率也呈逐年下降趋势(图5.2),长此以往黑龙江省绿色食品的优势地位将受到威胁。

图5.2 黑龙江省绿色食品产业主要指标年增长率

## 二、黑龙江省各资源型城市绿色食品产业发展现状

### (一)双鸭山市绿色食品产业发展现状

重点开发高级食品、营养保健食品和功能性食品,打造粮食加工高端产业链,把粮食资源优势转化为产业优势,建设成为全省重要的粮食深加工基地。

双鸭山市耕地面积1 300余万亩,是全省重要的商品粮和经济作物基地。全市建设绿色食品基地45个,面积15.7万亩,绿色有机食品认证面积达到140万亩。全市重点创建了大豆、水稻、玉米三大绿色食品种植基地和东北黑蜂养殖基地,绿色食品生产基地原料产量达到40.7万吨,产值实现11.9亿元。截至2020年10月,双鸭山市累计获得绿色食品有机认证企业53家,产品89个。在双鸭山市绿色食品认证企业中,稻米、大豆和蜂产品产业企业及产品占比较大,已经成为双鸭山市绿色食品发展的中坚力量。重点项目如下：

(1) 双鸭山市粮食深加工产业园区。

通过整合和引进大型粮食深加工项目入驻园区，大力开发粮食深加工产品，五年内粮食深加工产能达到 100 万吨以上、销售收入达到 50 亿元以上。

(2) 东北大自然水稻深加工。

总投资 7 亿元，建设规模年加工水稻 30 万吨、米糠 20 万吨，年产精制米 21 万吨、米糠油 7.5 万吨、油酸 5 万吨、硬脂酸 1.4 万吨。

(3) 饶河大顶子山玉米食品加工。

总投资 1.2 亿元，建设规模年加工玉米 10 万吨，年产玉米胚芽油 2 000 吨。

(4) 金谷 6 000 吨米糠蛋白产业化。

总投资 0.95 亿元，建设规模年加工米糠 5.3 万吨，年产米糠蛋白 0.6 万吨、饲用米糠粉 4.65 万吨。

同时借助优势，大力发展现代生态林业经济，全市林菌、林药、林果等产业基地面积达到 14.3 万亩，林业总产值预计达到 17 亿元。

有机、绿色、无公害农产品标志认证数量达 315 个。拥有全国最大的白瓜子集散交易中心——宝清县白瓜子交易大市场。有机（绿色）加工企业 24 家，企业生产加工绿色食品 12.2 万吨，产值实现 8.85 亿元，销售收入实现 7.21 亿元。双鸭山市绿色食品展团成果丰硕，签订产品购销合同（协议）36 项，其中签约额千万元以上的项目 5 项，签约额 1.68 亿元。

### （二）七台河市绿色食品产业发展现状

七台河市属低山丘陵浅山区，适于种植优质粮食、经济作物和养殖畜禽产品，野生动植物品种丰富。七台河绿色食品认证面积达到 90 万亩，"三品一标"认证数量达到 460 个以上，绿色食品标志 70 个，有机食品标志 40 个，4 个产品获得地理标识认证，农畜产品加工能力达 40 万吨。七台河及周边 5 市县年产玉米 800 万吨、大豆 560 万吨、水稻 270 万吨，商品转化率达 80% 以上；生猪、肉牛、羊、禽的存栏量分别达到 198 万头、67 万头、147 万只和存栏 7 000 万只，农牧产品以绿色、高品质著称。山药材、山野菜较为丰富，党参、桔梗、刺五加等野生中药达 300 余种；木耳、猴头、榛蘑等食用菌类达 10 余种，都是不可多得的绿色珍品。刺五加、龙胆草、人参等十余个北药品种已实现了人工种植。

为了更有针对性地发展特色农产品，七台河倡导的"一村一品"的特产品之乡格局已初步形成。七台河市有 8 个"一村一品"绿色食品产业专业乡镇，52 个"一村一品"绿色食品专业村，其中 4 个是国家级"一村一品"绿色食品专业化村。勃利县的蓝靛果产业、葡萄产业，桃山区的绿色有机蔬菜产业，茄子河区的绿色食用菌产业初具规模。

截至 2018 年末，七台河市拥有国家级农业产业化龙头企业 2 个，省级农业龙头企业 17 个，市级以上农业产业化龙头企业总数达到 47 家，农业产业化重点龙头企业已涵盖粮油加工、畜禽加工、特色经济作物、外向型农业等主导产业。

### （三）鹤岗市绿色食品产业发展现状

绿色食品产业是鹤岗市发展潜力最大、市场前景最好的重要支柱产业之一。现已形成了以水稻、大豆、玉米和肉类加工等为主导的绿色食品加工产业集群,具有发展绿色食品产业的良好的生态环境、坚实的产业基础、充足优质的原料,未来增长空间巨大。截至2018年末,有机绿色种植面积达到142万亩,申报有机食品标志1个、绿色食品标志11个、农产品地理标志2个。

1. 产业规模发展势头良好

2019年末,鹤岗市绿色食品产业销售收入126亿元,利税3.5亿元。龙头企业带动市属基地面积275万亩,带动农户3.6万户,安置农民就业1.2万人次。全市从事绿色食品种植的农民人均纯收入达13 900元,增收2 600元,高于全市农民人均纯收入3.9个百分点,社会效益和综合效益十分明显。

2. 产业集聚效应明显

2019年末,全市绿色食品加工企业115户,农业产业化龙头企业43户,其中国家级3户、省级21户,农产品加工涵盖了水稻、大豆、玉米及饮品、肉类、酒类、油脂加工等六大行业,主营业务收入占食品产业的90%以上。尤其是稻谷加工业,规模以上企业达19户,年加工能力500万吨,被农业部授予"中国米都"称号。

3. 产业氛围初步形成

双汇、九三、梧桐、龙水、实实等知名大企业纷纷建成投产,做响了双汇、九三、梧桐、龙水、实实、稻园等全国知名品牌。拥有1个中国名牌产品、4个中国驰名商标、16个省级著名商标和名牌产品,无公害农产品、绿色食品、有机食品标志接近300个。以大米为主的绿色食品专营网点,遍及全国各地,产品远销日本、韩国和东南亚等10个国家和地区。"鹤岗米"成为家喻户晓的优质安全农产品代名词。发展重点如下。

(1)稻米加工业。

稻米加工业的具体发展如图5.3所示。

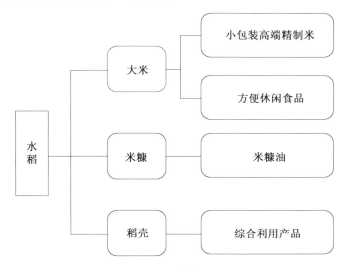

图5.3 稻米加工业

(2)玉米加工业。

玉米加工业的具体发展如图5.4所示。

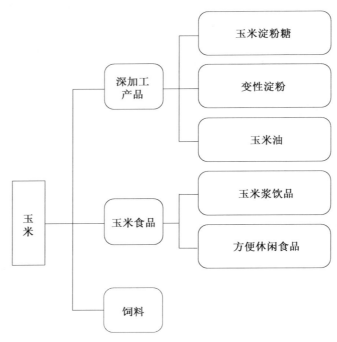

图 5.4　玉米加工业

(3)大豆加工业。

大豆加工业的具体发展如图5.5所示。

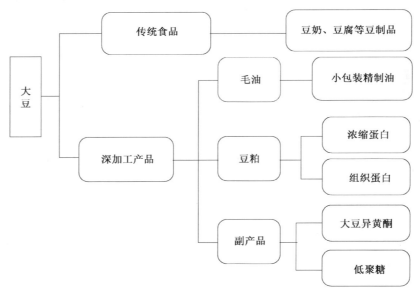

图 5.5　大豆加工业

(4)肉类加工业。

肉类加工业具体发展如图5.6所示。

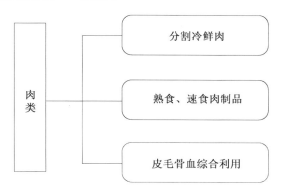

图 5.6　肉类加工业

### (四)鸡西市绿色食品产业发展现状

近年来,鸡西市绿色食品产业快速发展,农业产业化水平不断提高,绿色食品产业已经成为鸡西的支柱产业。

**1. 产业门类比较齐全**

初步形成了水稻、玉米、大豆、经济作物、畜产品、山产品加工业六大产业。年加工能力560万吨,实际加工量323.5万吨,销售收入107.4亿元。

**2. 龙头企业初具规模**

全市市级以上农业产业化龙头企业74户。其中国家级2户、省级18户、市级54户;销售收入10亿元以上的5个,销售收入5亿元以上的2个,销售收入1亿元以上的10个,销售收入5 000万元以上的16个。绿都集团、中纺粮油(黑龙江)公司、黑龙江绿宝石集团、虎林市兴海米业有限公司、黑龙江省福顺祥粮油有限公司、黑龙江东北大食品有限公司是行业重点企业。

**3. 生产基地逐步扩大**

区域内绿色食品产业生产基地总面积达到614万亩,辐射农户28.5万户。其中水稻种植基地面积320万亩,玉米种植基地面积177万亩,大豆种植基地面积87万亩,蔬菜种植基地面积6万亩,特色经济作物种植基地面积24万亩。畜牧养殖基地饲养量达到1 460万头(只)。主要包括千头以上生猪养殖场119个,肉牛育肥场13个,万只商品鹅养殖基地2个。全市有46户龙头企业与115个基地,生产基地、专业合作社等按照利益共享、风险共担的原则,采取了"企业+基地+农户""企业+合作社+农户"等模式,结成了联系比较紧密的经济共同体。

**4. 品牌效应明显**

全市农产品注册商标近200个。有珍宝岛、碧珠、麒麟山、绿都、虎琳等知名品牌。有绿色食品标识62个,无公害标识94个,有机产品标识10个,地理标志认证产品2个。虎琳牌蜂蜜被评为2012年度黑龙江名牌农产品;珍宝岛牌大米、东北大牌珍珠米、麒麟山牌小米、虎琳牌椴树蜜、兴凯湖大白鱼入围首届黑龙江消费者最喜爱的100种绿色食品。

发展重点如下。

(1) 水稻加工业。

以虎林市、密山市、鸡东县为重点,建设绿色水稻产业带,稳步发展高端米,延长水稻产业链条,提高精深加工水平。重点发展米糠油、米蛋白、膳食纤维等深加工产品,开发药用谷维素、维生素E、糠蜡等下游产品。在发展稻壳发电的基础上,充分利用稻壳灰提取白炭黑、活性炭,提高稻壳综合利用水平,引进国内知名食品龙头企业,新上年加工能力30万吨以上,且加工层次高、产品链条长的水稻加工项目。

(2) 玉米加工业。

以密山市、鸡东县境内的方虎路、鸡密南线为重点,建设优质高产玉米产业带,稳步发展高质量的玉米主食食品、休闲食品、方便食品。适机发展玉米为原料的化工医药和精细化工产业,提高精深加工与综合利用水平。积极发展玉米脐油、饲料及应用前景广、市场潜力大的功能性食品添加剂、变性淀粉、有机酸等深加工产品。

(3) 大豆加工业。

以密山市、鸡东县为重点,稳定种植面积,建设优质大豆生产基地。调整产品结构,将大豆油脂加工向大豆食品加工转变,大豆加工向直接销售食品豆转变,大豆油、饲料粕初级加工向深加工转变。重点发展豆腐、豆干、腐竹、豆粉、豆奶、全豆食品、食品豆、浓缩蛋白、磷脂、膳食纤维等产品。

(4) 畜产品加工业。

以市区和鸡东县为重点建设生猪生产基地,以麻山、密山为重点建设肉牛、肉羊生产基地,以虎林为重点建设奶牛生产基地,以市区为重点建设禽类生产基地,发展畜产品精深加工,延长产业链,提高附加值。重点发展肉类分割品、精细分割制品、乳制品、乳品饮料、熟制品、方便易存高端肉制品及骨粉、血浆蛋白粉、血球蛋白粉、血红蛋白粉、羽绒制品、羽毛粉、血红素、生物制品等副产品。

(5) 经济作物加工业。

稳步扩大基地面积,扩大基地规模,突出特色,提高深加工能力。重点发展蔬菜净菜、南瓜粉、南瓜食品、甜玉米、黄菇娘、杂粮杂豆等产品,提高产品档次。

(6) 山产品加工业。

强化山产品资源保护,引进食用菌加工企业,提高山野菜深加工规模和水平。重点发展保鲜、速冻、压缩、膨化等食用菌产品,开发即食类产品。发展与国际技术、质量标准接轨的出口山野菜产品。围绕刺五加加工业,重点发展刺五加茶、刺五加精等营养保健品及刺五加人用药品。围绕蜂产品加工业,重点发展绿色、有机蜂蜜及蜂胶、蜂花粉、蜂王浆等深加工产品。

(五) 大庆市绿色食品产业发展现状

大庆市是我国重要的粮食生产加工基地,还是我国畜牧业、乳业、绿色食品强市,农业资源得天独厚,发展农产品精深加工业前景广阔。大庆地处黄金农业地带,空气质量、土壤环境优良,拥有1 100万亩耕地、1 000万亩草原,粮食总产量达到128亿斤(1斤=0.5千克),2012—2014连续3年蝉联"全国粮食生产先进市"殊荣。其中绿色、有机和无公害食品种植面积500万亩,水稻200万亩,棚室果蔬35亿斤,奶牛存栏60万头、生猪160万头、肉牛32万头,年产鲜奶150万吨,肉制品200万吨,内蒙古伊利、广州百森等一批国内知名企业已在大庆投资建厂。目前,大庆的食品产业链还不是十分完善,比如玉米产业链,只做到乙醇、淀粉等初级加工,往下的产业链还很少,更缺少食品、保健品、药品、日用品等终端产品的加工能力。今后,大庆将重点做精做深玉米、大豆、马铃薯、乳制品、生猪等产业链条,不断提高附加值。从产品化率和精深加工量上看,大庆食品产业存在着就地加工少、精深加工少、知名品牌少等问题,以优质农畜产品为原料进行本地精深加工的前景尤为广阔。下一步,玉米深加工产业将主要发展淀粉加工产业链条;重点发展麦芽糊精、结晶葡萄糖、高果糖浆、山梨醇、木糖醇、玉米胚芽油等产品。大豆深加工产业将主要发展大豆提油产业链条;重点发展大豆油、大豆磷脂、大豆异黄酮、大豆低聚糖、大豆多肽、大豆皂甙、大豆蛋白、大豆膳食纤维等产品。乳制品加工产业将主要发展乳清产业链条;重点发展干酪、浓缩乳清蛋白、脱盐乳清粉等产品。马铃薯加工产业将主要发展马铃薯全粉、淀粉产业链条;全粉产业链重点发展薯片、薯条、土豆泥等方便食品类产品;淀粉产业链重点发展马铃薯变性淀粉、蛋白、生物饲料等产品。生猪加工产业将主要发展猪肉产品产业链条,补充发展屠宰副产品深加工产业链条;猪肉产品产业链发展冷鲜肉产品;副产品深加工产业链发展血浆蛋白粉、血球蛋白粉、骨粉、骨味素等产品。链长制是保产业链供应链稳定,推进产业发展的一种长效工作机制。2020年12月15日,大庆市正式出台《大庆市实施产业链链长制推动产业高质量发展实施方案》。在粮食加工方面,聚焦水稻和杂粮、玉米、大豆等细分领域,谋划引进膨化食品及方便食品、玉米胚芽油、大豆乳清蛋白等18个重点产业链节点项目;在肉制品方面,聚焦牲畜加工和畜禽加工2个细分领域,谋划引进肉制品全产业链加工、禽羽制品加工等22个重点产业链节点项目;在乳制品方面,聚焦牛乳制品和羊乳制品2个细分领域,在现有液态奶、乳粉、乳清等产品基础上,进一步延伸拓展产品领域,支持产品创新;在果蔬薯饮品方面,聚焦生活食品、果蔬制品、酒类制品等3个细分领域,谋划引进粉条粉丝生产、果蔬饮品生产等10个重点产业链节点项目。

(六)尚志市绿色食品产业发展现状

尚志全市森林面积64万公顷,境内有帽儿山、一面坡、亚布力、苇河4个国家级森林公园,森林覆盖率73%。依托森林资源和产业基础,不断壮大食用菌、浆果、乳品、药材、山产品、森林养殖等优势产业,使"黑白红"三色经济成为群众致富的"靠山"。一是做大黑色产业。把食用菌产业作为富民的第一产业来发展,栽培总量居全国县级市第一,苇河黑木耳批发大市场已成为全国最大的黑木耳集散中心,先后被评为中国黑木耳之乡、全国黑木耳主产基地县和食用菌餐饮文化示范市,而且尚志市还获得了黑木耳国家地理标志认证。二是做强白色产业。借助地处世界奶牛产业黄金带的地理优势,引进建设了全省最大、全国第二大的液体奶生产企业——蒙牛乳业(尚志)公司,日处理鲜奶生产能力达1 200吨,拉动全市奶牛发展到3万头,建成万头、千头现代化牧场各两个,形成了较为完整的产业体系。由 2016 年 2 条特仑苏生产线,发展到 6 条生产线,并新上 3 条高端有机奶的生产线,产品附加值有了更大提高,产值达到 8 亿。三是做优红色产业。尚志市积极引进和改良品种,推广先进种植技术,推进标准化体系建设,创建国家级标准化示范区。全市浆果种植面积达 8 万亩,居全国第一。其中,红树莓种植面积 3.6 万亩,年产量 1.5 万吨,分别占国内红树莓总面积、总产量的 50% 和 88%,尚志市被评为"中国红树莓之乡",并获得"尚志市红树莓"地理标志产品。

### (七) 五大连池市绿色食品产业发展现状

五大连池市具有典型的寒地黑土地貌,是全国 500 个商品粮基地县之一,全市有耕地 458 万亩,有草原 220 万亩,有林地 583 万亩。五大连池市依托丰富的农村特产资源,以沾河林业产品加工区、龙镇农副产品加工区为平台,积极发展绿色有机食品生产、精深加工等项目,举力打造特色绿色食品产业基地。重点项目如下:

#### 1. 绿色有机蔬菜生产加工项目

五大连池市蔬菜种植历史悠久,种植品种多样,是黑河地区南部市县的蔬菜基地。尤其新发乡油豆角、太平乡胡萝卜、龙镇马铃薯、粘玉米、二龙山西兰花等优质蔬菜远近闻名,其特产油豆角更是以其肉厚豆大、纤维少、营养价值丰富、风味鲜美独特等优点深受消费者喜爱。绿色有机蔬菜远销日本、韩国等国家,利用充足的农产品资源,开发建设绿色有机蔬菜加工项目,有良好的市场前景。

#### 2. 大豆精深加工项目

随着我国大豆精深加工技术的不断发展,除传统大豆榨油以外,大豆可加工成大豆蛋白、卵磷脂、大豆异黄酮、活性纤维素等高科技产品。按照中央 1 号文件部署,农业农村部从 2019 年起实施大豆振兴计划,扩大种植面积,提高单产水平,改善产品品质,努力增加大豆有效供给,提高我国大豆产业质量效益和竞争力。

五大连池市是国家五百个商品粮基地县之一,是国家重要的粮食生产基地。境内特有的寒地黑土,土壤肥沃,富含有机质,质地疏松,是黑龙江省重要粮豆薯生产基地。五大连池市总耕地面积为 458 万亩,多年来,大豆种植面积稳定在 300 万亩左右,年产大豆约 60 万吨。特别是境内龙镇,土地肥沃,产量高,非常适合大豆种植。因此,依托该市及周边市县的大豆资源,建设大豆精深加工项目,开发高科技大豆深加工产品,增加大豆产品的附加值,市场潜力巨大,利润可观。2019 年,五大连池市提出全域创建农业绿色发展示范区,建设绿色功能性大豆生产基地 280 万亩,落实黑土地保护项目 20 万亩,先后实施了国家第三批旱作农业示范基地建设、国家农产品(大豆)基地建设和绿色高油大豆生产基地等项目。五大连池市制定了《五大连池市 2020—2025 年大豆产业振兴实施方案》,重点发展大豆食品产业。

#### 3. 山口湖水产品精深加工项目

五大连池市境内有大小河流 42 条,湖、泉、泡、泽遍布,全市有水域面积 19 万亩,其中天然养殖 13.2 万亩,水产品产量超千吨,山口湖是黑龙江省规模较大的淡水养殖基地,水域面积 12 万亩,水源为山涧溪流,水质清新,无任何污染,生产的水产品均为天然养殖产品,是纯天然绿色食品。山口湖现存有鱼类 48 种,有野生名优鱼哲罗、细鳞、红尾等 8

种,有鲢鱼、鲤鱼、鲫鱼、狗鱼等大众鱼40种,是珍贵鱼种高白鲑鱼在国内的第二个养殖基地,山口湖水产品年产量在520吨以上,打捞旺季日产超万公斤(1公斤=1千克),网捕最大量达万斤。山口湖小型成鱼、青虾及花鲢鱼肉味鲜美,深受广大消费者的青睐。质优味美的"山口湖"牌水产品,远销至长春、哈尔滨等城市。可利用山口湖养殖基地丰富的渔业资源,开发大型成鱼冷冻分割加工、精深加工项目。

**4. 畜牧养殖项目**

五大连池市有3个山区乡,8个国有林场,区域内土壤多为暗棕壤,适于种植各种牧草,适宜发展黄牛、奶牛、山绵羊、肉羊养殖业。全市草原面积220万亩,年产饲草100万吨以上,载畜量(以奶牛为例)达10万头以上,是国际公认的优良奶牛饲养带。为促进畜牧养殖业发展,五大连池市政府出台了发展畜牧养殖业的优惠政策,按企业规模批复放牧草原及青储饲料地。可利用五大连池市丰富的牧草资源发展畜牧业、养殖业及畜产品精深加工项目。

**5. 山产品精深加工项目**

五大连池市林木繁茂,山产品资源等十分丰富。蕨菜是五大连池市的特色山产品,有防癌、抗癌、健胃等功效。朝阳山蕨菜深受日本、韩国客商的青睐,每年有2 000吨左右的蕨菜销售国内外。五大连池市还盛产猴腿菜、苦菜芽等十几种山野菜及松蘑、油蘑、草蘑、青蘑、元蘑、猴头、木耳等十几种野生食用菌,年采摘量1 500吨以上。山野菜及食用菌因其绿色无污染、味道鲜美、营养价值丰富深受国内外客商的欢迎。可利用丰富的山产品资源生产加工山野菜、食用菌鲜品、食用菌干品、礼品等。

**6. 北药开发基地建设项目**

医药产业一般都是发达国家的主要产业之一。尽管各国政府均在控制医药费用的增长,但由于新药的开发、人口结构变化及人们对健康预期的提高,药品市场的增长仍快于经济增长的速度。特别是预防性药物及保健相关的产品将更加受到人们的关注。五大连池市位于黑龙江省北部,地处小兴安岭与松嫩平原过渡地带,林业经营总面积583万亩,因地处中高纬度,属温带大陆性季风气候,无霜期较短,夏季日照时间长,昼夜温差大,空气清爽,无污染,生态环境优良,拥有种植北药药材的地理环境,有广阔的市场前景。2019年《黑龙江省中医药产业发展规划》出台,提出要通过完善政策支持体系、加快种植养殖基地建设、推动企业做大做强、加强品牌建设等措施,以提高中药规范化规模化种植养殖水平、延伸中药加工产业链、做优现代中药制造产业,努力把中医药产业打造成全省转方式调结构、实现高质量发展的重要增长点。力争到2030年,全省中医药产业营业收入达到千亿级。

**(八)伊春市绿色食品产业发展现状**

伊春市的森林食品原生态、无污染,深受消费者好评和市场青睐。2018年末,全市绿色、有机作物种植面积140万亩,已形成山野菜、山野果、山药材、食用菌、动物食品、矿泉水等六大系列260多种产品,有44个产品获得绿色食品标志认证,60个产品获得无公害农产品认证,252个产品获得有机食品认证,建成各类生产基地235处。

目前,全市食用菌种植规模达6.4亿袋,其中黑木耳产量2.4万吨,约占全省的

11%;蓝莓、蓝靛果等小浆果种植面积达 3.4 万亩,已成为全国最大的蓝莓种植基地,在加工方面也处于全国领先;红松果林、榛子林营造和改培分别达到 2.4 万亩、5.8 万亩。药材种植和改培面积达 43 万亩;野猪、鹿饲养量分别达 4.5 万头、2.3 万头。将林下经济的培育模式划分为保护型、繁育型、改培型、野化型 4 种类型,在黑木耳、蓝莓、红松籽、野猪种养上已广泛使用。发展重点如下。

**1. 建设中国山果酒城**

依托已经形成的蓝莓等红酒和五味子、山梨、天然桦树汁等地方土酒的规模优势,谋划建设一批养生保健酒、高档礼品酒、纪念酒等项目,系列化、品牌化开发以山野果和山泉水为主的有机饮品。尤其是依托越橘庄园品牌优势,把蓝莓酒做大做强。

**2. 建设中国森林食品之都**

(1)种养业。

制定林下经济发展规划,重点建设"一谷七带",即汇源伊春绿色产业谷和绿色水稻、蓝莓、食用菌、药材、花卉、红松榛子坚果林、特种养殖七条产业带。

(2)制造业。

全产业链打造"红蓝黑+北药"四条产业链,即以红松籽、平榛为主的坚果产业,以蓝莓、蓝靛果为主的小浆果产业,以黑木耳、香菇为主的食用菌产业,以北五味、人参等道地药材为主的北药产业,进一步提升产业素质和效益,力争五年后森林食品药品业实现增加值 300 亿元,在全国做大叫响"中国森林食品之都"品牌。

## (九)黑河市绿色食品产业发展现状

黑河市地处高纬度,昼夜温差大,有效积温利用率高,拥有广袤的生态绿色有机黑土资源,农药化肥使用量低,优质农产品原料产出量大,气候寒冷,病虫害和畜禽疫情少。黑河是黑龙江省三大林区之一,林产品十分丰富,猴头、木耳、蕨菜等野生山产品 100 多种。近年来,黑河市农林基础产业发展的优势凸显,产业集聚功能不断增强,建设了逊克省级农业科技产业园、孙吴健康产业园、北安绿色食品产业园、五大连池矿泉工业园、嫩江工业园等综合加工园区。培育了北安宜品乳业、辰鹰乳业、中兴牧业、联凯大豆等重点龙头加工企业 65 家,形成了爱辉山珍、孙吴大果沙棘、北大荒矿泉水、鹿源春酒业等一批知名品牌。寒地小浆果培育加工产业发展步伐不断加快,是黑龙江省最大的沙棘基地,同时也是全国最大的蓝靛果忍冬种植基地。截至 2017 年底,绿色、有机食品认证面积达 330 万亩,实物产量 110 万吨,其中国家级绿色食品原料标准化生产基地面积达 290 万亩。创建了嫩江县省级农产品质量安全示范县和五大连池市新发乡、嫩江县长福乡、爱辉区瑷珲镇等 5 个省级标准化生产示范乡镇。农产品实际加工(交易)总量可达 202 万吨,实现销售收入 30 亿元、利税 4 800 万元。重点项目如下。

**1. 寒地小浆果种植加工产业链**

发挥小浆果种养的规模化优势,积极引进利用先进适用技术,依托中俄林业科技合作园区,努力打造全国最大的高寒地区蓝靛果耐寒品种研究、繁育和加工基地。进一步扩大企业规模、调整产品结构,重点开发蓝莓、忍冬系列保健品、花青素系列产品、沙棘油胶囊、沙棘功能性运动饮料等高端产品,提升产品档次,拓展市场份额,将小浆果种植加工业打造成大产业。重点推进总投资19.3亿元的大果沙棘栽培加工产业化项目和总投资7.8亿元的小浆果栽培加工产业化等项目建设。

**2. 乳制品加工产业链**

黑河境内830万亩天然草原大部分位于北纬40—47度黄金奶源带内,发展畜牧业有着得天独厚的条件。围绕加快建设全国最大的优质奶源基地,打造放心奶工程,依托上海东方汇富投资公司投资20亿元建设的中兴牧业奶牛养殖及乳制品加工项目,规划建设日处理鲜奶3 000吨乳制品加工厂。依托中兴牧业、辰鹰乳业、宜品乳业等的乳制品加工项目,开发液态奶、酸奶、奶粉等系列产品,建设乳制品产业链。

**3. 绿色食品加工产业链**

黑河是全国非转基因大豆主产区之一,年产量110万吨,约占全国产量的十分之一,含油量比省内南部地区高4—6个百分点。嫩江县素有"中国大豆之乡"的美誉。依托嫩江非转基因大豆基地和俄罗斯回运大豆资源,发展大豆深加工业。重点建设大豆产业城项目,延伸大豆精深加工产业链,加快开发大豆蛋白纤维、纳豆激酶、大豆谷物奶、天然维E联产植物甾醇等系列新产品。黑河市地处黄金玉米生产带,大力发展玉米精深加工业有充足的原料保障。北安60万吨玉米深加工、嫩江30万吨食用玉米粉及1万吨木糖以及玉米保健酒、玉米瘦身膨润片、玉米赖氨酸等项目建设,提高产品附加值。以特色、绿色、有机、外向型产业为主导,重点发展科技含量高、附加值高的保健食品,黑河(孙吴)健康产业园打造成北方重要的健康食品生产基地,努力将该园区建成国内重要的水苏糖(功能糖)产业集聚区。逊克中俄现代农业合作高新区,重点发展高纬寒地绿色食品加工、对俄木制品加工项目,打造跨境农林产品加工产业链。

**4. 优质特色酒类酿造产业链**

充分利用粮食产量大、绿色无污染、品质高的优势,积极发展酒业酿造业,实施全市酒类发展规划,依托鹿源春、嫩江春、宝泉啤酒等龙头企业,搞好特色产品开发,打造沿黑龙江流域酒业黄金线。重点发展矿泉啤酒、野生浆果果酒、保健白酒三大高端系列品牌,2016年白酒年产量达到12万吨以上,啤酒年产量10万吨,特色果酒、冰酒年产量1.2万吨。

**5. 林产品及北药加工产业链**

黑河林区面积大,山产品丰富,山野菜、食用菌、干果等山产品年采集量达930多万公斤。可依托富集的资源,研发高品质的森林绿色食品和保健品,重点推进猴头菇种植及深加工、黑木耳多糖胶囊、山野菜速溶粉等项目建设;依托丰富的北药资源,规划建设中药材交易市场,形成种植、提取、制品、销售产业链。重点发展人参及水飞蓟种植基地、水飞蓟解酒护肝饮料、五味子口服液等项目。

**(十)牡丹江市绿色食品产业发展现状**

截至2018年,牡丹江有国家级绿色食品原料标准化生产基地14个,绿色有机食品认证面积480万亩;全市绿色有机食品企业发展到82家,拥有213个绿色有机认证,年加工量达到80万吨,产值达到40亿元。拥有国家驰名品牌5个,省内著名品牌28个,国家地理标志农产品19个,初步形成了向精深加工延伸、向高端品牌拓展的农产品加工体系。

人工栽培黑木耳产量占全国1/3左右,猴头菇产量占全国1/2以上,蜂产品产量占全省半壁江山,绿色有机食品在株三角、长三角、京津唐等经济发达地区均占有一席之地,享有世界黑木耳之都、"中国绿色有机食品之都"等美誉。建成了10万头国家级绿色肉牛养殖基地和20万头无公害生猪生产基地,畜牧业规模养殖比重达到70%以上,荣获"中国肉牛之乡"的荣誉称号。

(十一)大兴安岭地区绿色食品产业发展现状

从资源情况看,储量丰富,品质独特。

**1. 野生浆果资源品质独特**

大兴安岭地区有林地面积678.4万公顷,湿地面积153万公顷,是国内最大、最丰富的寒温带生物基因库,尤其野生蓝莓以富含花青素著称,改善血液循环、增强心脑功能等作用明显,是享誉世界的五大保健食品之一,储量占全国的90%、世界的30%,被称为"中国的野生蓝莓之乡"。

**2. 各类菌类资源优势突出**

黑木耳品质极佳,含有"多糖体"等多种对人体有益物质,对降血脂、降血液黏稠度等有明显的效果,同时,野生灵芝、猴头等菌类在国内有极高声誉。

**3. 道地药材储量丰富**

黄芪、苍术、五味子、灵芝等野生药材蕴藏量200万吨,市场价值在10亿元以上,是我国最大的寒温带天然药库。

**4. 生态环境极为优良**

大兴安岭地区是国内少有没有化工污染的地区,空气、水、土地等资源天然纯净,绿色食品资源正日益为国内市场所认可。

从产业情况看,对466.5万公顷林下资源进行承包经营,建立各类种养殖基地371处,蓝莓种植面积达到2万亩,黑木耳养殖2.9亿袋,北药种植保护面积12万亩,夯实了做大做强做特林下资源开发的资源基础。目前,大兴安岭林区共有森林食品生产企业86家,其中规模以上加工企业10家、省级龙头企业3家,绿色(有机)食品标识达到90个(有机食品67个,绿色食品10个,无公害产品13个),绿色产业产值31.2亿元,增长19.2%,呈现出快速发展的强劲势头。发展重点如下:

(1)开发高端蓝莓产品。

野生蓝莓年允收量4.7万吨,原果按30元/千克计算,价值14亿元,加工果干、饮料至少可增值1倍,加工高端蓝莓花青素胶囊、各种酒类至少可增值10倍。大兴安岭地区已有蓝莓生产企业19户,野生蓝莓繁育种植2万亩,加工能力1.4万吨,多以生产饮料、果干为主,市场热销的高档酒、保健品开发相对滞后,投资开发蓝莓胶囊、高级化妆品等高端产品的潜力巨大。

(2)延长食用菌加工链条。

黑木耳养殖2.9亿袋,价格32元/斤,初步进行压缩包装增值至少50%,具有降血脂和胆固醇等功效的木耳冲饮、多糖等保健产品利润空间还将有大幅提升。现有木耳加工小企业42家,大多进行简单包装生产,投资木耳精深加工,开发冲饮、多糖等终端产品的市场十分巨大、效益十分可观。

(3)扩大北药资源开发规模。

大兴安岭地区黄芪、五味子、苍术、赤芍、龙胆、红景天、细叶柴胡等野生药材在国内外市场声誉卓著,同时由于没有空气污染、林下生态完整还是国内少有适宜发展药材GAP种植理想之地。本地药材生产开发相对较弱,仅有3户药品、保健品生产企业,年产值不足亿元,投资建设GAP基地,开发中药产品正面临巨大机遇。

(4)提高寒地黑土作物效益。

大兴安岭地区特有的土壤有机质和微量元素含量居全国之首,由于气候冷凉,病虫害少,化肥、农药残留量低于全国全省平均水平,每年生产优质粮食50余万吨,如果开发高端产品、打入高端市场,按增值1倍计算将至少有5亿元的利润空间,种植特色高效益农作物利润空间还将成倍提升,急需进行高端深度开发。

## 第三节 黑龙江省资源型城市绿色食品产业情况分析

### 一、优势

#### (一)自然资源优势

**1. 黑土资源**

耕地是由自然土壤发育而成的,但并非任何土壤都可以发育成耕地。能够形成耕地的土地需要具备可供农作物生长、发育、成熟的自然资源。而黑土地是世界上最珍贵稀有的土地资源,肥力最高、最适宜农耕、最具生产潜力。黑龙江省的黑土带与美国密西西比河流域和乌克兰大草原是世界上仅存的三大黑土区。土质疏松肥沃,有机质含量平均在3%—5%之间,有的地区高达10%以上。故而有"捏把黑土冒油花,插双筷子也发芽"的美称。寒地黑土质地黏重,存在季节性冻层,在土壤形成的最活跃时期,降水集中,土壤水分丰富,与全国其他类型土壤比较,寒地黑土的水稳性团粒量较高,是结枯性最好的土壤之一。冬季寒冷漫长、千里冰封、寒地黑土的自然条件,孕育了农作物绿色有机的超高品质。

**2. 森林资源**

黑龙江省森林面积为2 128万公顷,具有全国最大的连片森林,近一半面积被森林所覆盖。黑龙江省的国家级自然保护区数量与国家级森林公园数量及面积均排名全国第一,荣登"森林之冠"。依托丰富的森林资源发展林下生态产业,重点发展以食用菌、山野菜、林果、北药为主的林下种植,以林禽、林畜、林蜂为主的林下养殖,合理开发山特产品,成为绿色食品产业发展的潜在资源。

**3. 气候资源**

黑龙江省位于中国最东北部,气候为寒温带大陆性季风气候,以半湿润气候为主,冬季漫长而寒冷,夏季短促而日照充分,降水资源比较稳定,太阳辐射资源比较丰富。由于高纬度的条件,冬天寒冷,漫长的寒冬有效杀灭了一些农田里残留的病菌和虫卵,阻止了病虫越冬,减少了病虫害的发生概率和农药使用量。土地处于半年休耕状态,为病虫害防治提供了天然屏障,化肥使用量为全国平均水平的1/3。受东南季风的影响,夏季降水充沛,主要集中在农作物的生长季6—8月份,在一年中生长季降水约为全年总量的83%—94%。而且黑龙江省比南方各省区云量少,日照时数多,而且辐射强度大,生长季的辐射总量占全年的55%—60%,植物在生长季可以获得充足的光照进行光合作用。"雨热同季"利于一年生作物迅速生长,短期成熟。

### (二)原料物产优势

黑龙江省是国家重要的商品粮基地和绿色食品生产基地,盛产水稻、大豆、小麦、玉米等粮食作物和马铃薯、亚麻、白瓜、甜菜等经济作物。从2011年起,黑龙江省粮食总产量跃居全国第一位,粮食商品量、调出量连续多年居全国首位,粳稻、非转基因大豆种植面积和产量均居全国首位。地处世界公认的黄金"玉米带"和"奶牛带",优质荷斯坦奶牛存栏数量居全国第一位,鲜牛奶产量居全国第二位,生猪、肉牛出栏量位居全国前列。优质丰富的农产品资源为绿色食品发展提供了充足的物质条件。

### (三)产业基础优势

黑龙江省绿色食品开发和建设在全国起步早,基础好,产业规模持续扩张,逐步形成区域明显、精深加工优势突出的绿色食品加工产业布局,七大绿色食品加工产业集群为绿色食品的未来发展提供了产业基础保证。

#### 1. 大豆加工业

黑龙江省是大豆主产区,大豆种植面积占全国的37%—44%,总产量占全国的38%—46%,商品率80%以上。目前,有规模以上加工企业67家,其中日处理量在1 000吨以上的有16家,大豆蛋白加工企业10家。黑龙江省拥有国内唯一的国家级大豆工程技术研究中心,大豆组织蛋白国内市场占有率已达45%,大豆分离蛋白国内市场占有率达25%。今后将重点发展大豆分离蛋白、大豆功能性蛋白、大豆组织蛋白、大豆胚芽、异黄酮、卵磷脂、低聚糖、皂甙、维生素E等精深加工和高附加值产品。

#### 2. 玉米加工业

已建成各类玉米加工企业1 326家,年玉米加工能力1 417万吨。围绕哈尔滨、绥化、齐齐哈尔、大庆等主产区,依托中粮生化(肇东)、龙凤玉米、大庆展华等龙头企业,重点发展以玉米淀粉为原料的精深加工,延长产业链;推进中西部玉米加工产业带建设,适度发展东部玉米深加工。结合黑龙江省玉米产业实际,将淀粉糖、变性淀粉、生物发酵、休闲食品等作为玉米深加工产业的主攻方向。

#### 3. 马铃薯加工业

马铃薯加工能力596万吨,2012年,实际加工总量278万吨,占全国加工总量的25%。全省马铃薯加工企业1 486家,规模以上企业39家,其中国家级龙头企业1户(北薯),省级龙头企业3户(嵩天、港进、丽雪)。重点发展马铃薯精制淀粉、雪花全粉、变性淀粉等深加工产品,兼顾开发薯渣、薯汁综合利用产品。

#### 4. 乳制品加工业

黑龙江省现有奶牛存栏量197.8万头,鲜奶和奶粉产量居全国第一。近几年来,黑龙江省奶源基地建设规模不断扩大,乳制品工业得到了快速发展,涌现出完达山、飞鹤、龙丹、摇篮、大庆乳品等一大批知名企业和名牌产品。同时伊利、蒙牛、光明、惠佳贝、贝茵美、雅士利等一批省外著名企业慕名来黑龙江省投资办厂,取得了很好的发展。全省65户规模以上乳制品企业实现主营业务收入309亿元,同比增长12%,居全国第二位。目前,国人每喝五杯牛奶中,就有一杯来自黑龙江省。今后,将进一步依靠先进技术,研发各种风味的奶酪、各种风味和口感的酸奶及乳清粉等产品。

**5. 稻米加工业**

黑龙江省水稻加工日处理原料能力达到6.5万吨,全省现有水稻加工企业445户,其中日处理原料200吨以上的企业就有90家。米糠油加工生产企业20多家,围绕松嫩、三江两大平原,五常、庆安、方正、宁安等37个水稻主产区,依托北大荒米业、响水米业、五常大米等一批龙头企业,重点发展精制米、米糠油、米糠蛋白、谷维素、稻壳块燃料等产品及生物质发电。

**6. 肉类加工业**

全省肉类加工总产量303.3万吨,其中,猪肉120万吨、牛肉40万吨、禽肉31万吨。省内现有屠宰企业624户,生产加工企业72户。重点是加工冷却肉、分割肉、熟肉制品等。扩大低温肉制品、功能性肉制品的生产,积极推进中式肉制品工业化生产步伐。广泛开展畜禽骨、血、皮、内脏、腺体等副产品的综合开发利用,开发生产各种生物制品。

**7. 山特产品加工业**

黑龙江省广大的山区、森林地带繁衍着种类繁多的野生动植物和山林特产。其中,具有经济价值的野生动植物有1 000多种,人参、鹿茸、麝香、党参、刺五加、五味子、防风、龙胆草等北方林区独具特色的名贵药材400多种。黑龙江省有着发展山特产品独特的生态优势和资源优势,近年来,大小兴安岭形成了以蓝莓加工为主导,其他林下产品为辅的山特产品加工业发展格局,许多品种已具有相当规模。全省野生蓝莓面积超过270万亩,常年蕴藏量在30万吨左右,占全国总蕴藏量的90%。全省蓝莓加工企业40多家,其中,规模以上加工企业18家,主要生产蓝莓果酒、果汁饮料、罐头、果酱、干果、烘焙食品等9大系列,100多个品种,年加工量达到2.9万吨以上,年加工产值近3亿元。企业生产的果酒、饮料等产品销往国内大中城市,速冻果、花青素及部分产品出口到日本、美国、捷克、韩国等国家。栽培黑木耳10亿多袋、干品产量达3万吨、山野菜采集量2万吨、山野果6 000吨、养林蛙9.8亿只、养鹿2.7万头、养兔87万只、养貂3.2万只、养狐2万只。涌现出大兴安岭超越野生浆果加工有限责任公司、百盛蓝莓有限责任公司、北极冰蓝莓酒业有限公司、大兴安岭富林山珍科技有限公司、长乐山大果沙棘、兴安有机食品有限公司、林格贝和伊春兴安红酒业有限公司、鑫野实业有限公司、忠芝大山王酒业有限公司、大兴安岭绿源蜂业有限公司、伊春四宝生物科技开发有限公司、大兴安岭韩家园鹿业科技开发有限公司等一大批具有一定生产能力的山特产品加工企业。开发了具有黑龙江省特色的有机野生蓝莓酒、蓝莓果干及饮品、有机蜂蜜、蜂王浆、黑蜂四宝液、林蛙油及其系列产品、鹿茸酒及鹿茸系列产品、鹿心血系列产品等。

### (四)管理体系优势

黑龙江省的绿色食品管理体系优势主要包括机构队伍、质量体系、法律规章制度等方面。

黑龙江省早在1993年就成立了省农垦绿色食品办公室,1997年又成立省绿色食品办公室,设在省农牧渔业厅。2000年黑龙江省政府提出"打绿色牌,走特色路"发展理念后,为适应绿色食品大省强省建设,省政府批准成立省绿色食品开发领导小组,其办公室设在省农委;同时批准成立黑龙江省绿色食品发展中心,专门负责全省绿色食品、有机食品、无公害农产品和地理标志农产品开发与管理。2001年7月1日,黑龙江省制定、颁布和实施了全国第一部绿色食品地方法规《黑龙江省绿色食品管理条例》,对绿色食品标志的申办与使用、生产与经营、扶持与保护、管理与监督、法律责任等方面都做出明确规定,标志着黑龙江省绿色食品开发工作已由标志管理阶段开始进入依法管理的新时期,提高了绿色食品与国际相关产品标准接轨的严肃性和可信度,推动黑龙江省的绿色食品产业发展步入了规范化轨道。黑龙江省成为全国最早也是唯一对绿色食品产业进行立法的省份。

2012年,全省各地市(农垦总局、森工总局)全部设置了绿色食品工作机构,其中正处级机构8个;64个县(市)和部分市辖区也都设置了绿色食品工作机构。全省负责绿色食品开发和管理的专兼职工作人员总数达到1 200多人,其中专职人员600人,初步形成了上下贯通的产业开发和管理队伍。

绿色食品质量规范标准与国际接轨,实施了近百个绿色食品生产操作规程,建立了从田间到餐桌全过程食品质量检测控制体系,全省一半左右的省级以上食品龙头企业建立了研发中心,拥有全国唯一的国家级大豆、乳品工程技术研究中心。

2017年黑龙江省农业委员会又制定了《黑龙江省绿色食品管理办法》,加强绿色食品的管理,创新工作机制,确保绿色食品质量和信誉,促进绿色食品产业持续、健康发展。

## 二、机遇

### (一)政策鼓励扶持

中共中央出台了一系列部署,为黑龙江省绿色食品工业的发展带来了新的发展机遇。黑龙江省要以实施两大平原现代农业综合配套改革试验为牵动,以实施全国老工业基地调整改造规划为牵动,以实施黑龙江省和内蒙古东北部地区沿边开发开放规划为牵动,以实施大小兴安岭林区生态保护与经济转型规划为牵动,以实施资源型城市可持续发展规划为牵动,集中精力把绿色特色食品加工优势产业做大做强。

随着"一带一路"的发展,属于"丝绸之路经济带"的"中蒙俄经济走廊"的建设加快,为黑龙江省绿色食品走向国际奠定了基础,同时能够加强黑龙江省与俄罗斯、澳大利亚、新西兰、巴西、智利、阿根廷等其他国家在农林领域的合作,吸收国际经验、引进先进技术,有利于提升绿色食品产业的竞争力。

党的十九大报告提出实施乡村振兴战略,绿色食品产业发展作为乡村产业振兴的重要环节,对解决"三农"问题起着重要作用。促进绿色产业发展,坚持质量兴农、绿色兴农,形成稳供给、促增收、保生态的有机统一,为乡村的振兴打下了坚实的产业基础。

省委、省政府始终高度重视和支持绿色食品产业发展,坚持质量兴农、绿色兴农和品牌强农的方向。不仅把绿色食品作为全省重点推进的"十大工程",还相继制定一系列指导性文件,从基地建设、加工销售到认证监管均制定了相应的发展规划,为绿色食品发展创造了良好的政策空间。制定了"五大规划"发展战略,为黑龙江省从绿色食品大省走向强省奠定了基础;出台了《关于全面深化农村改革加快现代农业发展的若干意见》,用政策和改革为黑龙江省打造绿色食品产业强省铺上了金光大道;出台了《创新农村金融服务总体方案》保证黑龙江省绿色食品产业有血有肉,生机盎然;出台了《黑龙江省农业互助合作保险试点总体方案》,为黑龙江省绿色食品产业从生产型转向品牌经营型加了"双保险";制定了《黑龙江省绿色食品市场推广工作方案》,投资2亿元推动营销渠道建设;制定了《关于实施绿色食品品牌战略的意见》,对培育和打造黑龙江省绿色食品品牌发挥了重要作用;出台了《黑龙江省绿色食品产业发展纲要》,对黑龙江省绿色食品产业统筹规划,合理布局。从以上重要文件看出,黑龙江省把发展绿色食品产业摆上了前所未有的高度来抓,这些政策和制度为绿色食品产业的发展提供了保证,对黑龙江省绿色食品产业的发展具有重要的指导意义和促进作用。

(二)市场需求广阔

据有关机构预测,到2020年全国食品消费市场容量预计达到20万亿元左右,其中加工食品消费占饮食总消费的比重预计达到70%左右。按照2015年黑龙江省食品销售占全国市场份额的4%测算,对黑龙江省加工食品消费的需求将达到6 800亿元以上。同时,日本、俄罗斯和韩国等周边国家对黑龙江省加工食品需求也有较大空间。市场需求越来越大,为绿色食品发展提供了新的动力。随着经济社会持续快速发展,收入水平不断提高,城乡居民食物消费正在经历一个从以数量需求为主向注重质量转变的发展阶段,对安全优质农产品的需求快速增长。同时,国际社会对食品安全问题广泛关注,国际市场对安全优质农产品需求快速增长的强劲态势,为绿色食品发展提供了广阔的市场空间。

## 三、挑战

(一)黑土流失严重

寒地黑土的自然条件,孕育了农作物绿色有机的超高品质。但长期超负荷利用,宝贵的黑土地退化和损失呈现加重趋势:土壤有机质下降、养分失衡,土变瘦了;耕作层变浅、土壤板结,土变硬了;部分地区水土流失,形成了侵蚀沟壑。保护意识不强、长期掠夺式经营、重用轻养是导致黑土地退化的根本原因。种植制度不合理也加剧了肥沃黑土流失。近年来受种植效益影响,大豆种植面积锐减,粮豆轮作制度难以施行,大豆固氮肥田的作用没有充分发挥,导致土壤养分单一消耗,黑土流失。面对黑土地退化的严峻形势,开展黑土地保护刻不容缓。

东北黑土地的保护与治理不仅是区域性问题,更事关国家农业可持续发展、粮食安全、生态建设,是一项"系统工程"。为把饭碗牢牢端在自己手里,必须采取有力措施,保护好珍贵的黑土地。

### (二) 先发优势削弱

绿色食品产业蕴藏着巨大的发展潜力,已经成为众多农业大省、食品生产重点省的共识,推进措施和扶持力度逐渐加大。目前,山东、安徽、江苏、湖北和辽宁等省绿色食品发展势头强劲,个别指标已超过黑龙江省。从绿色食品认证数来看,山东省有效用标绿色食品单位数量最多,2018年为1 625家;其次为安徽省1 526家,江苏省1 510家;黑龙江省1 110家,排名第四。山东省有效使用绿色食品标志产品数量也最多,有3 898个;其次为安徽省和江苏省,分别为3 421个和3 296个,黑龙江省有2 748个,排名第四。从地理标志登记产品数来看,山东省种植业、养殖业、渔业产品合计330个,四川省合计176个,湖北省154个,黑龙江省140个,排名第四。从产量分布来看,绿色食品产量最大的为山东省,其次为黑龙江省和江苏省。面对严峻的竞争形势,如何进一步强化措施,加快绿色食品生产大省向生产强省转变,任务艰巨,责任重大。

### (三) 市场门槛提高

虽然我国目前已经形成了一套较为严谨的绿色食品标准体系,但是在国际上绿色食品的国际标准越来越严格,我国的绿色食品标准与国外还有一定差距。国际标准在环境质量、生产技术、食品储藏等方面都有着较高的标准,国内的标准体系偏低,产品质量方面与国外有一定的差距,进入国际市场是越来越难。而且,现在由于贸易保护主义的兴起,一些国家为保护本国农业,纷纷运用技术壁垒对农产品进口设置障碍,这给黑龙江省绿色食品进入国际市场增加了难度。因此,如何打造质量过硬、信誉过硬的产品,成为摆在我们面前的一个重要课题。

根据以上环境分析,黑龙江省绿色食品产业机遇与挑战并存,优势与劣势并存。但从总体进行宏观分析,黑龙江省绿色食品产业机遇大于挑战,优势大于劣势。按照SWOT理论分析,应该充分利用黑龙江省绿色食品产业的良好发展机遇,加大投入力度,改变内部条件和环境,调整产业结构,由数量增长向质量效益提升转变,提升绿色食品工业的产业升级。与此同时,发挥黑龙江省绿色食品产业的现有优势,积极应对挑战,克服劣势,培养核心竞争力,进而推动黑龙江省绿色食品产业的快速发展。

## 第四节 黑龙江省资源型城市绿色食品产业发展思路

### 一、指导思想

紧紧围绕农业和农村经济结构调整的目标,依托生态和资源优势,以市场需求为导向、以经济效益为中心、以科技进步为动力,突出生产规模化、产品精深化、品质高端化,实施龙头企业带动和优势品牌整合,推进由种植业向养殖业延伸、由绿色食品向有机食品延伸、由初级加工向精深加工延伸,由国内市场向国际市场延伸,实现绿色食品大省向绿色食品强省跨越。

## 二、基本原则

### (一)以技术创新为动力

农业发展的根本出路在科技进步。发展绿色食品产业,要按照优质、生态、安全的要求,努力提高其科技含量和附加值。要高度重视科技和人才的引领作用,大力支持粮食加工企业的科研开发和技术创新,优先支持高新技术的应用和传统技术的改造,鼓励加工企业采用先进生产技术、工艺和设备,促进产学研联合,打造科研合作平台,引进各类人才,推动技术进步,提高加工技术水平及产品质量和档次,把黑龙江省绿色食品产业发展成为具有竞争优势和发展前景的高新技术产业,不断提高黑龙江省绿色食品的市场竞争力。

### (二)以市场需求为导向

发展绿色食品产业,必须坚持市场导向,根据国际、国内市场需要和发展趋势引导绿色食品加工企业生产与开发,大力培育优质产品和龙头企业,培育外向型经济。坚持外向化原则,一是面向省外市场,重点是京津等大城市和东南沿海等经济发达地区;二是面向国外市场,重点是俄罗斯、日本、韩国等周边国家。遵循市场经济规律的同时,要以项目和产品为纽带,实现农工商一体化的全产业链发展,实现农户致富、原料基地建设和龙头企业催生的多重效益,从而加快黑龙江省绿色食品产业化进程。

### (三)以持续发展为主轴

绿色食品产业与自然环境关系极为密切。如果没有良好的生态环境和自然资源,绿色食品产业的发展就缺乏基本的条件。黑龙江省在绿色食品产业发展过程中应正确处理各种关系,要统筹绿色食品产业发展与自然环境的关系,把发展绿色食品产业与保护资源和生态环境结合起来,实现绿色食品产业全面协调可持续发展,推进"资源节约型和环境友好型"社会建设。一方面要发挥自身优势,整合和利用区域物产资源、产业资源,实现产业合理布局和协作分工;另一方面要保护生态环境,维护生态平衡,大力发展节约能源、节约资源的加工项目,搞好综合利用,提高资源利用率,发展循环经济,拉长产业链条,降低企业成本,提高产品附加值和竞争力,走可持续发展之路。

### (四)以产品质量为根本

发展绿色食品产业,必须保障人民健康,坚持以人为本,坚持质量标准,努力推行"从土地到餐桌"全程质量控制的标准化生产模式。在绿色食品产业发展过程中,要树立"全程质量控制"理念,严格按照"环境有监测、操作有规程、生产有记录、产品有检验、上市有标识"的标准组织生产,确保绿色食品质量。种植方面,要严格执行农药、肥料等生产资料使用准则和粮食生产技术操作规范;加工方面,要严格执行食品添加剂等投入品使用准则和食品加工技术操作规程,按照产品标准进行加工、包装、贮藏、运输,严把产品质量关,确保加工产品安全。

### (五)以知名品牌为龙头

黑龙江省绿色食品产业发展,要立足龙江、面向全国,优先支持现有知名品牌企业做强做大,优先引进国际国内知名品牌落户,优先支持具有发展前景的地方品牌加快成长,建设形成绿色食品加工产业带,进而带动全省绿色食品产业发展,形成点、线、面渐次推进的发展格局。通过制定和实施绿色食品产业发展规划,指导绿色食品产业建设合理布局,加大绿色食品产业的投资力度,招商引资与启动民间资本相结合,努力实现投资主体多元化,高度重视和充分发挥知名品牌对黑龙江省绿色食品产业发展的重要推动作用,不断提升黑龙江省绿色食品产业的发展质量和辐射带动能力,促进农业结构性调整和优化。

## 第五节 黑龙江省资源型城市绿色食品产业发展对策

### 一、加强黑土资源保护

黑龙江省地处肥沃的东北黑土耕地核心区,是重要的产粮大省。为了保护好黑土地,保障国家粮食安全,提倡用养结合,实现黑土资源的永续利用。合理规划,调整种植结构,避免水稻、玉米等高耗水作物的盲目扩张。针对玉米连作完成的施肥量大、病虫草害加重等问题,采取米豆轮作,通过大豆固氮肥田增强土壤肥力,均衡利用土壤水分和养分,延缓地力衰退、减少农药使用量。还要发挥新型经营主体的带头作用。龙头企业、农民专业合作社不仅有保护黑土地的强烈意愿,又有开展黑土地保护利用的条件,如规模较大、设备较多、技术力量强,应适当加快黑土地的规模化与机械化经营。

### 二、增加产业科技含量

科技创新是提高产业发展水平的核心,是保持和发展竞争优势的动力源泉。面对严峻的形势,黑龙江省的农产品要想在与国内其他省份的竞争中占据制高点,必须在创新上做文章,进一步开发新产品,注重开发附加值高、科技含量高、精深加工的系列 AA 级绿色食品。

具体做法如下。

(1)大力采用新技术、新工艺、新装备,提升黑龙江省绿色食品工业的技术含量。

(2)要引入科技创新机制,应用高新技术延伸产业链条,增加高附加值产品,提高综合利用率。引导加工企业积极走深加工和精品之路,依托寒地黑土等优势做大做强一批龙头产品,做精做专一批优势产品,升级换代一批传统产品,做到人无我有、人有我精,大力开发附加值高、科技含量高的系列产品,把绿色食品内在价值充分挖掘出来,迅速形成经济优势,不断提升发展动力,让黑龙江省绿色食品"含金量"不断放大。

(3)加强产学研结合,鼓励绿色食品工业企业与大专院校、科研单位建立广泛的合作关系,帮助企业尽快提升技术水平。

(4)依靠技术进步,按照市场要求加快企业技术改造步伐,围绕提高产品质量和档次开发市场适销对路的产品。紧盯国内外市场，大力开发专用型绿色食品以及儿童营养食品、老年营养食品、妇女保健食品等营养健康类绿色食品。

（5）广泛开展国际合作和交流，把自主研发与引进消化吸收再创新相结合，要组织引导技术人员深入绿色食品领域，学习和引进国际技术标准，开展绿色新品种、新技术试验与推广，提高技术创新能力，防止盲目的低水平重复建设。

与此同时，建立技术创新的人才培训体系，快速提高绿色食品生产者和经营者的整体素质，特别注重对农户的培训与技术指导，使其提高对绿色产品的认识。同时，科研院所与高校可以以农户为依托，将科研成果转化成经济效益，农户也从科研院所与高校那里学到相关绿色食品种植与经营知识。

积极引导新型农业经营主体发展绿色食品。农业专业大户、农民专业合作社为代表的新型农业经营主体，是现阶段农业先进生产力的代表，也是推进绿色食品发展和农业增效、农民增收的主要力量。要切实加大引导和宣传力度，落实落靠各项政策措施，组织和动员新型农业经营主体积极发展绿色食品，带领农民开拓市场，增收致富。

### 三、推进产业集群建设

要针对量大、链短等精深加工的"短板"问题，从科学发展、转变产业发展方式入手，加快推进由种植业向养殖业延伸、由绿色食品向有机食品延伸、由初级加工向精深加工延伸、由国内市场向国际市场延伸，实现绿色食品大省向绿色食品强省跨越。

充分利用黑龙江省资源优势，整合现有绿色食品企业，推进绿色食品工业向产业集群发展，破解区域间产业雷同、恶性竞争、同质发展等问题，实现产业跨越式发展和综合效益的显著提升。推进产业集群建设，是黑龙江省绿色食品产业的最佳选择，是适应全球经济竞争和产业链竞争新趋势的有效途径。通过产业集群，有利于有效整合资源，深化专业分工，提高效率，获得成本优势；有利于技术创新，改进产品和服务，推动整个产业技术进步；有利于市场开拓，促进各类专业市场的建立。随着产业集群壮大，将有利于形成区域品牌，增强区域的竞争力。

### 四、不断增强品牌效应

充分发挥黑龙江省良好的生态优势，叫响生态、绿色牌。不断增强品牌效应，推动绿色食品产业持续健康发展。要积极稳妥地推动发展，必须坚持宁缺毋滥的原则，不放松质量标准，不降低准入门槛，切实维护精品形象，不能盲目追求发展速度和规模，而要更加注重速度、质量、效益的协调发展，不断提高绿色食品产业发展的整体水平。

（1）加大品牌宣传和市场服务力度，使绿色食品进入"以品牌引领消费、以消费拓展市场、以市场拉动生产"持续健康发展的轨道。要利用市场手段，对现有品牌进行必要的整合，把区域内的绿色食品或者同类产品整合到地理标志品牌之内，统一标准，统一形象，集中宣传。对已获得驰名著名商标称号的，要继续加大宣传力度，搞好深度开发，提升档次，迅速扩大规模，提高市场占有率。

（2）引导中小企业积极向名牌产品企业靠近，通过联营联牌、贴牌生产，引导产品向优势品牌聚拢,借名开拓市场。要创造更多的品牌推广平台和宣传载体,为广大龙头企业提供宣传自己的舞台。加大绿色食品品牌推介力度,把黑龙江省绿色食品打造成地理标志产品,在国内外得到广泛认知、认同。大力培育绿色食品品牌经营主体,搞好绿色食品品牌评选认定,形成激励机制;建立相应的监督举报体系和打假维权联系制度,对生产经营假冒伪劣产品的企业和个人给予经济和刑事责任的处罚,为培育驰名品牌创造良好的环境。

(3)充分利用哈洽会、绿博会等大型绿色食品展销活动,全方位、多层次地进行宣传,提高消费者对黑龙江省绿色食品的认知度和可信度。

### 五、完善物流营销网络

(1)要加快物流市场建设,发展第三方物流,对基础设施、交通运输、仓储库房、交易场所、检测设备等建设给予重点扶持,提高储藏和均衡上市水平,做到"淡季能吞,旺季能吐"。

(2)要注意加强产地绿色食品专业批发市场建设,在交通便利、商品量大、产品特色突出的地方,重点建设一批跨区域、辐射力强的绿色食品专业批发市场。在省城哈尔滨建立全国规模最大的绿色食品批发市场,在大庆、绥化、牡丹江、双鸭山、齐齐哈尔等中等地市建立绿色食品综合专业批发市场,将物流、资金流、信息流"三流合一",构建新型市场业态。

(3)要积极推行代理制和连锁分销方式,在全国大中城市设立总代理、直销店,开通农产品运输绿色通道,开发和建立适应农村市场需要的营销服务体系,推进以"网上签约交易,统一物流配送"为核心的电子商务体系建设。在省内大型超市、商场建立绿色食品专卖店和配送网点,满足不同消费群体的需求。大力拓展省外市场,以京津唐、长三角、珠三角等区域为重点,建立具有龙江特色的绿色食品配送中心、连锁店和专营店。进一步巩固和扩大东部市场,逐步加快中西部省份市场开发,扩大销售半径。鼓励和支持绿色食品产、供、销企业在省外、国外建立绿色食品销售中心,鼓励绿色食品企业采取总代理、总经销、电子商务、期货贸易等新型交易方式,形成综合市场与专业市场相互配套,国内、国际两个市场相互联结的市场网络。

(4)要充分利用网络营销。为了满足消费者的多元需求,大型企业可以建立网络连锁专营店,可以在网络上实施绿色食品批发,同时发挥互联网公司"平台经济"规模效应,用超短链整合农产品供需,运用新社交平台、短视频平台、直播平台,做大做强电商总量。这样不仅有利于开辟新的购物渠道,还可以在互联网上更好地树立黑龙江省绿色食品的品牌形象,龙头企业也可以进一步发挥带动效应,促进绿色食品网络批发产业的兴起与发展。

### 六、保障食品质量安全

绿色食品质量安全是农产品质量安全水平高层次的体现,是一笔巨大的无形资产,更是绿色食品永恒发展的关键所在。必须坚持宁缺毋滥的原则,决不放松质量标准,决不降低准入门槛。因而,发展绿色食品要实施"环境有监测、操作有规程、生产有记录、产品有检验、上市有标识"的全程标准化生产模式,推行"以品牌为纽带、企业为主体、基地为依托、农户为基础"的产业发展模式,倡导"保护环境、清洁生产、健康养殖、安全消费"的可持续发展理念,创建"以技术标准为基础、质量认证为形式、标志管理为手段"的质量保证体系,推行全程标准化生产和监管模式。从长远发展和市场竞争的需要出发,要按照坚持标准、严格检测的要求,建立配套的质量管理标准体系。

(一)严格标准和审批程序

按照国家绿色食品中心确定的各种绿色食品标准,严格检测和评价绿色食品生产的各项技术指标和生态环境,并对检测结果公正性进行监督,进一步规范审批程序,严格把关,宁缺毋滥。同时,要积极与发达国家同类食品标准接轨,按项目逐一对标,向国际惯例靠拢,力争按照国际标准组织生产经营。

(二)定期抽检,动态管理

对绿色食品产品及其生产环境定期进行化验检测,以确保绿色食品的质量标准,并定期发布绿色食品检测公告,实行绿标动态管理,发现不符合标准的,立即取消其绿色食品标志使用资格。

(三)加强对绿色食品的市场管理

省绿色食品主管部门要进一步统一和规范绿色食品的包装和标识,将各种绿色食品的质量标准以最直观的方式告示消费者,以维护消费者的合法权益。工商、技术监督部门和新闻单位要定期对绿色食品商品市场进行联合检查,对生产经营假冒伪劣绿色食品的责任者要严惩严罚,公开曝光,坚决刹住假冒风,保证市场秩序。

(四)建立绿色有机食品农业生产标准体系,实行食品生产全过程质量标准控制

建设食品安全信息化监管追溯和质量安全风险评估系统,鼓励企业建立追溯管理体系,力争5年内使全部食品实现"来源可溯、流向可追、质量可控、责任可查"。

# 参考文献

[1] 孙璐.双鸭山市产业结构现状及调整方向[J].商业经济,2008(3):15-16.

[2] 孙璐,顾德文,李玥.双鸭山产业结构调整研究[J].商场现代化,2008(26):213-214.

[3] 孙璐,顾德文,李玥.城市可持续发展综合评价研究[J].商业研究,2008(11):89-91.

[4] 张昕,马紫薇.煤炭企业技术创新绩效评价[J].商业研究,2012(8):85-89.

[5] 张昕,林本忠.煤炭资源型城市生态城市化发展模式研究[J].中国矿业,2009(11):45-47,68.

[6] 张凤武,刘聪聪,张昕.基于SSM和区位商分析法的黑龙江省四煤城主导产业的比较分析[J].经济论坛,2011(8):58-60,81.

[7] 王艳芳,张昕,徐忠惠,等.资源型城市产业转型模式研究——以黑龙江省鸡西市为例[J].经济师,2011(12):224-226.

[8] 武富庆,张越,付兆刚.黑龙江省东部煤电化基地产业结构相似性分析[J].商业经济,2013(15):5-8.

[9] 张昕,孙璐,陈曦,等.基于循环经济的煤炭企业多元化发展策略研究[J].商业经济,2010(9):1-2.

[10] 朱越,张昕.黑龙江省东部煤电化基地产业结构发展对策研究[J].经济研究导刊,2011(36):123-124.

[11] 孙璐,刘健,范亚东.黑龙江省村镇银行发展中存在的问题及完善对策[J].东北农业大学学报(社会科学版),2012(4):19-22.

[12] 孙璐,刘健.黑龙江省村镇银行可持续发展能力综合评价研究[J].安徽农业科学,2014(10):3070-3071.

[13] 张昕,孙璐.黑龙江省煤电化产业集群建设中的金融支持研究[J].经济研究导刊.2014(34):79-80.

[14] 孙璐,孙榆棋,张晶.黑龙江省资源型城市生态环境可持续发展研究[J].经济师,2018(12):169-170.

[15] DOLOREUX D,PARTO S. Regional innovation systems:Current discourse and unresolved issues[J]. Technology in Society,2005,27(2):133-153.

[16] GORDON I R,MCCANN P. Innovation,agglomeration,and regional development[J]. Journal of Economic Geography,2005(5):523-543.

[17] BETTENCOURT L M A,LOBO J,HELBING D,et al. Growth,innovation,scaling,and the pace of life in cities[J]. Proceedings of the National Academy of Sciences of the

United States of America, 2007, 104(17):7301-7306.

[18] KLEPPER S. The origin and growth of industry clusters: The making of Silicon Valley and Detroit[J]. Journal of Urban Economics, 2010, 67(1):15-32.

[19] 胡婷婷,文道贵. 发达国家创新驱动发展比较研究[J]. 科学管理研究,2013(2):1-4.

[20] 洪银兴. 论创新驱动经济发展战略[J]. 经济学家,2013(1):5-11.

[21] 黄宁燕,王培德. 实施创新驱动发展战略的制度设计思考[J]. 中国软科学,2013(4):60-68.

[22] 王瑞. 城市创新能力的结构分析与评价研究[D]. 合肥:中国科学技术大学,2015.

[23] 乔章凤. 基于创新驱动战略的创新型城市建设研究[J]. 理论与改革,2016(6):141-145.

[24] 李旭桦. 城市创新能力的成长动力与驱动作用研究[D]. 杭州:浙江大学,2018.

[25] 刘丹. 基于创新协同的资源型城市竞争力提升模式研究[D]. 哈尔滨:哈尔滨理工大学,2016.

[26] 于凡修. 东北老工业基地创新驱动发展研究[D]. 长春:吉林大学,2017.

[27] 张伍涛,孙璐. "龙江丝路带"建设的金融支持研究[J]. 经济师,2018(4):144,146.

[28] 张伍涛,孙璐. "龙江丝路带"机遇下黑龙江省对俄金融合作问题及对策研究[J]. 经济师,2019(9):165,223.

[29] 孙璐. 黑龙江省资源型城市实施创新驱动发展战略研究[J]. 经济师,2019(10):222-223.

[30] 王德章,贾俊杰. 科技创新与黑龙江省绿色食品产业结构优化研究[J]. 大庆师范学院学报,2011(4):54-60.

[31] 赵新勇. 黑龙江省绿色食品产业发展研究[D]. 哈尔滨:东北林业大学,2005

[32] 孙璐,翟涛,范亚东. 黑龙江省小浆果产业发展战略[J]. 安徽农业科学,2015(12):385-386.

[33] 孙璐. 黑龙江省绿色食品产业发展研究[J]. 安徽农业科学,2017(8):243-244.

# 附录　相关研究成果(发表论文)

[1] 孙璐. 双鸭山市产业结构现状及调整方向[J]. 商业经济. 2008(5):15-16.

[2] 孙璐,顾德文,李玥. 双鸭山产业结构调整研究[J]. 商场现代化,2008(26):213-214.

[3] 孙璐,顾德文,李玥. 城市可持续发展综合评价研究[J]. 商业研究,2008(11):89-91.

[4] 张昕,马紫薇. 煤炭企业技术创新绩效评价[J]. 商业研究,2012(8):85-89.

[5] 张昕,林本忠. 煤炭资源型城市生态城市化发展模式研究[J]. 中国矿业,2009(11):45-47,68.

[6] 张凤武,刘聪聪,张昕. 基于SSM和区位商分析法的黑龙江省四煤城主导产业的比较分析[J]. 经济论坛,2011(8):58-60,81.

[7] 王艳芳,张昕,徐忠惠,等. 资源型城市产业转型模式研究——以黑龙江省鸡西市为例[J]. 经济师,2011(12):224-226.

[8] 武富庆,张越,付兆刚. 黑龙江省东部煤电化基地产业结构相似性分析[J]. 商业经济,2013(15):5-8.

[9] 张昕,孙璐,陈曦,等. 基于循环经济的煤炭企业多元化发展策略研究[J]. 商业经济,2010(9):1-2.

[10] 朱越,张昕. 黑龙江省东部煤电化基地产业结构发展对策研究[J]. 经济研究导刊,2011(36):123-124.

[11] 孙璐,刘健,范亚东. 黑龙江省村镇银行发展中存在的问题及完善对策[J]. 东北农业大学学报(社会科学版),2012(4):19-22.

[12] 孙璐,刘健. 黑龙江省村镇银行可持续发展能力综合评价研究[J]. 安徽农业科学,2014(10):3070-3071.

[13] 张昕,孙璐. 黑龙江省煤电化产业集群建设中的金融支持研究[J]. 经济研究导刊. 2014(34):79-80.

[14] 孙璐,翟涛,范亚东. 黑龙江省小浆果产业发展战略[J]. 安徽农业科学,2015(12):385-386.

[15] 孙璐. 黑龙江省绿色食品产业发展研究[J]. 安徽农业科学,2017(8):243-244.

[16] 张伍涛,孙璐. "龙江丝路带"建设的金融支持研究[J]. 经济师,2018(4):144,146.

[17] 孙璐,孙榆棋,张晶. 黑龙江省资源型城市生态环境可持续发展研究[J]. 经济师,2018(12):169-170.

[18]张伍涛,孙璐."龙江丝路带"机遇下黑龙江省对俄金融合作问题及对策研究[J].经济师,2019(9):165,223.

[19]孙璐.黑龙江省资源型城市实施创新驱动发展战略研究[J].经济师,2019(10):222-223.